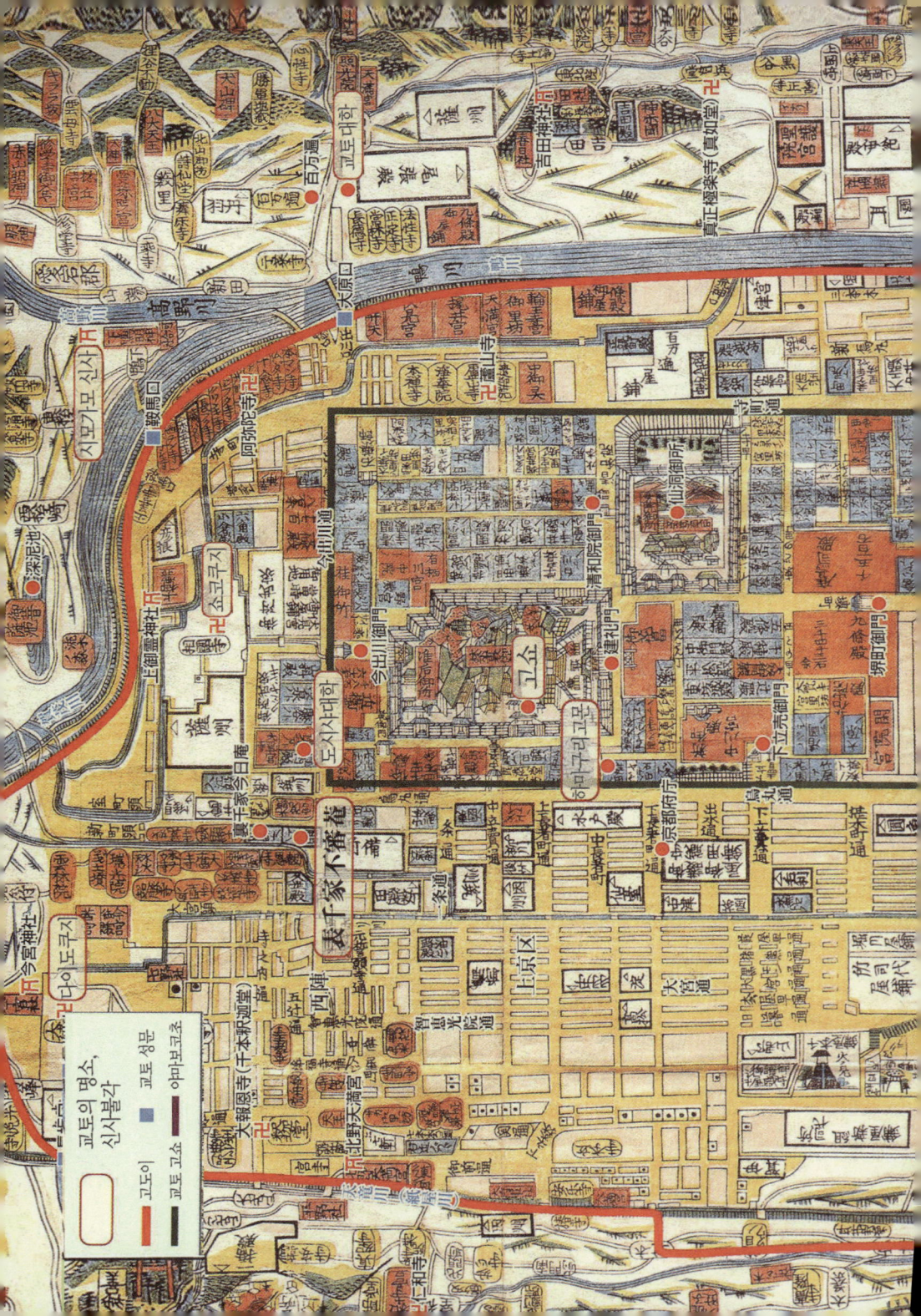

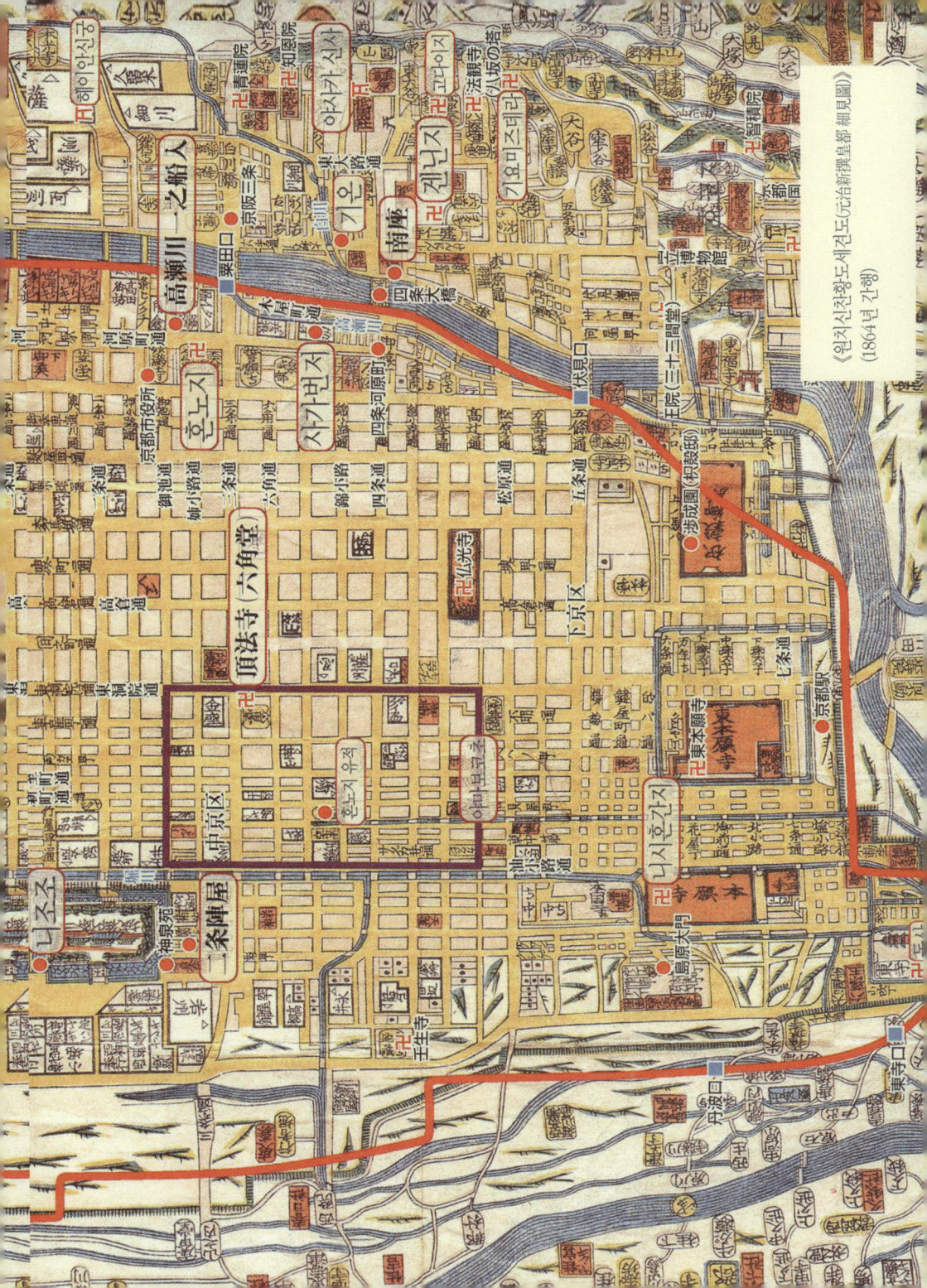

교토에서 본 韓日通史

교토에서 본 韓日通史

정재정 지음

효형출판

국립중앙도서관 출판시도서목록(CIP)

교토에서 본 韓日通史 / 정재정. — 파주 : 효형출판,
2007
　　p. ;　　cm

참고문헌과 색인수록
ISBN 978-89-5872-054-6 03910 : ₩15000

913-KDC4
952-DDC21　　　　　　　CIP2007003755

책을 내면서

일본 교토(京都)를 흔히 천년고도(千年古都)라고 한다. 간무덴노(桓武天皇)가 교토에 자리 잡은 때가 794년, 메이지덴노(明治天皇)가 도쿄로 옮겨간 때가 1869년이니 틀린 말도 아니다. 덴노의 거처를 기준으로 교토는 분명 1000년 넘는 역사를 지닌 수도였다.

그렇지만 권력의 중심을 잣대로 내세우면 그중에서 절반 정도는 가마쿠라(鎌倉)와 에도(江戸)가 일본의 수도가 된다. 쇼군(將軍)이 그곳에서 바쿠후(幕府)를 열었기 때문이다. 일본의 복잡하고 애매한 정치구조나 권력관계를 잠깐 제쳐놓고 보면, 교토가 예나 지금이나 변함없이 일본을 대표하는 역사도시이자 문화성지라는 데 이의를 달 사람은 없으리라.

지금도 교토 시내에는 2000여 개의 사원과 신사가 즐비하고, 그 중 덴노와 쇼군이 기진(寄進)한 몇몇 사사(寺社)는 웅장한 규모와 신묘한 자태를 뽐내며 보는 이를 압도한다. 우리가 즐겨 찾는 킨카쿠지(金閣寺)와 기요미즈데라(淸水寺) 따위는 극히 일부일 뿐, 교토에서는 발에 채는 것이 세계문화유산이다.

2005년 3월부터 1년간 교토의 후미진 산자락에서 연구하게 되었다. 휴일이면 곧잘 수도원 같은 연구소를 탈출하여 시내에 내려와 이곳저곳을 헤집고 다녔다. 그러다가 교토의 구석구석에 한일관계의 역사현장이 생생히 살아 있다는 사실을 발견하고 충격을 금할 수 없었다. 교토에는 고대부터 현대까지 한일관계의 역사를 증언하는 유적과 유물이 헤아릴 수 없을 만큼 많았고, 그 내력과 사연은 감춰 둘 수 없을 만큼 절절했다. 두 나라 사이의 역사가 길고 깊은 데다, 교토는 천년고도이니 어찌 생각하면 당연한 일이 아니겠는가.

이런저런 이유로 교토에 가는 한국인은 한 해 수십만 명이나 된다. 교토를 방문하는 일본사람은 더욱 많아서 해마다 7월에 개최되는 사나흘의 기온마쓰리 기간에만 300만 명 가량이 모여든다. 그런데도 그들이 교토에서 한일관계의 역사현장을 찾아 그 내력과 사연을 더듬어본다는 이야기는 듣지 못했다. 한일관계의 역사를 알지 못하니 그쪽에 눈을 돌릴 수 없고, 그러다 보니 이름난 사원과 경승 몇 군데를 돌아본 뒤, 교토 여행이 끝났다고 자랑을 해도 어쩔 도리가 없다. 대학에서 한일관계의 역사를 가르치며 한일의 역사 대화를 계속해온 지은이로서는 정말 안타까운 일이다.

교토에 머물면서 '한국인과 일본인의 역사인식을 개선하는 데 교토를 좀 더 알차게 이용하는 방법은 없을까' 궁리한 끝에 내가 답사한 유적·유물을 화제로 삼아, 교토에 깃든 한일관계의 역사를 펼쳐보려고 마음먹었다. 다행히 교토 일원을 답사할 때마다 일기에 그 내역을 조금씩 적어두었다. 유적과 유물에 대한 인상이나 감상은 그때의 기록을 바탕으로 하고, 거기 얽힌 역사적 사실이나 연구성과는 나중에 관련 문헌을 조사하여 보충했다.

또한 이 책이 교토에 대한 단순한 역사기행서가 아니라 교토라는 창을 통해 본 한일관계의 역사를 개관할 수 있도록 배려했다. 그리하여 내용을 시대순서에 따라 다음과 같은 9개의 키워드로 나누어 배치했다. 이 키워드에 숨은 뜻을 음미하면 교토의 도시역사와 그에 얽힌 한일관계 역사의 핵심을 이해할 수 있을 것이다. 그 내용의 대강을 소개하면 다음과 같다.

첫째, 창신교토(創新京都). 교토는 고색창연한 역사도시가 아니다. 끊임없이 첨단을 지향하며 변신을 거듭해왔다. 고대부터 현대에 이르기까지 교토가 역사에서 지혜를 얻어 첨단의 도시로 거듭나온 교토를 개관한다.

둘째, 고도문명(古都文明). 누가 뭐래도 교토는 천년고도이다. 그 교토는 누가 언제 어떻게 건설했는가? 일본의 고대국가 형성과 교토의 개척과정에서 도래인(渡來人)이 수행한 역할과 한일 양국인의 교류를 몇가지 사례에 초점을 맞추어 살펴본다.

셋째, 막부장군(幕府將軍). 무사계급이 정치의 실권을 장악하고 바쿠후 정권을 수립하면서 황도(皇都) 교토의 권위에 금이 갔다. 무사가 득세한 시대에 교토는 어떤 운명을 맞았는가? 중세도시로 변화하는 교토의 모습을 가마쿠라와 무로마치 바쿠후 시대를 중심으로 검토한다.

넷째, 왜란참화(倭亂慘禍). 임진왜란은 조선을 빈사(瀕死) 지경에 몰아넣을 정도로 큰 피해를 주었다. 그뿐 아니라 전쟁을 발동한 교토에도 깊은 자국을 남겼다. 침략의 장본인 도요토미 히데요시는 교토에 권력의 똬리를 틀고 있었다. 히데요시와 왜란을 매개로 하여 조선과 교토의 처절한 관계를 더듬어본다.

다섯째, 교린교역(交隣交易). 도쿠가와(德川) 바쿠후는 조선과 통신사 외교를 통해 평화공존을 모색했다. 이런 배경에서 동아시아에서는 활발한 무역이 전개되었다. 교토가 조일(朝日)외교와 동아시아 교역의 마디로서 어떤 역할을 했는가? 통신사와 인삼·비단·은화 무역을 중심으로 알아본다.

여섯째, 유신재생(維新再生). 교토는 메이지유신의 무대였다. 그렇지만 유신이 성공하자 덴노(天皇)는 도쿄(東京)로 이어(移御)해버렸다. 수도로서의 기능을 상실한 교토가 어떻게 근대도시로서 부활했는가? 의표(意表)를 찌른 수력개발과 이벤트 기획을 통해 교토인의 법고창신(法古創新)하는 지혜를 탐색해본다.

일곱째, 병탄애련(倂呑哀憐). 제국일본은 대한제국을 폐멸하고 식민지로 만들었다. 교토에는 그와 관련된 유적·유물도 많다. 일본인과 한국인은 제국일본의 한국병탄을 어떻게 받아들였는가? 당사자의 자취가 선명한 교토라는 필터를 통해 민족모순(民族矛盾)의 실태를 살핀다.

여덟째, 고투모색(苦鬪摸索). 식민지시기에 많은 한국인이 유학생으로서 또는 노동자로서 교토에 건너가 살았다. 그들은 어떤 생활을 하며 무엇을 꿈꿨을까? 교토에 남아 있는 그들의 체취를 찾아 어떻게 근대의 자아(自我)로서 변신해 갔는가를 추적한다.

아홉째, 상생공영(相生共榮). 제국일본의 패전은 교토뿐 아니라 그 속에 살던 한국인에게도 큰 전기(轉機)가 되었다. 한국인과 일본인은 갈등하고 대립하면서도, 시간이 지남에 따라 이해하고 연대하는 움직임도 나타났다. 삶의 터전 교토에서 두 나라 사람이 서로 돕고 함께 살아가려고 애쓴 모습을 그려본다.

교토의 역사현장에서 구상하고 다듬은 이 책이 교토 여행을 즐기고 한일관계 역사를 이해하는 데 두루 도움이 되는 읽을거리가 되기를 바란다.

'세상은 인정, 여행은 길동무'라는 말이 있다. 답사 때 좋은 안내자가 되어준 교토대학의 미즈노 나오키(水野直樹), 교토예술조형대학의 나카오 히로시(仲尾宏), 국제일본문화연구센터의 마쓰다 도시히코(松田利彦), 울산대의 노성환(魯成煥) 선생께 감사한다. 그리고 함께 교토의 구석구석을 돌아다니며 이야기꽃을 피운 동아대의 한석정, 한양대의 윤상인, 서울대의 서의식 등의 동학과, 서울시립대의 대학원생 그리고 자주 집을 비워 마음의 빚을 지고 있는 가족에게 이 책이 그때의 행복했던 순간을 회상하는 자료가 된다면 기쁘겠다.

좀 더 많은 유적과 유물에 얽힌 깊은 내력과 사연을 발굴하고, 또 그것을 감칠맛 나게 소개하는 재주를 가졌더라면, 위 분들의 공로와 기쁨이 훨씬 더 빛을 발했을 것이다.

　마지막이 되어 미안하지만, 다음 분들에게 특별히 감사의 말씀을 전하고자 한다. 이 책에 실린 글의 반 정도는 《역사비평》 제77호(2006년 겨울호)부터 제80호(2007년 가을호)에 연재된 것이다. 귀중한 지면을 할애해주신 관계자 여러분께 감사드린다. 졸고를 책으로 엮어준 효형출판에도 고맙다는 뜻을 전한다. 그들의 호의가 없었더라면 이 책은 세상에 나오지 못했을 터이다. '덕분에'라는 인사말이 나에게 이처럼 딱 들어맞은 예도 별로 없었던 듯하다.

2007년 초겨울
첫눈이 희끗희끗한 배봉산 기슭의 연구실에서

차례

책을 내면서 5

창신의 역사, 교토 2000년 16
    옛스러우면서도 새로운 교토 18
        역사가 만든 교토 | 교토의 자연환경과 문명의 탄생 | 헤이안쿄의 건설 | 중세의 교토, 무사의 칼날에 휘둘리다 | 문화·종교·경제의 중심, 근세 교토 | 법고창신의 지혜로 근대를 열다

도래인과 한반도의 영향, 교토의 문명 34
    누가 교토를 개척했는가? 36
        도래인의 물결 | 미륵보살반가사유상의 신비로운 미소 | 기요미즈데라와 백제계 도래인 | 도래인이 만든 교토의 신앙세계 | 백제와 덴노의 인연
    일본의 지성이 흠모한 신라의 걸물(傑物) 63
        무역제왕 장보고의 그림자 | 일본에 미친 신라 불교의 영향 | 고잔지의 의상·원효 대사 두루마리 그림 | 의상대사와 선묘낭자의 로맨스

무사의 세상, 교토의 변신 82
    무사의 등장과 바쿠후의 성립 84
        섭관정치와 장원공령제 | 원정의 개시와 가마쿠라 바쿠후의 성립
    전국동란과 선종사원의 융성 88
        무사집단의 권력투쟁 | 선종사원의 발달과 쇼코쿠지 | 긴카쿠지와 난젠지

임진왜란과 교토의 조일 갈등 100

풍운아 도요토미 히데요시의 교토 개조 102
오다 노부나가, 장작불 같은 권력 | 히데요시의 교토 개조 | 사치의 극치, 히데요시의 주라쿠다이 | 주라쿠다이의 동상이몽 | 도요토미 가문의 영욕을 지켜본 호코지 | 히데요시의 마지막 거처, 후시미 성 | 다이고지와 히데요시의 벚꽃놀이 | 센 리큐를 죽인 히데요시의 열등심리

교토에 떠도는 조선인의 원혼 129
임진왜란의 발원지 교토 | 조선인의 귀와 코를 묻은 이총 | 일본에 끌려온 조선인 노예 | 일본에 유학의 씨를 뿌린 피로인 학자 | 조선문화의 약탈과 활용 | 울산의 동백나무까지 파간 가토 기요마사 | 도요토미 히데요시에 대한 한일의 평가

교린교역과 교토의 활력 152

지략과 간계가 뒤엉킨 임진왜란의 강화회담 154
탁월한 외교가 송운대사 | 송운대사와 가토 기요마사의 전진회담 | 쓰시마번의 조일 강화공작 | 송운대사와 도쿠가와 이에야스의 교토회견 | 상호이해의 지름길, 한일관계사 기행

갈등을 평화로 포장한 사절외교 169
조선의 강화조건과 쓰시마번의 국서위조 | 고육지책의 회답겸쇄환사 | 임진왜란 전후처리의 교훈 | 조일외교의 창구, 쓰시마와 이정암 윤번제 | 정탐과 교린 사이를 오간 통신사 | 통신사의 여정, 환대 속에 꽃핀 성신외교 | 통신사 외교의 변질, 역지통신 | 통신사, 관광상품으로 부활하다

비단·인삼·은화의 교역과 교토의 번영 191
동아시아에 꽃핀 사무역 | 교토의 국제무역로, 다카세가와 | 동아시아에 열린 무역 고속도로 | 니시진의 비단과 염색 산업 | 조선인삼 열풍과 일본 국산화 | 동아시아 무역의 쇠퇴, 3국의 향방은? | 조일관계의 새 국면

메이지 유신과 교토의 재생 210

유신의 활극, 무너지는 교토 212
혁명의 코드로 교토를 다시 보자 | 개항과 수교, 험악한 민심 | '금문의 변', 불타는 교토 | 메이지 유신의 디자이너 사카모토 료마 | 데라다야, 사쓰마번 급진파 무사의 피살 | 이케다야, 신센구미의 존왕양이 지사 살상 | 니조조와 고쇼, 메이지 유신의 총본산 | 근대 덴노제 국민국가의 확립 | 교토의 야스쿠니 신사, 료젠묘역

교토의 재생, 근대도시로의 변신 237
교토의 위기, 도쿄 천도 | 소수사업, 교토의 부활 | 정도(定都) 1100년 기념사업 | 교토인의 긍지, 지다이마쓰리 | 영화, 미야코오도리, 시다레자쿠라 | 교토의 3대 문화권—니시진, 무로마치, 기온 | 학문과 학생, 재생의 심장

한국강점, 교토의 충혼과 애련 262

제국일본의 한국침략 264
한반도의 국제정세 | 제국일본의 대한제국 폐멸 | 한국강점을 어떻게 볼 것인가?

충혼과 애련을 증언하는 유적 274
조선인의 메이지덴노릉 공사 | 조선인의 메이지덴노 무덤 참배 | 노기 마레스케의 신사, 충혼의 화신 | 한국병합기념비, 일선동조의 역사인식 | 무린안, 침략자의 별장 | 조라쿠칸, 이토 히로부미와 순종황제의 자취

한국지배, 교토 한국인의 생활 300

일본에 온 한국인, 그들의 삶 302
재일 한국인의 증가 추세 | 재일 한국인의 생활과 민족운동 | 간토대진재와 한국인 학살 | 일본의 한국인 관리와 전시동원 | 재일 한국인의 귀환

한국인 노동자의 생활과 저항 311
    니시진 염색업과 한국인 노동자 | 비와코 소수공사, 한국인 노동자의 참여 | 한국인 건설노동자와 민족운동

한국인 유학생의 애환과 민족운동 319
    한국인의 일본유학과 교토 | 한국인 유학생의 조직과 활동 | 한국인 유학생과 교토의 대학 | 윤동주, 한 점 부끄럼 없이 산 청년시인 | 송몽규, 민족을 끌어안고 죽은 청년지사 | 정지용, 민요의 가락을 신시로 살려낸 민족시인

상생공영, 한일연대의 교토 340

제국일본의 붕괴와 민국일본의 전개 342
    연합군최고사령부의 일본점령정책 | 한국전쟁과 미일안보동맹 | 일본의 경제성장과 국교회복 | 55년 체제의 동요와 사회운동의 확산 | 일본사회의 보수화와 한일관계의 변화

상생공생을 촉구하는 한일연대의 사적 354
    공산주의운동과 해방전사비 | 한국인 유골이 안치된 만주지 | 마이즈루 항의 우키시마 호 순난자 추도비 | 한일연대로 지켜낸 우토로의 한국인 거주지 | 한민족의 마음을 전하는 고려미술관

마치며 365

참고문헌 371
찾아보기 373

創新京都

창신의 역사, 교토 2000년

옛스러우면서도 새로운 교토
역사가 만든 교토
교토의 자연환경과 문명의 탄생
헤이안쿄의 건설
중세의 교토, 무사의 칼날에 휘둘리다
문화·종교·경제의 중심, 근세 교토
법고창신의 지혜로 근대를 열다

옛스러우면서도
새로운 교토

역사가 만든 교토

교토(京都)는 1100여 년간 일본의 수도였다. 간무덴노(桓武天皇, 재위 781~806년)가 헤이안쿄(平安京, 지금의 교토 중심부)로 천도한 794년 이래, 교토는 덴노가 거주하는 수도이자 문화 중심지였다. 바쿠한(幕藩) 체제가 성립되면서 정치 중심지의 위치는 에도(江戶)에 넘겨주었으나, 공식적으로는 메이지 유신(明治維新) 이후 도쿄(東京)로 수도를 옮긴 1869년까지 교토가 수도의 역할을 했다.

따라서 교토는 흔히 '천년고도(千年古都)'로 각인되어 있고, 교토에 가면 고색창연한 궁궐이나 사사(寺社) 등을 많이 볼 수 있으리라고 기대한다. 그러나 현재 교토에 남아 있는 1600여 개의 사원과 400여 개의 신사 중 헤이안 시대(8~12세기)에 지어진 건물은

적어도 옛 헤이안쿄의 범위 안에는 하나도 없다. 교토는 15세기 중엽 오닌의 난(應仁の亂)과 분메이의 난(文明の亂)을 비롯한 수차례의 내란, 18~19세기 중엽 3번의 대화재 등으로 인해 도시의 태반이 불타버려 헤이안 시대는커녕 가마쿠라 시대나 무로마치 시대의 건물도 찾아보기 어렵다. 헤이안 시대의 건물은 교토의 중심부에서 멀리 떨어진 다이고지(醍醐寺)나 우지(宇治)의 사사(寺社) 정도다. 헤이안쿄 이전의 수도인 헤이조쿄(平城京, 지금의 나라 지역)에서도 흔히 볼 수 있는 옛 건물의 초석조차 온전히 남아 있는 것이 없다.

위의 사실을 말하는 것은 천년고도로 평가 받는 교토의 위상을 깎아내리려는 뜻이 아니다. 오히려 교토가 굽이치는 역사의 물줄기에 순응해 끊임없이 속살과 거죽을 바꾸면서 '일본인의 마음의 고향'이라는 정체성을 굳건히 지켜온 지혜를 강조하기 위해서다. 교토에서는 헤이안 시대의 침전(寢殿) 부지 위에 가마쿠라·무로마치 시대의 무가저택(武家邸宅)이 세워지고, 에도 시대와 현대에는 그 위에 상가(商街) 또는 빌딩이 세워졌다. 교토는 역사와 더불어 부단히 새로 만들어져왔기 때문에, 유적 위에 유적이 겹치고 덧붙여지는 특징을 가지고 있다. 수십간의 인구가 오랜 세월 동안 한 곳에서 삶을 영위하다 보면, 그 땅 위에 역사의 흔적이 쌓이고 색이 덧입혀지는 일이 당연하지 않은가? 최근 우리 주변에서 무턱대고 과거의 유적이나 유물을 복원하려고 애쓰는 풍조가 유행인데, 교토가 만들어온 역사와 문화를 떠올리면 그것이 공연히 세금만 축내는 부질없는 짓임을 깨닫게 된다.

많은 사람들은 고대의 헤이안쿄가 근대도시 교토로 바뀐 것처럼 생각하는데, 현재의 교토는 도요토미 히데요시(豊臣秀吉)가 개조한 근세도시에 기반을 두고 있다. 따라서, 오늘날의 교토에 헤이안쿄의 잔영은 거의 없다. 그런데도 사람들은 왜 교토에서 헤이안쿄의 이미지를 떠올릴까? 그것은 교토의 상징이라고 할 수 있는 바둑판 모양의 거리 풍경이 헤이안쿄의 구획 정리에서 유래하기 때문이다. 직각으로 교차하는 길은 정치도시였던 헤이안쿄의 유일한 흔적이다. 헤이안쿄는 당(唐)의 장안(長安)과 북위(北魏)의 낙양(洛陽)을 본떠 건설되었고, 헤이안 시대 이전의 수도인 후지와라쿄(藤原京), 헤이조쿄, 나가오카쿄(長岡京) 등의 모습도 참고했다. 따라서 헤이안쿄는 일본 고대 궁도(宮都)의 완성된 모습이라고 할 수 있다. 먼저 교토의 변화하는 모습을 시대의 흐름에 따라 간단히 살펴보자.

교토의 자연환경과 문명의 탄생

천년 전통의 도시 교토도 처음에는 칡넝쿨로 뒤덮인 산야에 불과했다. 다만 지리적 위치와 지형 조건이 사람이 거주하거나 권력을 행사하는 데 아주 적합했기 때문에 언젠가는 대도시로 개발될 가능성을 처음부터 안고 있었다. 동아시아, 특히 한반도 계통의 사람들이 장소를 물색할 때 즐겨 들먹이는 풍수사상도 교토의 지형에 딱 들어맞았다. 좌청룡(左靑龍), 우백호(右白虎), 북현무(北玄武), 남주작(南朱雀)에 해당하는 산맥과 하천이 교토를 감싸고 있다. 교토 인근에는 이미 권력과 문명의 중심지로 개발된 오사카(大阪)와 나라(奈良)가 번영을 구가하고 있었다. 산맥은 이들의 정치력과 군사력을 막아주는 장벽이었고, 하천은 생산력과 문화력을 키우는 젖줄이었다. 또 지진 등의 자연재해가 빈발하는 일본열도에서 교토는 신기하게도 그러한 재앙이 비켜가는 명당이었다.

교토에 문명의 씨앗이 뿌려진 때는 언제일까? 교토 시내 한복판에서 토기를 사용하기 이전의 유물이 발견되어 아주 오랜 옛날부터 사람이 살고 있었음을 알려준다. 신석기 시대인 조몬 시대(繩文時代)의 집락유적과 생활유물도 발견되었다. 1982년, 시내 번화가인 4조(四條) 가라스마(烏丸)에서 은행 건물 개축을 위한 발굴조사에서, 청동기 시대에 해당하는 야요이 시대(彌生時代)의 거주지 유적과 토기·석기가 다량 발견되었다. 분지 주변의 구릉인 데다 하천이 사방으로 흐르고 있으니, 인류가 일찍부터 자리 잡고 살았을 만하다. 아무튼 교토에서는 기원전 1~3세기에 이미 사람들이 모여 살며 야요이식의 문화를 영위했다.

교토의 역사와 문화가 오래된 점보다 그 유적이 오늘날의 비즈니스 중심가에서 발견되었다는 사실에 주목한다. 4조 가라스마는 헤이안 시대에 좌경(左京) 4조(四條) 3방(三坊)에 해당하여 귀족의 저택이 밀집해 있었고, 에도 시대(江戶時代)에는 상인의 가옥이 처마를 맞댄 민중의 생활터전이었다. 이에 대한 자세한 설명은 뒤로 미루겠다. 다만 여기서는 오늘날 흔히 말하는 명당이란 다 그럴 만한 이유가 있어서 옛날부터 사람들이 잘 알고 충분히 활용한 장소였다는 점만 강조해 두겠다. 역사와 문명이란, 명당 위에서 사람이 지지고 볶으며 켜켜이 쌓아올린 흔적일 뿐이다.

교토가 본격적으로 개발되어 도시의 모습을 갖추게 된 때는 5세기 후반이다. 하타씨(秦氏)가 가쓰라가와(桂川) 주변에 큰 제방을 쌓고 물을 끌어들여 개간함으로써 칡넝쿨 우거졌던 교토는 농사지을 수 있는 옥토로 탈바꿈했다. 이렇게 해서 축적된 기술과 재화는 결국 권력과 결탁하여 교토를 정치와 문화의 중심지로 재편하게 된다.

헤이안쿄의 건설

간무덴노는 헤이안쿄가 사신(四神)에 조응하는 궁도라는 점을 중시했다. 그는 교토 주위의 지형을 사신에 비유했는데, 현무는 후나오카야마(船岡山), 청룡은 가모가와(鴨川), 백호는 가쓰라가와, 주작은 오구라이케(巨椋池)를 상징한다. 도시의 중심거리는 후나오카야마(북)에서 오구라이케(남)까지 관통하는 주작대로(朱雀大路)인데, 도로의 폭이 약 85미터로서, 그때까지 만들어진 수도의 거리 중에서 가장 넓었다.

궁도는 동서 4.5킬로미터, 남북 5.2킬로미터에 이르는 광대한 면적에 15만 명이 거주할 수 있었다. 주작대로의 북부 중앙에는 덴노가 거주하는 다이다이리(大內裏)*, 즉 헤이안 궁(平安宮)이 자리 잡았다. 주변에는 귀족, 관원, 병사가 근무하는 관청거리가 있었고, 헤이안 궁 남쪽에는 동서를 가로지르는 니조 대로(二條大路)가 뻗어 있었다. 니조 대로는 폭이 약 51미터로 헤이안쿄의 도로 중에서 주작대로를 제외하고 가장 넓었다.

헤이안쿄는 '대로'라 불리는 폭 30~36미터의 길과 '소로'라 불리는 폭 12미터의 길이 규칙적으로 배치되어 성내를 구획했다. 도시 전체는 주작대로를 경계로 하여 좌경(左京, 동반부)과 우경(右京, 서반부)으로 나뉜다. 좌경과 우경은 각각 9개의 조(條)로 분할된다. 좁고 동서로 긴 모양의 조는 다시 4개의 방(坊)으로 나뉘고, 방은 4개의 보(保) 및 16개의 정(町)으로 나뉜다. 조·방·보·정은 규칙적으로 번호가 매겨졌다. 조는 북쪽에서 남쪽으로 1~9조, 방은 주작대로에서 밖을 향해 1~4방, 보·정은 주작대로에 가까운 북쪽에서부터 1~4보, 혹은 1~16정이다.

헤이안쿄는 정치도시로 조성되어, 나성문(羅城門)**, 동사(東寺), 서사(西寺), 동홍려관(東鴻臚館), 서홍려관(西鴻臚館), 동시(東市), 서시(西市), 제사주정(諸司廚町) 등의 시설이 있었다. 나성문은 주작대로의 남쪽 끝에 위치한 헤이안쿄의 정문이다. 나성문

* 덴노가 거주하고, 고대 일본의 정치가 이루어지던 곳. 덴노의 침소인 황거(皇居)를 중심으로 주위에 정무와 의식을 집행하는 조당원(朝堂院)을 비롯한 여러 관청, 후궁 등을 배치하고 성곽으로 둘러쌌다. 수도의 정중앙에서 북쪽으로 올라간 곳에 위치한다.
** 나생문(羅生門)이라고도 하는 수도의 정문이다. 헤이조쿄와 헤이안쿄 모두 주작대로의 남단에 위치해 북단의 주작문과 멀리 마주보았다. 헤이조쿄의 나성문 흔적은 나라현 야마토군 라이세(來生)에 있다.

위에는 수도를 지키는 상징물로써 도바쓰비사몬텐(兜跋毘沙門天)*을 세웠다. 정면 9칸의 중국식 2층 누각 건물로 출입구가 3개 있었으며, 좌우에 나성을 쌓았다. 나성문이 수도 안과 밖을 구분하는 기준인 셈이다. 고대 중국의 성곽도시는 도시 전체를 나성으로 둘러쌌지만 헤이안쿄는 정문의 좌우에만 나성을 쌓았다. 나성문은 980년에 폭풍우로 붕괴된 이후 재건되지 않았다.

오늘날 우리가 알고 있는 나성문은 일본의 유명한 작가 아쿠타가와 류노스케(芥川龍之介)가 1915년에 쓴 단편소설 《라쇼몽(羅生門)》이다. 이 소설은 일본의 옛날이야기에서 소재를 취해, 헤이안 시대 말기의 황폐한 교토를 무대로 삼아 살기 위해 악행을 저지르는 인간의 이기주의를 그렸다. 구로사와 아키라(黑澤明) 감독이 1950년에 동명의 영화로 제작하여 베니스영화제 황금사자상을 받았다.

나성문의 양쪽에는 동사와 서사가 자리 잡고 있었다. 현재의 교토에는 수많은 사원이 빼곡히 들어차 있지만, 헤이안쿄가 건설될 당시에는 동사와 서사만 있었다. 그때의 불교는 국가와 수도의 평안을 빌 뿐, 백성에게까지 구원이나 위안을 베풀 만큼 널리 퍼진 단계가 아니어서 두 곳의 사찰만으로 충분했다. 지금은 서사는 없어지고 동사만 교토역의 서남쪽에서 사방에 5층목탑의 아름다운 그림자를 드리우며 옛날의 영화를 증언하고 있다.

주작대로 주변의 7조(七條)에 자리 잡은

* 사천왕(四天王) 가운데 하나로 북방을 지키며, 투구나 두건을 쓰고 무장한 모습으로 그려진다. 재물을 관장한다고 한다.

동·서 2개의 홍려관은 신라나 발해 등 외국에서 오는 빈객(賓客)을 맞이하기 위한 영빈관이었다. 홍려관은 헤이안쿄 이외에 규슈의 다자이후(大宰府)와 후쿠이의 쓰루가(敦賀)에도 건립되었다.

홍려관의 양쪽에는 시장이 설치되어 헤이안쿄에 사는 사람들에게 물자를 공급했다. 이곳에는 최첨단의 기술과 기능을 가진 장인들이 집결해 있었다. 두 시장이 서로 다른 상품을 취급해, 매달 전반에는 동시가, 후반에는 서시가 열렸다. 제사주정은 2관(官) 8성(省)으로 구성된 관청, 즉 신지(神祇), 태정(太政)의 2관과 대장(大藏), 궁내(宮內), 민부(民部), 형부(刑部) 등의 8성에서 일하는 하급관리와 일꾼의 숙소였다. 그들은 지방에서 징발되어 1년씩 헤이안쿄에서 일했는데, 보통 소속 부서의 주변에 살았다. 관청은 주로 3조 이상의 북쪽에 집중돼 있었다. 길이 72미터, 폭 12미터의 길고 좁은 부지에 22명이 살았으니, 제사주정은 이른바 단신부임(單身赴任)한 관료의 관사였던 셈이다.

헤이안쿄는 '수양버들과 벚꽃이 뒤섞여 수도가 꽃비단 같구나!'라고 칭송될 만큼 화려하고 아름다웠다. 그런 헤이안쿄의 모습은 200년 뒤인 10세기 중반부터 점차 변모하기 시작했다. 헤이안쿄의 우경이 도시로서의 모습을 상실했기 때문이다. 본래 축축하고 윤기 있는 땅이었던 우경은 전원지대로 되돌아갔다. 그 때문에 좌경에는 인구가 밀집하고, 가모가와 동쪽과 북쪽으로 도시가 확장되었다.

중세의 교토, 무사의 칼날에 휘둘리다

11세기에서 12세기에 걸쳐 헤이안쿄에는 '교토(京都)'라는 새 이름이 붙었다. 그리고 덴노의 권위가 떨어지면서 그를 중심으로 한 '조정(朝廷)'이 약화되고 무사정권이 발호하기 시작했다. 그리하여 교토는 통치하는 수도에서 통치당하는 수도가 되었고, 도시의 모습도 달라졌다. 무사정권의 거점인 가모가와 동부에 시가지가 생겨나, 새로운 도시 경관이 히가시야마(東山) 일대에 형성되었다. 또 히가시야마, 기타야마(北山), 니시야마(西山)의 산록에 많은 사원이 건립되기 시작하여 교토는 불교 진흥의 중심지가 되었다. 동사와 서사밖에 없던 교토에 시민이 시주하고 참배하는 민간 사원이 출현하기 시작한 것이다. 시간이 흐르면서 사원은 폭발적으로 증가하여 교토는 종교와 문화의 중심지라는 새로운 의미를 갖게 되었다.

중세 교토 시민의 생활은 활력에 넘쳤다. 고대에 국영산업에 종사하던 상공업자들은 궁도의 운영체제가 붕괴하자 스스로 독립하여 공동조합을 결성하고 영업 권익을 지켰다. 그로부터 교토는 일본 최대의 상공업도시로 성장했다. 경제의 활성화는 문화에도 영향을 미쳐, 시민의 축제인 기온마쓰리(祇園祭り)를 탄생시켰다.

기온마쓰리는 교토의 야사카 신사(八坂神社)에서 7월 17일부터 24일까지 올리는 제례(祭禮)로, 869년 역병이 유행했을 때 원혼을 달래려 지낸 제사가 그 기원이다. 야사카 신사에서는 마쓰리가 시작되기 전인 7월 1일부터 약 한 달 동안 다양한 행사가 열린다.

16세기 중반부터 창이나 칼을 꽂아 화려하게 장식한 수레인 야마보코(山鉾)의 행렬이 더해져 민중의 축제로 자리 잡았다. 지금도 야마보코 순행은 수백만 명이 관람하는 유명한 볼거리다. 기온마쓰리는 오사카의 덴진마쓰리, 도쿄의 간다마쓰리와 함께 일본의 3대 마쓰리로 불린다.

그러나 간신히 완성된 중세도시 교토는 15세기 중반 10여 년에 걸친 오닌과 분메이의 내란을 겪으면서 치명적인 타격을 입는다. 파괴된 교토가 회복되는 데 25년이 걸렸지만, 결국 과거의 모습을 완전히 되찾지는 못했다. 교토는 둘로 갈라져서 상경(上京)과 하경(下京) 사이 약 2킬로미터에 걸친 전원지대가 생겨났다. 마치 쌍둥이 도시와 같은 모습이었다. 이 같은 도시 경관은 약 1세기 동안 지속되었다. 도시의 활력을 되찾기 위해 교토 사람들은 내란 중에 중단됐던 기온마쓰리를 부활시키는 등 안간힘을 쏟았다.

문화·종교·경제의 중심, 근세 교토

교토를 근세도시로 완전히 개조한 이는 도요토미 히데요시였다. 그는 상경과 하경 사이의 공백을 없애고 계획적으로 도시화를 추진하여 교토를 다시 하나로 통합하는 대사업을 벌였다. 도시 주변을 토담으로 둘러싼 일도 교토 성립 이래 처음이었다. 도시를 동서남북으로 구획하고, 시내와 교외를 낙중(洛中)과 낙외(洛外)로 구분했다. 또 중심부에는 덴노의 거처인 고쇼(御所)를 재건하고,

고쇼 옆에 자신의 거처로서 화려하기 그지없는 주라쿠다이(聚樂第, 1587~1595년 존립)를 신축하여 덴노를 압박했다. 그는 강권을 휘둘러 흩어져 있던 사원을 한 지역〔寺町〕에 모아 유사시에는 방어선의 역할을 하게 했다.

도요토미 정권을 무너트리고 뒤를 이은 도쿠가와 정권은 정치의 중심지를 에도(江戶, 오늘날의 도쿄)에 두었다. 권력의 축을 간사이(關西)에서 간토(關東)로 옮긴 것이다. 도쿠가와 이에야스는 교토에서 고쇼가 대각선으로 보이는 곳에 웅장한 니조조(二條城)*을 축조하여(1603) 자신의 거처 겸 덴노를 감시하는 초소로 삼았다.

도쿠가와 정권은 사원의 부흥을 원호했다. 그 덕분에 교토는 종교와 문화의 중심도시다운 면목을 회복했다. 17세기 말에는 니시진(西陣)의 견직업과 염색업이 번영을 뽐내어 산업도시의 위상도 확립했다. 조선 상인이 중개한 동아시아의 실크로드와 실버로드 무역**도 화려하게 꽃을 피웠다. 그러나 교토는 그 후 대화재가 빈발하여 도시 건물의 대부분이 불타버렸다. 교토는 메이지 시대까지 도시를 복구하는 데 힘을 쏟아야만 했다.

오늘날 교토의 모습은 상당 부분 에도시대(1600~1867)에 만들어졌다. 당시 권력의 중추는 에도에 있었지만 교토는 문화, 종교, 경제의 중심지로 재건되고 번창했다. 교토

* 처음의 니조조는 1569년 오다 노부나가가 쌓은 쇼군의 저택이었다. 오다가 지은 니조조는 1582년 혼노지의 정변 때 불탔다. 교토시 조쿄구에서 그 유적이 발견됐다. 오늘날 우리가 흔히 방문하는 교토시 주쿄구의 니조조는 도쿠가와 이에야스가 만들었다.
** 중국의 비단, 한국의 인삼, 일본의 은화가 중심상품으로 전개된 동아시아 무역로. 이 책의 '교린교역과 교토의 활력' 참조.

는 메이지 유신의 와중인 1860년대를 전후하여 정치의 중심지로 다시 부상했지만, 1869년 교토 시민의 항의시위에도 불구하고 덴노가 새 수도 도쿄로 옮겨감으로써 정치무대에서 빛을 잃었다. 이에 따라 과거의 귀족과 세력가도 덴노를 따라 교토를 등졌다.

법고창신의 지혜로 근대를 열다

교토 시민은 오히려 절망을 희망으로, 위기를 기회로 활용했다. 폐허가 된 도시를 다시 일으키기 위해 대담한 혁신을 단행했다. 산을 뚫어 수로를 내고 비와코(琵琶湖)의 물을 끌어들여 운하와 발전소를 건설했다. 그 덕택으로 수운이 발전하고 전차가 달리게 되면서 도시가 급속히 근대적 면모를 갖췄다. 염색업 등 전통산업에서도 기술혁신이 일어나 경제계에도 활기가 넘쳤다. 100년을 내다본 교토의 개혁구상은 1895년 천도 1100년을 기념하여 개최된 제4회 내국권업박람회(內國勸業博覽會)로 이어졌다. 이렇듯 근대도시로 재탄생한 교토는 일본의 대도시가 대부분 초토화된 2차 세계대전 때에도 미국이 문화유산을 폭격해서는 안 된다는 판단 덕택에 '숨 쉬는 박물관'으로 살아남을 수 있었다.

오늘날 교토에는 2000개 이상의 사원과 신사, 세 곳의 궁궐과 궁원, 수십 개의 정원과 박물관이 있다. 또 다도(茶道), 화도(畵道), 광언(狂言), 경무(京舞) 등 역사와 전통이 만들어낸 예능과 예술이 살아 있다. 기온마쓰리와 지다이마쓰리(時代祭リ) 같은 수많은 제

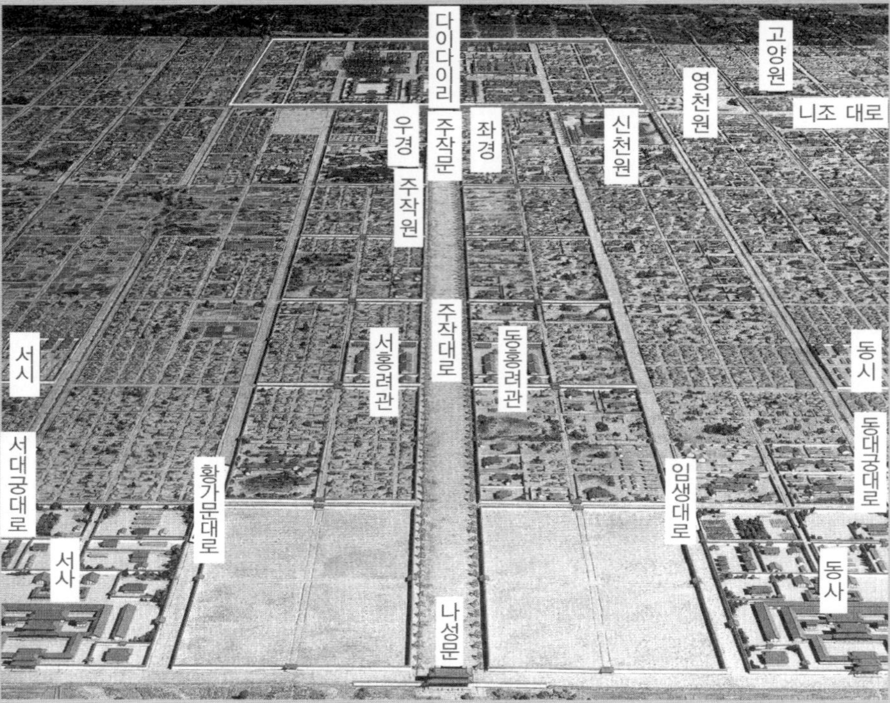

▲ 옛 헤이안쿄의 상상도.
▲▲ 동사(東寺)의 금당 건물과 5층목탑. 메이지 23년(1890)에 출간된 동판화.

▲ 일본 3대 마쓰리의 하나인 기온마쓰리의 야마보코 순행. 19세기 말의 사진이다.

사와 축제는 문화관광 이벤트로 명성을 날리며 도시경제를 활성화시키고 있다.

또한 교토는 1200여 년에 걸쳐 다양한 기능과 기술을 발전시켜 인간생활을 풍요롭게 하는 물품을 만들어왔다. 유구한 세월 속에서 진화해온 교토의 전통산업은 일본의 미를 일상생활에 세련스럽게 접목시켜왔다. 이렇듯 세대를 넘어 진보하는 교토의 공예품에는 일본인의 자부심이 녹아들어 있다.

서울대학교보다 훨씬 규모가 작은 교토대학은 벌써 노벨상 수상자를 여럿 배출했다. 2002년 노벨 화학상을 수상한 젊은 과학자 다나카 고이치(田中耕一)는 교토에 있는 시마즈(島津) 제작소의 연구원이었다. 세계 게임기 시장을 석권하고 있는 닌텐도(任天堂)도 처음에는 교토의 작은 전자오락실이었다. 그리고 신소재 세라믹을 개발해 세계적 명성을 얻은 교세라(京セラ)도 본사를 교토에 두고 있다.

인구 150만 명에 불과한 교토가 어떻게 이렇게 세계에 자랑할 만한 학술기관과 첨단산업을 보유하게 되었을까? 그 답은 옛것을 우려내 새것을 창조하는 노하우, 바꿔 말해 자신의 문화와 전통을 시대 변화에 맞게 변형시키고 발전시켜가는 '이노베이션(innovation)'에 있다. 좀 더 그럴듯하게 말하면, 법고창신(法古創新) 이야말로 교토의 역사 그 자체요, 아이덴티티라고 확신한다.

古都文明

도래인과 한반도의 영향, 교토의 문명

누가 교토를 개척했는가?
도래인의 물결
미륵보살반가사유상의 신비로운 미소
도래인이 만든 교토의 신앙세계
백제와 덴노의 인연
일본의 지성이 흠모한 신라의 걸물(傑物)
무역계왕 장보고의 그림자
일본에 미친 신라 불교의 영향
고잔지의 의상·원효 대사 두루마리 그림
의상대사와 선묘낭자의 로맨스

누가
교토를 개척했는가?

도래인의 물결

일본의 역사 유적에 가보면 심심찮게 도래인(渡來人)의 흔적을 발견할 수 있다. 교토도 예외가 아니다. 교토의 연원을 보여주는 유명한 사원과 신사에는 반드시 도래인에 얽힌 이야기가 숨어 있다. 따라서 교토의 고대 역사를 이해하기 위해서는 먼저 일본에서 도래인이 어떤 역할을 했는지 살펴봐야 한다.

예나 지금이나 대륙과 일본열도는 한반도를 매개로 하여 한 줄기 해협으로 분리되어 있을 뿐이어서 서로 왕래하는 사람의 물결이 끊이지 않는다. 특히 한반도를 비롯하여 대륙에서 일본열도로 건너가는 사람이 많았다. 사람은 본능적으로 더 살기 좋은 곳을 찾아 이동한다. 대륙과 한반도의 사람들에게는 기후가 따뜻하고 토지가 비옥한 일본열도가 새로운 삶을 개척할 신천지로 보였으리라. 또 대륙과 한반도에서 전쟁이나 왕조 교체 등으로 난민이 발생하면, 무리를 지어 일본열도로 건너가는 경우도 많았다. 물이 높은 곳에서 낮은 곳으로 흐르듯, 문화도 선진지역에서 후진지역으로 퍼져가기 마련이다. 그렇기 때문에 선진문명을 몸에 지니고 대륙이나 한반도에서 건너간 사람은 일본열도에서 자리 잡기가 그렇게 어렵지는 않았을 것이다.

대륙이나 한반도에서 일본열도로 건너간 사람들의 물결과 그들이 일본열도에 끼친 영향을 다음과 같이 네 시기로 나누어 살펴볼 수 있다.

제1기의 절정은 4세기 말에서 5세기 전반까지다. 중국에서 5호16국(五胡十六國, 304~439)의 전란이 계속되고 한반도와 그 주변에서는 고구려·백제·신라·가야 등이 세력을 다투면서 왜(倭)와 복잡한 관계를 맺고 있었다. 광개토대왕(재위 391~412년)의 비문이나 칠지도(七枝刀)의 명문* 등은 당시 숨 막히게 돌아가던 동아시아의 국제 정세를 잘 보여주고 있다. 그 와중에 가야연맹 남부의 사람들이 일본열도에 많이 건너갔다. 그들은 오카야마(岡山) 등지에서 공인(工人)으로 활약했다. 크고 웅장한 무덤이 많이 만들어져 고분 시대**라고도 하는 이 기간에, 거대한 고분을 축조한 기술자들이 바

* "(…) 백제왕 치세에 왕의 명을 받들어 왜왕 지(旨)를 위해 만들었으니 후세에 전하여 보여라."
** 흙을 쌓아올려 큰 무덤을 만드는 관습은 3세기 후반부터 일본 서부 각지에서 시작하여 6세기까지 동부로 확산되었다. 이 시기에 나라와 오사카 지역을 중심으로 문화가 발달하고, 통일국가가 성립·발전했다는 게 통설이다.

로 이 도래인들이었다.

　　제2기의 절정은 5세기 후반이다. 중국에서는 남북조(南北朝, 386~589)가 분리, 대립했고 한반도에서는 고구려가 남진정책을 추진하면서 475년 백제의 왕도 한성이 함락되고 개로왕은 아차산성에서 처형당했다. 백제 왕족은 웅진으로 도망하여 나라를 재건했다. 이 전란 통에 북부 가야와 백제 사람들이 일본열도에 많이 건너갔다. 하타씨(秦氏) 등도 거기에 포함되어 있었다. 그들은 수공업 기술을 살려 야마토(大和) 왕권*을 보좌하는 역할을 했다. 야마토 정권은 가야를 비롯한 한반도 여러 나라에서 철제 자원과 도기·직물·토목의 기술을 받아들여 정치력과 군사력을 비약적으로 향상시키고, 일본열도 안의 다른 세력을 제압했다. 도래인이 일본의 고대국가 형성에 참여한 것이다.

　　제3기의 절정은 6세기 후반이다. 한반도에서는 신라의 공격으로 가야가 멸망하고(562) 중국에서는 수나라가 통일왕조를 세웠다(581). 이 시기에는 고구려와 수나라의 다툼, 그리고 고구려·백제·신라 사이의 싸움이 치열했다. 그 와중에 가야 계통의 사람들이 다수 일본열도로 건너갔다. 도래인 하타씨의 거대한 동족조직이 일본에 출현한 것이 이때다. 그들은 선진기술로 생산 부문을 선도하고, 문서 작성 등의 실무를 담당하여 일본의 고대국가 확립에 빼놓을 수 없는 힘으

* 일본 최초의 통일 정권으로서, 야마토를 중심으로 하는 기나이(畿內) 지방의 여러 호족이 연합하여 세웠다. 나중에 덴노가 되는 대왕(大王)을 옹립하고, 4~5세기까지 동북 지방을 제외한 일본 대부분 지역을 통일했다. 6세기에는 세습제가 확립되고, 중국과 한반도 여러 나라와 '왜왕'이란 이름으로 외교를 행했다.

로 기여했다.

제4기의 절정은 7세기 후반이다. 중국에서는 당나라가 거대제국을 건설하고 고구려와 패권을 다퉜다. 이후 신라는 국제 정세의 흐름을 간파하고 당을 이용하여 백제를 멸망시켰고(660), 백제를 부흥하려 몰려온 왜군을 백촌강(白村江) 전투**에서 무찔렀다. 그리고 고구려를 멸망시키고(668), 당의 세력도 몰아내 삼국을 통일했다(676). 그 여파로 고구려의 옛 영토에서는 발해가 건국되었다(698). 이런 와중에서 백제와 고구려의 유민이 일본열도에 많이 건너갔다. 그들은 행정관료로 활동하기도 하고, 왜의 왕권과 결합하여 세력을 떨치기도 했다. 이렇게 300여 년의 파동을 거쳐 일본에 건너간 한반도 도래인은 교토의 개척에 어떻게 관여했을까?

미륵보살반가사유상의 신비로운 미소

하타씨는 가야계 신라 도래인 집단으로, 야마토노 아야씨(東漢氏)***와 더불어 도래계 씨족의 최대세력이었다. 하타씨가 이곳 사가노(嵯峨野) 지역에 정착한 것은 5세기 후반 무렵이었다. 하타씨는 토목기술에 뛰어나, 가쓰라가와(桂川)에 제방(대언(大堰))을 쌓고 물을 끌어들여 가즈노(葛野)의 황무지

** 660년 백제 멸망 후, 663년 왜가 백제왕자 풍을 구원하기 위해 신라·당 연합군과 금강 하구의 백촌강에서 싸워 패한 전투를 말한다. 그 결과 왜는 퇴각하였고, 백제부흥군의 거점인 주류성이 함락되었다. 풍은 고구려에 피신했고, 많은 백제의 왕족·귀족이 왜로 망명했다.

*** 4세기 후반에서 5세기 초에 걸쳐 한반도에서 일본으로 이주한 대표적인 씨족. 가와치노 후미씨(西文氏), 하타씨와 더불어 문자를 사용할 줄 알았기 때문에 주로 기록과 재정 및 외교 분야에서 활약했다. 7세기에는 정치·군사 분야에서 유력한 혈족이 되어 지위가 높아졌다.

를 개간했다. 가쓰라가와를 오오이가와(大堰川)라는 별칭으로 부를 만큼, 그들이 쌓은 제방은 가쓰라가와 주변을 풍요로운 경지로 변모시켰다. 가쓰라가와를 끼고 있는 아라시야마(嵐山) 일대는 현재 관광지로 유명한데, 그 강을 가로지르는 도게쓰 교(渡月橋) 부근에 큰 제방을 쌓았으리라 여겨진다. 이 근방에는 지금도 가쓰라가와 서쪽 들로 물을 끌어가는 취수구가 만들어져 있다. 이렇게 보면 하타씨가 1500여 년 전에 만든 제방은 일본 치산치수(治山治水)의 선구라고 할 수 있다.

하타씨는 도래인의 선진기술을 살려 헤이안쿄의 축조는 물론이고 그전의 구니쿄(恭仁京), 나가오카쿄 등의 축조에도 공헌했다. 그 외에도 농경, 직조(機織), 금속세공(金工), 나무세공(木工) 등에 뛰어나 막대한 부를 축적할 수 있었다. 그리하여 도래인 일족 하타씨의 중심인물인 가와카쓰(河勝)는 덴노의 조정과 깊은 관계를 맺을 수 있었다. 하타씨가 거대한 동족조직을 만들 즈음에는 쇼토쿠 태자(聖德太子, 574~622)*가 관위 12계급과 17조 헌법을 제정하는 등 활동의 절정기를 맞고 있었다.

하타노 가와카쓰(秦氏)는 쇼토쿠 태자와 아주 가까운 사이였다. 그는 610년 신라에서 사자(使者)가 왔을 때 안내역을 맡기도 했다. 하타씨가 세력을 떨친 6세기 후반은 고분 시대의 끝 무렵으로, 그들의 본거지인 교

* 요메이덴노(用明天皇)의 아들로, 학문에 정통하고 불교에 심취했다. 스이코덴노(推古天皇)의 즉위 후 황태자이자 섭정으로서 관위 12계급과 헌법 17조를 제정하여 국가의 틀을 만들었다. 선진문물을 도입하고 불교의 흥륭에 힘썼다. 한반도 계통의 도래인과 밀접한 관계를 맺으며 자신의 세력을 확장해나갔다.
** 기원하는 사찰.

토분지 서북부에는 하타씨의 것으로 추정되는 전방후원분이 많이 남아 있다.

교토에서 가장 오래된 사원은 622년 창건된 고류지(廣隆寺)로 하타씨의 원찰(願刹)**이기도 하다. 연원을 거슬러 올라가면 하타노 가와카쓰(秦河勝)가 603년에 쇼토쿠 태자에게 받은 불상을 안치하기 위해 세웠다. 고류지라는 절 이름은 창건자 하타노 가와카쓰(秦河勝)의 실제 이름 고류(廣隆)에서 따온 것이다.

창건 당시의 고류지는 현재의 장소에서 동북으로 수 킬로미터 떨어진 지점이고, 현지로 옮긴 것은 헤이안쿄 천도 전후다. 고류지는 그들이 살고 있던 지역 이름을 따서 우즈마사데라(太秦寺) 또는 게이린지(桂林寺)라고도 부른다. 교토의 계림(桂林)은 경주의 계림(鷄林)과 훈독 발음이 똑같다. 고대의 한일 언어에 문외한이지만, 무엇인가 상관관계가 있지 않을까 하는 생각이 들었다. 어쩌면 하타씨가 가쓰라가와(桂川)를 개발하면서 고향의 계림(鷄林)을 생각하고 훈독이 같은 계림(桂林)이라는 이름을 붙였는지도 모른다.

고류지는 항상 약사신앙(藥師信仰)과 태자신앙(太子信仰)의 중심지였다. 즉 질병의 치유를 빌고 쇼토쿠 태자를 신으로 떠받드는 신앙의 중심사원이었다. 고류지에는 두 개의 미륵보살상이 전해 온다. 하나는 603년에 쇼토쿠 태자가 백제로부터 받은 보관미륵보살반가사유상(寶冠彌勒菩薩半跏思惟像)이고, 다른 하나는 616년 신라로부터 받은 보관미륵반가상(寶冠彌勒半跏像, 속칭 우는 미륵)이다.

이 중에서 전자가 쇼토쿠 태자가 가와카쓰에게 준 불상이다.

가와카쓰는 쇼토쿠 태자로부터 받은 불상을 본존(本尊)으로 삼아 태자가 죽은 622년에 그의 보리사(菩提寺)로서 고류지를 건립했다. 신라에서도 많은 불상(佛像)과 불구(佛具)를 보내 불교를 일으켜 문화를 향상시키고 민중을 화합시키려는 쇼토쿠 태자를 추모했다.

그런데 일본의 국보 1호로 지정된 이 보관미륵보살반가사유상은 한국의 국립중앙박물관에 안치되어 있는 금동미륵보살반가사유상과 너무나 흡사해 누가 만들었는가를 둘러싸고 백제설, 신라설, 일본설 등이 분분하다. 지금은 백제에서 만들어 보냈거나 아니면 일본의 도래인이 만들었을 가능성이 크다는 게 통설이다. 일본서기 등의 문헌에도 그것을 뒷받침하는 기록이 남아 있다.

15년 전쯤 엉뚱하게 이 논쟁에 끼어든 적이 있다. 일본 지바현의 소학교 6학년 학생들이 편지로 그 답변을 구해온 것이다. 그들은 일본과 한국의 교과서를 함께 사용해 수업을 했는데, 두 책 모두에 실려 있는 미륵보살반가사유상을 비교하면서 닮은 점과 다른 점을 이야기하다가 제작자가 누구냐를 놓고 시비가 붙은 모양이었다. 고류지 미륵보살반가사유상의 재질(材質)이 적송(赤松), 곧 신라의 울진·봉화 지역에서 자생하는 명품 소나무 춘양목(春陽木)인 것으로 미루어 보아 한반도에서 만든 것이 틀림없고, 그 양식을 보건대 백제계 불상일 것이라고 답변했다. 춘양목은 목재로서 발군의 가치를 지니고 있기 때문에 일제강점기에는 벌목하여 반출하기 위해 첩첩산중인 경북 봉화군 춘양면까지 철도가 놓일 정도였다.

고류지의 미륵보살반가사유상이 적송으로 만들어졌다는 사실은 실로 우연한 계기를 통해 발견되었다. 1960년대, 예술을 전공하는 한 학생이 이 불상의 아름다움에 반하여 무심코 끌어안으려다가 그만 불상의 새끼손가락을 부러뜨렸다. 이것을 수복하기 위해 불상의 재질을 조사한 결과, 그것이 한국의 춘양목과 같다는 사실이 밝혀졌다. 이런 이야기를 편지에 덧붙이며 의기양양하게 학생들의 흥미를 유발했다.

　그런데 두 주일쯤 후에 소학생들로부터 온 편지는 반론을 담고 있었다. 그들은 식물도감과 백과사전 등을 열심히 뒤져본 결과를 준거로 하여, 당시 일본에서도 적송이 자생했다는 사실과 불상의 뒤편에 녹나무(樟)로 덧댄 흔적이 있다는 점을 들며, 내가 말한 이유만 가지고는 반드시 한반도에서 이 불상을 만들어 보냈다고는 할 수 없지 않느냐고 반문했다. 생각지도 못한 반격에 놀랐으나, 사실은 사실로서 받아들일 수밖에 없다고 판단하고 다시 《일본서기》의 기록 등을 예로 들어 나의 견해를 옹호하는 답변을 보냈다. 학생들이 또 여기에 이의를 제기하는 편지를 보내왔다.

　어떤 결론을 도출하고자 한 논쟁이 아니었기 때문에, 한반도와 일본열도 사이에 사람의 왕래와 문화 교류, 특히 한국계 사람·문화가 일본 고대의 국가 건설과 문화 발전에 얼마나 심대한 영향을 끼쳤는가를 확인하는 선에서 마무리되었다.

　그런데 뜻하지 않게 이 일을 계기로 우리의 초등학교 교과서가 개정되는 사태를 맞았다. 그때까지 우리 교과서는 적송이 일본에서 자생하지 않기 때문에 보관미륵보살반가사유상은 한국에서 만들어 보냈다는 식으로 기술되어 있었다. 그런데 그런 정도로는 일본의 독자를 납득시킬 수 없다는 내 이야기를 들은 편수 관계자가 종래의 내용을 약간 수정한 것이다. 이 전말은 그 소학교 6학년 수업을 맡았던 교사가 일본에서 수업 사례를 소개하는 책으로 출판하여 널리 소개되었다.* 이는 아마도, 일본의 소학생들이 한국의 교과서 기술을 바꾼 유일한 사례일 터이다. 국제화·세계화 시대의 진정한 역사 대화는 바로 이런 것이 아닐까?

고류지는 시텐오지(四天王寺)와 호류지(法隆寺) 등과 더불어 쇼토쿠 태자가 세운 7대 사원의 하나다. 여기에 안치된 보관미륵보살반가사유상은 일본에서 가장 오래되고 아름다운 불상이다. 가는 눈, 뚜렷한 눈썹, 이마에서 부드럽게 흘러내린 콧날 등이 정말 깔끔하게 갖추어져 있다. 입술의 양 끝에는 약간 힘이 들어가 있어 살포시 미소를 머금은 듯하다. 두 손의 모습은 우아함이 넘치고 오른쪽 손의 곡선은 아름답기 그지없다. 두 발을 덮은 치마는 대좌(臺座)에 흘러내려, 상반신의 간소한 표현과는 달리 아주 복잡하고 화려하다.

이처럼 인간적이면서도 신비롭게 순화된 부처의 모습은 쉽게 찾아볼 수 없다. 독일의 철학자 칼 야스퍼스는 이 불상을 보고 이렇게 절찬했다. "고류지의 불상에는 정말 극도로 완성된 인간 실존의 최고 이념이 남김없이 완벽하게 표

* 일본에서 출판된 책 제목은 다음과 같다. 三橋ひさ子 著, 《ジャンケン・凧・トウガラシ ―「もの」からはじめる国際理解》(教育出版, 2003)

현되어 있다. 인간존재의 가장 청정하고, 가장 원만하고, 가장 영원한 모습의 표현이다."

야스퍼스의 칭찬을 들은 이후, 일본인은 이 불상을 신주처럼 떠받들게 되었다. 사람들은 종종 자기 안의 아름다움을 잊고 살다가 남이 지적해주어야 비로소 그 진가를 깨닫는다. 아무튼 보관미륵보살반가사유상은 오늘도 영원한 미소로 참배자들을 고통에서 구해주는 듯 보인다.

고류지에는 국보가 몇 개 더 있다. 그중에서 6각형의 가쓰라궁(桂宮) 원본당(院本堂)이 대표적인데, 이 건물은 쇼토쿠 태자가 하타노 가와카쓰의 의견을 듣고 울창한 단풍나무 숲 속의 계수나무 고목 자리에 세웠다. 어느 날 쇼토쿠 태자가 꿈을 꿨다. 꿈속에서 오백나한이 모여 불경을 읽는데 천녀가 내려와 묘향묘화(妙香妙花)로써 공양(供養)하고, 고목이 빛을 발하면서 작은 소리로 불법을 이야기했다. 꿈의 계시에 따라 태자는 그 자리에 별궁을 세운 것이다. 단층 팔각으로 된 이 건물의 지붕은 노송나무 껍질(檜皮)로 덮여 있다.

교토의 서쪽에 있는 고류지는 하타씨의 탁월한 업적이 잘 보전된 유적이다. 1400여 년 전에 지은 이 절은 한국과 일본의 신앙과 예술이 아름답게 조화되고, 교류와 협력이 훌륭하게 융화된 상징으로서 역사의 보물창고라고 할 수 있다.

기요미즈데라와 백제계 도래인

한국인이 교토에 가면 가장 많이 들르는 곳은 어디일까? 아마 킨카쿠지(金閣寺)와 기요미즈데라(淸水寺)가 엇비슷하게 1위를 차지할 듯하다. 기요미즈데라는 교토의 동쪽 산(히가시야마) 기슭에 자리 잡고 있는데, 그 절에 오르는 언덕길이 아주 아름답고 격조가 높아서 항상 관광객이 가득한 명소다. 좁은 길의 좌우에는 '기요미즈야키(淸水燒)'라는 특산 도자기와 교토의 전통 공예품 등을 파는 가게가 즐비하여 굳이 사지 않더라도 눈요기만으로도 마음이 뿌듯해진다. 이 거리 전체가 일본의 중요 전통건조물 보존지구로 지정되었고, 기요미즈데라 안에 있는 주요 건물은 대부분 국보나 중요문화재이며, 사찰 전체는 1994년에 유네스코의 세계문화유산으로 등록되었다.

그런데 일본인이 아주 좋아하고 자랑하는 교토의 명찰(名刹) 기요미즈데라를 백제계 도래인 사카노우에노 다무라마로(坂上田村麻呂, 758~811)가 창건했다는 사실을 아는 사람은 많지 않다. 그의 조상은 오진덴노(應神天皇) 때 일본에 건너와 나라(奈良)의 아스카(飛鳥) 지역에 터를 잡고 살았다고 한다. 다무라마로는 간무덴노 때(797) 정이대장군(征夷大將軍)에 임명되어 간토 지역 동북부의 이민족 에미시(蝦夷)를 정벌하여 용맹을 떨쳤다. 정이대장군은 나중에 무사들이 득세했을 때 실제로 일본의 최고 권력자인 쇼군(將軍)의 직위이니 다무라마로가 바쿠후 정권 탄생의 원조라고 할 수 있다.

다무라마로는 키가 180센티미터에 이르고 가슴 두께가 36센티미터나 되는 거한이었다. 얼굴은 붉고 눈은 예리하며 황금색 턱수염을 가지고 있었다고 한다. 성격은 부드러워 웃으면 어린아이처럼 보이지만, 화가 나면 귀신이나 맹수도 벌벌 떨 지경이었다. 용감한 장수의 전형이었던 셈이다.

다무라마로는 778년에 임신 중인 부인을 부양하기 위해 사슴을 잡으러 히가시야마에 올랐다가 엔친(延鎭) 스님을 만난다. 엔친 스님은 이 산에서 간논지(觀音寺)를 짓고 수행하고 있었다. 다무라마로는 엔친 스님의 영향을 받아 불교를 믿게 되고, 살생을 중지한다. 그는 780년 가불전(假佛殿)을 지어 엔친 스님에게 기증하는데, 이것이 기요미즈데라의 효시이다. 그리고 간논지 인근에 기타간논지(北觀音寺)를 짓는데, 이 절이 나중에 기요미즈데라가 된다. 다무라마로가 정이대장군에 임명되기 20여 년 전이고, 간무 덴노가 헤이안쿄로 천도하기 10여 년 전의 이야기다.

다무라마로는 798년 기요미즈데라에 금색 40수(手)의 관세음보살상 1채를 만들어 바쳤다. 그리고 자신이 살던 다섯 칸짜리 집을 기증하여 당사(堂舍)로 삼았다. 이 당사가 기요미즈데라의 본당이다. 본당은 깎아지른 절벽에 돌출한 무대(舞臺, 본당의 마루)를 만들고 지었는데, 회나무 껍질로 지붕을 잇고 단청을 하지 않았다. 본당은 1063년에 불타 1633년에 재건했지만, 여전히 헤이안 시대의 궁전이나 귀족의 저택 모습을 간직하고 있다.

절벽에서 10여 미터나 튀어나온 무대는 139개의 나무 기둥이

▲ 고류지 경내 가쓰라 궁 원본당. 국보로 지정됐다.
◀ 우리나라의 국보 83호 금동미륵보살반가사유상(왼쪽)과 꼭 닮은 고류지 보관미륵보살반가사유상(오른쪽).

▲ 절벽에서 10여 미터나 튀어나온 무대 위에 지어진 기요미즈데라 본당.
▲▲ 가쓰라가와를 가로지르는 도게쓰 교. 이 근방에 도래인 일족 하타씨가 쌓은 제방 대언이 있었으리라 추정된다(19세기 말 사진).

받치고 있는데 신기하고 아름답다. 1607년에 회답겸쇄환사로 일본에 간 경섬(慶暹, 1562~1620)은 교토에서 도쿠가와 쇼군을 만나기 위해 기다리는 동안 기요미즈데라를 구경했는데, 《해사록(海槎錄)》에 다음과 같은 감상문을 남겼다. "절이 산 중턱에 자리 잡았는데, 계곡이 청정하고 소나무와 대나무가 무성하다. 높은 누각이 시내에 닿았는데, 높이가 열 길이나 되어 내려다보면 정신이 아찔했다." 아마 기요미즈데라가 화재를 만났어도 이 무대만은 불타지 않은 모양이다.

다무라마로는 807년에도 기요미즈데라의 당우(堂宇)를 확장한다. 그리고 811년 5월 54세로 죽었다. 무덤은 교토의 야마시나구(山科區)에 있는데, 죽어서도 교토의 수호신이 되었다고 한다. 그의 무덤 일대는 지금 사카노우에노 다무라마로 공원이 되어 시민의 휴식처가 되었다.

기요미즈데라의 경내에 들어서서 본당의 매표소 입구에 가면 가이산도(開山堂) 사당이 있다. 1633년에 재건된 세 칸의 건물 안에는 다무라마로와 그 부인의 좌상이 안치되어 있다. 기요미즈데라는 임산부의 안산(安産)을 기원하는 절로도 유명하다. 아마 다무라마로의 부인이 영검을 베푸는 모양이다.

기요미즈데라는 고색창연하고 우아한 사찰이다. 이곳에서 교토 시내를 한눈에 내려다보며 태고의 물소리, 바람 소리를 듣노라면 마치 천당에 올라온 듯한 기분이 든다. 그러나 이런 감상에만 치우치지 말고, 기요미즈데라에 얽힌 한일관계의 역사에도 관심을 가져주었으면 한다. 기요미즈데라를 방문한 한반도 사람들이 오늘날의 우리만은 아니다. 811년에는 교토를 방문한 발해의 사신이 이 절에서 베푼 성대한 연회에 참석했다. 1607년 회답겸쇄환사 경섬이 기요미즈데라를 구경하고 감상문을 남겼다는 이야기는 앞에서 언급했다. 헤이안쿄 천도 1200년이 된 1994년에는 북한과 일본이 우호를 기원한다는 뜻을 담아 기요미즈데라에서 연회를 베풀었다.

이렇듯 지금은 우리가 비록 개인 자격으로 기요미즈데라를 방문하지만, 인간은 역시 역사의 굴레를 벗어날 수 없는 동물이다. 교토의 절이나 신사 하나하나에 깃든 한일관계의 역사를 알고 구경한다면, 그만큼 더 깊은 재미와 보람을 얻을 수 있다.

도래인이 만든 교토의 신앙세계

교토에 들어서면 시내에 지금도 1600여 개의 사원과 400여 개의 신사가 성업 중이라는 사실에 기가 질린다. 한국인은 절집이나 성황당을 마을사람의 일상생활과는 동떨어진 심산유곡 또는 동네 어귀에 숨어 있는 것으로 생각한다. 때문에 대도시의 변화가나 고즈넉한 주택가에서 사원과 신사가 당당히 손님을 맞는 풍경이 왠지 낯설다.

그렇지만 합리화와 근대화의 물결이 한국사회 구석구석까지 엄습하기 이전에는, 민중이 소원을 빌기 위해 절집과 성황당을 찾는 일이 익숙한 습관이었다. 옛날에 마을 주변에 절집과 성황당이 널려 있었다. 따라서 우리에게서 사라져버린 신앙과 풍습이 오히려 일본, 특히 교토에 많이 남아 있다고 보아야 한다. 오늘날 중국의 옌볜지역에 가보면, 잃어버린 우리 전통이 생생하게 살아 숨쉬는 것과 마찬가지다.

교토에서는 헤이안쿄가 건설되기 전부터 이미 한반도 계통의 도래인이 사원과 신사를 짓고 나름의 신앙생활을 영위했다. 하타노 가와카쓰(秦河勝)가 고류지(廣隆寺)를, 하타노 도리(秦都理)가 마쓰오다이샤(松尾大社)를 창건했다. 세계문화유산으로 지정된 가미(上)와 시모(下)의 가모 신사(賀茂神社)나 후시미이나리 신사(伏見稻荷神社), 기온마쓰리의 출발지인 야사카 신사(八坂神社) 등도 도래인의 신앙생활과 연관이 깊다.

하타씨는 5세기 말 일본에 건너와 가즈노군(葛野郡)과 기이군(紀伊郡) 일대를 본거지로 삼고, 사원과 신사를 많이 세웠다. 그 중에서 사찰은 고류지, 신사는 마쓰오다이샤가 유명하다. 마쓰오다이샤는 가쓰라가와를 가로지르는 도게쓰 교의 남쪽 마쓰오산(松尾山) 밑에 자리 잡고 있다.

마쓰오다이샤는 701년에 하타노 도리가 세웠고, 쓰쿠시노구니 무나카타(筑紫國宗像)의 신을 모신다. 원래 농경의 신이었는데, 에도 시대에 조주(造酒)의 신이 되었다. 마쓰오다이샤에 있는 삼신상(三神像)은 헤이안 초기에 만든 것으로, 한반도에서 도래한 사람이 모델이라고 한다. 메이지 초기까지 하타노 치마루메(秦知麻

留女)의 자손이 신직(神職)을 맡았으니, 하타씨의 후손은 쭉 마쓰오다이샤를 지켜온 셈이다.

하타씨는 양잠·직조·농경·양조 등에 뛰어났기 때문에 그들이 세운 사원과 신사에는 이와 관련된 일화가 많다. 마쓰오다이샤는 주조(酒造)의 신이자 무문(武門)의 신을 모신다. 하타씨는 가쓰라가와 근처를 개발하여 농경지를 조성하고 양질의 곡물을 생산했다. 게다가 가쓰라가와에는 맛있는 물이 지천으로 흐르고 있으니, 하타씨가 술을 안 빚고 무엇을 했겠는가? 이런 연유로 마쓰오다이샤는 술의 신을 추앙하는 신사로 더욱 유명해졌다. 그리하여 에도 시대 이래로 마쓰오다이샤에는 전국 각처에서 양조업자·장유업자(醬油業者)·술집 주인의 기진(寄進)*이 그치지 않는다.

마쓰오다이샤의 신은 가미가모 신사(上賀茂神社)가 모시는 신의 아버지라고 하는데, 이로 미뤄 볼 때 당시 교토에서 세력을 떨쳤던 가모씨(賀茂氏)도 결국 도래인의 일족임을 알 수 있다. 가모씨는 헤이안 천도 이전의 교토 지역인 가즈노군 가모가와(賀茂川) 근처에서 세력을 떨친 호족이었다. 이들은 도래인 집단으로서 가모가와와 다카노가와(高野川) 부근을 개발하고, 두 강의 합류 지점에 농경의 신을 모시는 신사를 세웠다. 이것이 시모가모 신사(下鴨神社)와 가미가모 신사(上賀茂神社)이며, 둘 다 세계문화유산으로 지정되어 있다. 결국 도래인이 교토의 동서를 흐르는 강을 개발하고 도시 기반을 구축한 셈이다.

* 신불(神佛)의 가호 또는 권력의 보호를 받기 위해 물품이나 소령(所領, 영지)을 사사(寺社)와 권문세가(權門勢家)에 기부 혹은 양도하는 행위.

히가시야마(東山) 36봉의 최남단에 위치한 후시미야마(伏見山) 기슭의 후시미이나리 신사는 현재 상업의 신으로 전국의 기업으로부터 두터운 지원을 받고 있다. 그리하여 규모와 시설이 웅장하고 화려하다. 이 신사도 원래는 부근에서 세력을 떨치던 하타씨가 농경의 신을 떠받든 곳이다.

후시미이나리 신사의 본전 옆을 지나 안으로 들어가면 참배로가 산꼭대기까지 꾸불꾸불 뻗어 올라가 있다. 입을 다물 수 없을 만큼 놀랍고도 야릇한 것은 그 참배로에 붉은색을 칠한 도리이(鳥居)가 2만여 개나 빽빽이 세워진 광경이다. 도리이는 문자 그대로 새가 앉는 곳이라는 뜻으로서, 신성한 곳의 입구를 가리킨다. 우리나라의 고대 유적에서 나무장대 위에 새를 앉힌 솟대를 볼 수 있는데, 도리이도 이와 비슷한 것이다.

신사의 풍경에 익숙하지 못한 사람은 그것을 보고 기괴하고 으스스한 기분에 사로잡힌다. 참배로는 대낮에도 도리이의 숲에 가려 어두침침하다. 그 참배로가 뱀처럼 꿈틀거리며 산꼭대기까지 굽이쳐 올라갔으니 어찌 무섭고 음산하지 않겠는가?

동서양을 막론하고 신전에는 왜 기둥을 세울까? 이집트의 카르나크 신전, 그리스의 파르테논 신전, 상트페테르부르크의 이삭 성당도 모두 웅장하게 늘어선 기둥이 압권이다. 엄청나게 큰 기둥 숲이야말로 장엄하고 엄숙한 분위기 속에서 신과 교감하는 데 가장 적합한 장치가 아닐까 생각하며 도리이의 숲을 헤집고 올라갔다.

후시미이나리 신사의 도리이는 모두 회사나 개인이 기진한 것이다. 도리이 하나를 세우는 데 20만 엔은 내야 한다니, 신사는 떼돈을 버는 셈이다. 그것도 일정한 기간이 지나면 교체하고 다시 세운다니 자금줄이 끊어질 염려도 없다. 지금도 수많은 사람이 도리이의 숲을 돌면서 참배하는 마당에 불경스럽게 무슨 돈타령이냐고 할지 모르지만, 교토의 사원과 신사 중에는 정월 초하루나 관광 성수기에 하루 2000만 엔 이상을 긁어모으는 곳도 있다. 그런데도 세금 한 푼 내지 않는다고 불평하는 중견기업인도 있었다. 실제로 교토의 토지와 건물 중에는 사원과 신사의 소유가 많다. 그렇다고 해서 함부로 항의할 수도 없다. 사원과 신사에 기대어 사는 사람이 너무 많기 때문이다. 사원과 신사는 그 자체가 방대한 고용을 창출하는 직장이자 기업이다.

야사카 신사는 기온(祇園)*의 바로 건너편에 있기 때문에 교토에 가는 사람은 누구나 들르는 곳이다. 그 옆에는 거대한 사찰이 많고 기요미즈데라 등으로 올라가는 아름답고 아기자기한 골목길이 맞닿아 있어 답사여행의 출발지로도 안성맞춤이다. 야사카 신사는 고구려 계통의 도래인이 656년경에 창건했다고 한다. 일본의 3대 마쓰리라고 일컬어지는 기온마쓰리는 이곳에 모신 오미코시(神輿, 신체 또는 신령이 타고 있는 가마)를 끌어내어 교토 중심가를 도는 행사이다. 야사카 신사는 섣달 그믐날부터 정월 초하루까지 참배객으로 들끓는다.

* 교토의 야사카 신사의 옛 이름 또는 그 부근의 지명이다. 지금은 흔히 야사카 신사의 전면에 펼쳐진 고급 요정 거리를 일컫는다. 저녁에는 격조 높은 조명 아래 전통 유흥가의 풍경과 얼굴을 순백으로 화장한 어린 기생인 마이코(舞子)를 볼 수 있어서 관광지로 인기가 높다.

▲ 마쓰오다이샤는 교토를 대표하는 신사로, 하타씨가 세우고 도래인 계통 신을 모신다.
▲▲ 시모가모 신사는 농경의 신을 모시는데, 주신은 마쓰오마이샤 신의 아들로서 도래인 계통이다..

▲ 후시미이나리 신사 안으로 뻗은 참배로에는 붉은 도리이(鳥居). 약 2만여 개가 빽빽이 세워져 숲을 이룬다.
▲▲ 기온마쓰리의 출발지가 되는 야사카 신사.

일본의 신은 800만이 넘는다고 한다. 일본에 이렇게 신이 많은 까닭은 일본의 문화풍토와 신앙세계가 만물에 영혼이 깃들어 있다고 여기는 애니미즘의 상태를 벗어나지 못하기 때문일 터. 하지만 만물신을 숭배하는 사상은 평생 한 구멍만 파고드는 일본인의 전공 집착의식과도 관련 있는 듯하다. 일본인은 신도 인간과 마찬가지로 공부, 싸움, 양조, 직조, 연애 등 영험을 베풀 수 있는 전공이 있다고 본다. 따라서 인간만사(人間萬事)를 각각 나누어 주관하는 신이 따로따로 존재할 수밖에 없다.

보통 일본인은 전지전능(全知全能)한 힘을 가진 유일신을 믿으려 하지 않는다. 자기가 필요할 때마다 전공에 맞는 신사를 찾아가 빌어야 확실한 효과를 볼 수 있다고 생각한다. 그리하여 일본에서는 돈벌이를 잘하게 해주거나 교통안전을 지켜주는 신을 찾아 여기저기 몰려다니는 참배객 무리를 심심찮게 볼 수 있다. 어쩌면 자기의 전공에 부합하는 소원만 들어주는 일본의 신은 모든 소원을 다 들어주어야 하는 한국의 신보다 훨씬 덜 바쁠지도 모른다.

그런데 이렇게 많은 일본 신의 원류를 따져 올라가면, 대개 도래인에게 귀착하는 게 정말 야릇하고 미묘하다. 유교화(儒敎化) 또는 근대화 과정에서 우리가 버린 신들이 일본에 건너가 새끼를 치고 번성한 것은 아닐까? 어떤 사람은 한국과 일본의 문화의식 내지 문화현상에 대해 이렇게 말했다. 한국은 받아들인 것을 한 번 쓰고 내버리는 '설사문화'이고, 일본은 받아들인 것을 꼭꼭 쌓아두고 우려먹는 '변비문화'라고. 비유가 좀 지저분하기는 하지만, 정곡을 찌른 한일문화론이라고 생각한다.

백제와 덴노의 인연

2001년 12월 23일 지금의 덴노 아키히토(明仁)가 《속일본기(續日本紀)》에 간무덴노의 생모가 백제 무령왕의 후손이라고 적혀 있어 한국과의 인연을 느낀다는 뜻의 발언을 해서 화제가 된 적이 있다. 당시 일본의 매스컴은 이를 거의 보도하지 않았지만, 한국의 언론은 전문가의 견해까지 곁들여 대대적으로 보도했다. 고대 한일관계사를 대하는 한국과 일본의 태도가 극명하게 드러나는 사례였다.

간무덴노는 고닌덴노(光仁天皇)의 아들이다. 처음에는 이복동생인 타호(他戶)가 황태자로 임명되었으나, 결국 통치자의 경륜을 갖춘 간무가 황위를 차지했다. 그때 나이 44세였다. 간무덴노는 헤이안쿄로 천도하여 적극적으로 새로운 정치를 추진했다. 정치의 기조는 관인(官人)에 대한 통제를 강화하고 요역과 군역의 부담을 줄이는 것이었다. 영토를 동북지역으로 확대하는 데도 힘썼다. 정치에서 한반도 계통의 도래인 씨족을 중용했는데, 어머니가 백제계 도래인의 후손인 데다가 자신도 오사카 주변에 거주하는 백제왕씨(百濟王氏)와 깊은 관계를 맺고 있었기 때문이다.

간무덴노의 생모인 다카노 니이가사(高野新笠, ?~789)는 백제

무령왕의 후손이라고 한다. 백제왕실은 고구려의 주몽에서 비롯되고, 주몽은 태양신의 혈통이라고 주장한다. 간무는 자신이 이전의 다른 덴노보다 더 높은 권위를 갖고 싶었기 때문에 무령왕과 주몽을 통해서 한반도의 태양신 혈통을 이어받고, 일본열도의 태양신인 아마테라스 오카미(天照大神)를 동시에 체현했다고 선전했다. 그리하여 종래 이세신궁(伊勢神宮)에서 황가의 조상신으로 아마테라스 오카미를 모시던 관행과 달리, 백제왕씨의 거주 지역 가타노(交野)에서 호천상제(昊天上帝)라고 하는 대륙적인 천신을 모시는 의례를 거행했다. 두 태양신의 계보를 이음으로써 간무는 백제왕씨를 자신의 외척으로 끌어들였던 것이다.

그런데 교토 서경구(西京區)의 옛 산인 가도(山陰街道) 옆 후미진 산록에 간무덴노의 어머니인 다카노 니이가사의 무덤이 있다. 다카노는 고닌덴노(光仁天皇)의 부인이자 간무덴노의 생모로, 789년 12월에 사망했다고 한다. 다카노는 백제계 도래인 야마토노 오토쓰구(和乙繼)와 지방호족의 딸인 하지노 마이모(土師眞妹) 사이에서 태어났다. 야마토씨(和氏)는 770~780년에 다카노 아소미(高野朝臣)로 성을 바꿨다. 야마토노 오토쓰구는 백제 25대왕 무령왕(武寧王, 재위 501~523년)의 후손으로, 무령왕의 조상은 고구려의 동명왕(東明王)이니, 거슬러 올라가면 고구려와 부여까지도 핏줄이 연결될 수 있다.

이런 연유 때문인지 간무덴노는 도래인을 중용했다. 고구려계의 고려복신(高麗福信), 백제계의 사카우에 가리타마로(坂上刈田麻

呂), 스가노 사네미치(菅野眞道) 등은 의정관(議政官)을 지냈다. 간무는 784년 나가오카쿄(長岡京)로, 794년에는 헤이안쿄로 천도했다. 이때 교토 지역에 하타씨를 비롯한 도래계 씨족이 많이 살고 있었음은 앞에서 살펴본 바와 같다. 간무덴노가 나가오카쿄를 건설할 때도 이 지역에는 하타씨와 백제왕씨가 많이 거주하고 있었다.

지금도 오사카와 교토 사이에 자리 잡은 히라카타시(枚方市)에는 왕인(王仁) 박사의 묘소, 백제왕사(百濟王寺) 터와 백제왕신사가 건재하다. 모두 5~7세기에 이 지역이 한반도와 활발히 교류했다는 것을 말해주는 증거다. 왕인은 일본에 한자와 《천자문》을 전한 학자이고, 백제왕은 백제가 멸망한 뒤 밀려오는 이주민에게 일본 덴노가 붙여준 성이다. 히라카타시는 왕인의 탄생지라 주장하는 전남 영암군과 자매결연을 하고, 매년 11월 3일에 왕인묘역에서 기념식을 거행한다. 왕인묘역 옆에 있는 소학교에서는 같은 시기에 한자경연대회도 연다. 한자를 전해준 우리나라보다 일본에서 한자문화가 활짝 꽃피어 있다. 어느쪽이 문화역량을 높이는 데 도움이 될 것인가를 진지하게 생각해볼 문제다.

교토의 북구(北區)에도 간무덴노와 다카노 니이가사에 얽힌 유적, 히라노 신사(平野神社)가 있다. 간무덴노는 794년 교토로 천도할 즈음 이 신사의 창건을 지시했다. 제신(祭神)은 모두 넷인데, 나란히 4개의 신전을 건축하여 처마를 맞대게 배치했다. 제1전에는 이마키노가미(今木神)를 모셨는데, 염직수예(染織手藝)의 수호신이자 이 신사의 주신(主神)이다. 제2전은 구도노가미(久度神)인데 가마도(竈), 즉 부엌의 수호신이다. 제3전은 후루아키노가미(古開神)로 제화(齋火, 淸淨)의 수호신이다. 제4전은 히메가미(比賣神)로서, 바로 다카노 니이가사의 신령이다. 그 이외에는 인간생활과 관련된 신을 섬기는 것으로서, 아마 후세에 갖다 붙인 것으로 보인다.

이마키(今木)는 '이마키(今來)'라고도 쓰는데, 백제에서 온 기술자를 '지금 온 재주꾼(今來の才伎)'이라고 불렀다. 야마토(大和)의 이마키군(今來郡, 현재 나라현 고시군)에는 5세기 후반 무렵 백제에서 도래한 사람들이 다수 거주했다. 이마키노가미는 원래 이마키군에서 섬기던 도래신이었는데, 나중에 헤이조쿄로 옮겼다. 다카노 니이가사와 간무텐노가 제사를 집전했다. 이 이마키노가미를 헤이안쿄로 천도하면서 다시 히라노 신사에 옮겼다. 구도노가미는 백제의 6대왕 구수왕(仇首王)과 관련이 있으며 백제계 도래인 오하라씨(大原氏)가 섬긴 신이다. 후루아키노가미는 백제의 시조 온조(溫祚)의 형인 비류(沸流)와 5대왕인 초고(肖古)라 한다.

히라노 신사는 황실의 수호신으로서 숭앙되었다. 헤이안 중기 이후에는 조정이 존숭한 22사 중에서 이세신궁(伊勢神宮), 가모신사(加茂神社 上, 下), 이와시미즈하치만 궁(石淸水八幡宮), 마쓰오다이샤(松尾大社) 다음에 위치할 정도로 격이 높았다. 백제왕실과 그 도래인이 일본의 왕가와 얼마나 밀접한 관계를 맺고 있었는지 엿볼 수 있는 증거다. 히라노 신사는 벚꽃의 명소이기도 하다.

일본의 지성이 흠모한
신라의 걸물(傑物)

무역제왕 장보고의 그림자

교토의 동북쪽에 위치한 세키잔선원(赤山禪院)은 천태종(天台宗) 총본산인 히에이잔(比叡山) 엔랴쿠지(延曆寺)의 말사이다. 자각대사(慈覺大師) 엔닌(圓仁, 794~864)의 유명(遺命)에 따라 천태좌주(天台座主) 안네(安慧)가 888년에 창건했다. 엔닌은 엔랴쿠지의 개조(開祖) 사이초(最澄)의 직계 제자로서, 젊은 날에 일본에서 당으로 가는 사신의 배를 타고 건너가 천태교학을 배우고 돌아왔다. 일본에 돌아오는 항로를 평온하게 수호해준 출항지의 산신(山神) 적산대명신에게 감사하는 마음과 천태종을 수호해달라는 염원을 담아 이 절을 세우라고 유언했다.

적산대명신은 중국 산동성 문등현(文登縣) 적산촌(赤山村) 신라방(新羅坊)에 있는 적산법화원(赤山法華院)이 모시는 신이다. 엔닌이 귀국 도중 폭풍우를 만났을 때 이 신이 뱃머리에 나타나 하늘을 향해 흰 깃털의 화살을 쏘자 곧바로 비바람이 멈춰 무사히 귀국했다고 한다. 이 선원에는 적산대명신의 화상이 본전에 안치되어 있다. 어떤 이는 도교의 조신(祖神) 태산부군(泰山府君)이라고 하지만, 사실은 신라의 신이다.

엔닌은 일본 불교사에 뛰어난 업적을 남긴 대승려다. 당나라 유학 경험을 정리한 책 《입당구법순례행기(入唐求法巡禮行記)》는 마르코 폴로의 《동방견문록》, 당나라 현장(玄藏)의 《대당서역기》와 더불어 세계 3대 여행기로 불린다. 미국의 저명한 동아시아 역사학자 라이샤워(Edwin O. Reischauer)는 엔닌의 일기를 자세히 분석한 몇 권의 책을 펴냈다. 그가 엔닌의 일기 속에 등장하는 신라인에게 특별한 의미를 부여하고 있다는 점이 우리의 관심을 끈다. 라이샤워가 보기에 엔닌이 중국에서 접촉한 사람은 중국인보다도 신라인이 더 많았다. 신라인은 8~9세기에 중국―신라―일본의 무역을 장악하고 있었다. 그는 이런 사람들이 활동하던 신라는 지리·언어·문화적으로 오늘날과 비슷한 국가의 틀을 유럽보다 훨씬 앞서 확립했다고 평가했다.

당시 신라인 무역상은 산둥반도 남안 일대와 회하(淮河) 하류 일대에 집중되어 있었다. 대운하와 회하를 연결하는 초주(楚州)에는 신라의 거대한 조계(租界, colony)가 있었고, 신라인 총독이 신라방의 행정을 관장했다. 적산법화원의 법회에는 200~250명이 참석했는데, 일본인 4명을 제외하면 모두 신라인이었다. 신라방과 그 총관(總管)은 치외법권을 누리고 있었다. 중국의 바다와 운하 연안에서 선박을 거느리고 있던 무역상은 대부분 신라인이었기 때문에, 일본에서 파견된 견당사(遣唐使)도 신라의 선원과 통역을 고용하지 않으면 움직일 수 없었다.

당의 수도 장안은 인구 100만 이상의 국제도시였는데, 그곳에서 북적대는 외국인 중에 신라인이 가장 많았다. 신라인은 유라시아 무역의 종착지인 장안에서도 발군의 실력을 발휘했던 것이다. 고구려 장군 고선지(高仙芝)는 1만 명의 중국 군대를 이끌고 인더스 강까지 진출했고, 신라 승려 혜초(慧超) 등은 인도로 구법여행을 떠나기도 했다.

라이샤워가 보건대, 중국에서 활약한 신라인 중 가장 출중했던 이는 장보고(張寶高, ?~846)였다. 그는 모험가이자 무역왕이었으며, 중국에서 군인의 성격을 가진 관료로 출세한 뒤 신라에 돌아와 완도에 청해진을 설치했다. 1만여 명의 군단을 거느리며 해적을 소탕하고 무역로를 장악했다. 말년에 신라의 신무왕(神武王)을 옹립하는 등 정치에 말려들어, 그의 힘을 두려워한 모략 정치가 김양(金陽)의 하수인 염장(閻長)에게 암살당했다(846). 그 후 장보고의 세력은 일본으로 망명했고, 해상무역은 중국인의 수중으로 넘어갔다. 장보고가 죽자 일본의 서부 해안에 새 무역상이 등장하고 해적이 발호했다. 라이샤워는 장보고를 세계에서 가장 먼저 상업제국을 건설했던 위대한 무역왕이라고 평가했다.

왜 신라인과 장보고의 이야기를 장황하게 늘어놓는가. 교토 세키잔선원이 이들과 깊이 관련되어 있기 때문이다. 엔닌의 당 유학은 전적으로 장보고 선단의 도움을 받아 이루어졌다. 그는 일본 사절에 끼어 당에 갈 때 장보고 선단을 이용했다(839). 산동에 도착해서는 적산법화원에 체류하면서 장보고 휘하 신라 무역상의 도움을 받았다. 그리고 8년 유학을 마치고 귀국할 때도 신라 선단에 몸을 맡겨 규슈에 도착했다(847). 그가 인편을 통해 장보고에게 보낸 편지에는 보살핌에 감사하고 위대한 업적을 칭송하는 마음이 절절히 배어 있다. 이처럼 간절하게 상대방에게 존경심을 표현한 편지를 읽은 적이 없다. 따라서 엔닌이 세키잔선원에 적산대명신의 화상을 안치하라고 유언한 것은, 지금은 알 수 없지만 장보고와 어떤 깊은 사연이 있었기 때문인지도 모른다.

세키잔선원의 경내에 있는 곤 신사(金神社)는 마쓰오 대명신(松尾大明神), 히라노 대명신(平野大明神), 가모 대명신(賀茂大明神), 신라대명신(新羅大明神) 등을 모신다. 이들은 모두 신라계 도래인인 하타씨와 관계가 깊다. 신라대명신은 미이데라(三井寺, 園城寺)의 수호신인 신라명신을 권청(勸請)*한 것이다. 여기에서도 세키잔선원과 신라의 깊은 관련을 짐작할 수 있다.

세키잔선원은 교토의 바깥 귀문(鬼門)을 수호하는 곳에 해당한다. 이곳에 세키잔선원을 세운 것은 신라인의 힘으로 교토를 재앙에서 구하겠다는 염원 때문이었을까? 이

* 신이나 부처의 분령(分靈)을 옮겨와 제사지내는 일. 신불(神佛)의 영험이 오래 머물기를 기원한다는 뜻도 있다.

곳의 경내에는 또 일본 최고(最古)의 칠복신(七福神)**이 모셔져 있다. 세계에 해상 무역제국을 건설한 장보고에 어울리는 신들이다. 세키잔선원은 가을 단풍이 유명하니 신라의 영화를 그리면서 한번쯤 가볼 만하다.

세키잔선원의 북쪽 이와쿠라(岩倉上藏町)에 있는 다이운지(大雲寺)도 신라명신을 모시고 있다. 다이운지는 사이초의 제자 지증대사(智證大師) 엔친(圓珍, 814~891)이 재흥한 미이데라의 별원(別院)으로, 971년에 건립되었다. 이곳에 모신 신라명신은 학문, 기예, 농경, 의학, 장사, 교통의 수호신이다. 그와 인접한 이와쿠라 신사(石座神社)도 신라, 마쓰오, 가모, 히라노, 이나리 등의 신을 모시고 있는데, 모든 신이 고대인과 깊은 관련을 맺고 있다.

미이데라는 비와코의 서쪽 히에이잔 기슭에 자리잡고 있다. 교토를 벗어난 곳에 있는데도 여기에서 일부러 언급하는 것은 신라명신 때문이다. 미이데라는 원래 오토모(大友)가 686년에 씨사(氏寺)**로 창건했다. 그 후 엔친이 당에서 구법수행(求法修行)을 마치고 돌아와 866년에 재흥했다. 오토모는 백제계의 도래인이다. 이 지역은 원래 도래인이 집단을 이루어 살던 곳으로, 한때 그들의 힘을 빌려 이 지역에 수도를 건설한 적도 있었다. 따라서 사이초, 엔닌, 엔친 모두 도래인의 후손이라는 설도 유력하다.

미이데라에 신라명신을 안치하게 된 경

** 일곱 종류의 복덕의 신으로, 각각 장수(長壽), 부재(富財, 부유함), 인망(人望), 정직(正直), 애경(愛敬, 예술과 학문), 이강(以降, 사업의 번창), 대량(大量, 원만함)을 상징한다.
** 혈연관계로 맺어진 동족집단이 섬기는 사원.

▲ 중국 당나라 적산촌의 신라방에서 유래한 적산대명신을 모신 세키잔선원.
▲▲ 세키잔선원 경내에는 일본에서 가장 오래된 형태의 칠복신이 있다.

▲ 미이데라 경내의 신라선신당. 교토를 벗어난 히에이잔 기슭에 있는 미이데라도 신라명신을 모시고 있다.
◀ 간무덴노의 어머니 다카노 니이가사와 한반도 도래계 신이 모셔진 히라노 신사.

위는 이렇다. 엔친이 당에서 귀국할 때(858) 항로가 험악했는데, 갑자기 노옹(老翁)이 나타나 신라명신을 칭하며 그대를 위해 불법(佛法)을 수호해주겠다고 약속했다. 엔친은 신라명신의 가호로 무사히 귀국했고, 또 그 신의 안내로 미이데라를 재흥했다. 그리고 그 은혜를 갚기 위해 신라명신을 이 절에 안치했다. 신라명신은 2폭짜리 화상으로 모셔졌는데, 일본의 국보로 지정되어 일반인에게 공개하지 않고 있다.

미이데라의 경내에서 한참 떨어진 곳에 신라선신당(新羅善神堂)이라는 친근한 이름의 사원이 있다. 원래 미이데라의 경내에 있던 사원인데, 사지(寺地)가 매각되어 관공서 등의 건물이 많이 들어선 탓에 지금은 별도의 사원으로 여기기 쉽다. 신라선신당의 건물 자체도 국보이고 그 안에 안치되어 있는 신라명신의 신상도 국보다. 물론 일반인에게는 보여주지 않는 비불(秘佛)이다. 헤이안 시대에는 조야(朝野)의 신앙을 끌어 모았던 유명한 신상이다.

주목할 만한 것은 헤이안 시대 말기의 무장 미나모토노 요시미쓰(源義光, 1045~1127)가 이 신상 앞에서 성인식을 치르고 신라사부로(新羅三朗)라는 이름으로 개명했다는 사실이다. 그는 우리나라에서도 상영되었던 일본영화 〈가게무샤(影武士)〉의 주인공 다케다 신겐(武田信玄, 1521~1573)의 선조다. 미나모토노 요시미쓰는 활을 잘 쏘고 말을 잘 타는 등 무술이 신기(神技)에 가까워 일본 무사의 아버지라고 불리는 인물이다.

그가 왜 신라선신당 앞에서 성인식을 올리고 신라사부로로 개명했을까? 아마 신라명신을 존숭(尊崇)하여 그 앞에서 소원을 빌고 무언가를 단단히 다짐하거나 맹세한 모습이다. 신라선신당 오른쪽 숲에 숨어 있는 실낱같은 외길을 10분 정도 올라가면 신라사부로의 무덤이 있다. 흙으로 봉분을 쌓아올린 모습이 한국식 무덤과 똑같다. 봉분 위에는 세월의 무게를 이기지 못해 나무가 한 그루 자라고 있지만, 무덤은 그런대로 손질이 되어 있고 묘석 위에는 꽃도 꽂혀 있었다.

엔친은 왜 신라명신을 모셨을까? 엔친은 당 유학과 불법(佛法)을 수호해준 그 신에 대한 경배(敬拜)의 일념으로 자신이 중건한 미이데라에 신라선신당을 짓고 비불(秘佛)로 모신 것이다. 문자 그대로 선신(善神)으로서 영원히 존숭하겠다는 뜻을 담아. 그 명신을 엔닌은 적산대명신으로, 엔친은 신라명신으로 각각 다르게 칭했지만, 모두 중국 산동성의 적산법화원에서 신라인이 모시던 신이라는 점에서는 마찬가지이다.

그렇다면 미나모토노 요시미쓰를 비롯한 일본의 무장들은 왜 신라명신을 수호신으로 섬겼을까? 소설가 최인호는 《해신》에서 신라명신이 바로 장보고라고 설정하고 이야기를 풀어 나갔다. 기발한 착상이다. 장보고가 궁복(弓福)이라는 별명을 가지고 있을 정도로 활에 능하고 무예가 출중했다니 미나코토노 요시미쓰가 자신의 모범으로 삼고 싶어 했을 개연성은 충분하다.

소설가는 마음껏 상상의 날개를 펼칠 수 있다. 반면, 역사가는 결정적 사료가 없으면 말할 수 없다. 최인호는 결코 호락호락한 소설가가 아니다. 끊임없이 공부하고 생각하는 작가이며, 웬만한 역사가를 뺨치는 실력과 구상을 가지고 있다. 그는 이곳까지 찾아와서 치밀하게 조사하고 취재한 끝에 신라명신이 장보고라는 확신을 가지고 《해신》을 썼다. 그리고 1200년 전에 이미 동아시아 해상무역제국을 건설했던 장보고를 21세기의 한국인이 본받아야 할 인물로 부활시켰다. 이 소설은 시대정신과 맞아 떨어져서 낙양(洛陽)의 지가(紙價)를 올렸다. 아마도 딱딱한 내용의 이 책은 그 소설의 발뒤꿈치에도 미치지 못할 것이다. 사족을 달자면, 최인호가 교토의 세키잔선원까지 조사하고 소설을 썼더라면 더욱 더 그럴 듯하게 장보고를 노래할 수 있었을 것이라는 아쉬움이 남는다. 그는 세키잔선원에는 들르지 않은 모양이다.

일본에 미친 신라 불교의 영향

교토역에서 버스를 타고 서북쪽으로 1시간 정도 가면 등성이가 높고 계곡이 깊은 가즈노산(葛野山)이 나오는데, 그 산록에 고잔지(高山寺)가 있다. 교토시 우경구(右京區)에 있는 진언종(眞言宗) 사원으로, 헤이안 시대 중기부터 있었지만, 한때 쇠락했다가 가마쿠라 시대에 묘에(明惠, 1173~1232) 스님이 중흥하여 신자를 모으고, 다원(茶園)과 단풍으로 유명해졌다. 고잔지는 두루마리 그림과 문서전적 등의 귀중한 소장품이 많은 문화재의 보고다. 가마쿠라 바쿠후 시대의 유물을 중심으로 국보와 중요문화재가 1만 점 이상 소장돼 있다. 그 중 유명한 문화재가 묘에 스님이 살았던 석수원(石水院)이다. 나는 그 툇마루에 앉아 울창한 소나무숲을 바라보며 외국에서의 쓸쓸함을 달랬다. 한참동안 앉아 고즈넉한 분위기에 젖다 보니 마치 태고(太古)의 세상에 들어온 기분이었다.

고잔지는 774년에 백제계 도래인인 후지이씨(葛井氏)의 승려 게이슌(慶俊)이 고닌덴노(光仁天皇)의 명을 받아 지었고, 400여 년 뒤 가마쿠라 바쿠후 시대에 고토바덴노(後鳥天皇)의 비호를 받던 묘에 스님이 중흥했다. 고토바덴노는 고잔지에 '일출선조고산지사(日出先照高山之寺)'라는 칙액(勅額)*을 내리기도 했다. 고잔지는 적송과 삼나무 등이 우거진 곳에 자리 잡은 명찰로, 신라와 인연이 깊다. 당시 동아시아는 국경이 무색할 정도로 학문과 신앙의 교류가 활발했다. 한반도와 일본열도의 많은 승려가 당나라로 불법을 공부하러 갔고, 신라의 고승 원효(元曉, 617~686)와 의상(義湘, 625~702)은 일본 불교에 큰 영향을 끼치기도 했다.

일본에서 원효대사가 어떤 위상을 가졌는지 잘 보여주는 일화가 있다. 원효는 한국의 역사상 대중에게 가장 친숙한 승려이기 때문에 그와 관련된 이런저런 이야기가 많다. 그러나 유명세에 비하여 원효의 생애 모습을 전부 보여주는 자료는 사실상 하나도 없다. 말하자면 깨어진 조각만 널려 있는데, 그것도 다 시대를 달리한다. 이렇듯 부족한 가운데서 특히 중요한 전기(傳記) 자료로 1975년 경주 덕동댐 건설로 수몰된 고선사(高仙寺) 옛터 부근에서 발

* 임금이 손수 글씨를 쓴 편액을 이르는 말.

견된 서당화상비(誓幢和尙碑)를 꼽을 수 있다. 애초에 원효는 요석공주와의 로맨스를 계기로 환속하여 거사(居士)로서 일생을 마쳤기 때문에, 그의 사후에 특별히 비석을 세울 일은 없었는데, 원효의 사후 120년 만에 그의 후손인 설중업(薛仲業)이 비석을 세웠다.

설중업이 서당화상비를 세우게 된 계기가 바로 일본에 있다. 일본에 사신으로 갔을 때(779), 평소 원효를 흠모해온 고관 오미노 미후네(淡海三船)를 만났다. 원효의 저서는 일찍부터 일본에 전해져 많은 일본 승려들에게 영향을 미쳤다. 그 고관은 원효의 《금강삼매경론(金剛三昧經論)》에 흠뻑 빠져 있었고, 원효의 후손을 직접 대면하자 감격에 겨워 시를 지어 바치는 등 대접을 극진히 했다고 《삼국사기》에도 전한다. 이역만리 타국에서 뜻밖의 환대를 받았으니 설중업뿐 아니라 동행했던 신라 사신 일행도 무척 뿌듯했다. 이 일을 계기로 설중업은 귀국한 뒤 원효 추모사업을 추진했고, 그 일환으로 이 비석을 세웠던 것이다. 비석이 완성된 것은 20여 년 후인 애장왕(재위 800~809년) 때였다. 자기 조상의 인물됨을 남의 나라 사람이 깨우쳐주었으니 조금은 씁쓸한 일이다.

고잔지의 의상·원효 대사 두루마리그림

교토의 고잔지에도 원효와 의상에 얽힌 이야기가 있다. 13세기 고잔지를 중흥한 묘에 스님이 그들의 삶과 사상에 많은 영향을 받았기 때문이다. 묘에 스님은 석가모니의 가르침에 따라 청순무사(淸純無私)한 무아(無我)의 행자(行者)이자 진짜 불자(佛子)로서 생애를 바침으로써 고잔지의 품격을 높였다. 그는 세속의 번민을 용맹정진(勇猛精進)으로 극복했다. 가마쿠라 바쿠후 시대에 호조씨(北條氏)와 덴노가 권력다툼을 벌여 큰 전쟁이 일어났다. 호조씨가 승리함으로써 바쿠후 정권은 계속되었지만, 교토에는 전쟁으로 남편을 잃은 귀족 가문의 부인들이 넘쳐났다. 묘에 스님은 그들을 위해 젠묘니지(善妙尼寺)를 지어 교화사업을 했다. 여인들은 묘에 스님을 존경하여 그가 죽었을 때 물에 뛰어들어 자살한 이도 많았다고 한다.

왜 하필이면 젠묘니지일까? 절 이름에 등장하는 '선묘'는 아리따운 아가씨이고, 그 신상(神像)은 한국의 부석사에도 있다. 묘에 스님과 선묘, 그리고 부석사는 어떤 관련이 있을까? 그 대답은 고잔지에 전해오는 채색 두루마리 그림에서 찾을 수 있다. 고잔지가 소장한 〈화엄종조사회전회권(華嚴宗祖師繪傳繪卷)〉이 바로 그것이다. 이 두루마리 그림은 신라의 의상과 원효의 일화를 그린 것으로, 의상대사 그림이 4권, 원효대사 그림이 2권이다. 현재는 이것을 보수하여 재편집하는 과정에서 각각 3권이 되었다. 공평할지는 몰라도 원래의 뜻은 좀 훼손되었으리라.

이 두루마리 그림은 송나라의 찬영(贊寧)이 982년부터 988년까지 집필한 《송고승전(宋高僧傳)》이라는 책에 실려 있는 이야기를 토대로 그렸다. 이 책은 당과 당 말 오대(五代) 340년간에 활약한 고승 656명의 사적(事跡)을 기록했는데, 일본인 승려가 한 사람도 없는 것을 보면 불교에서는 확실히 일본이 한발 뒤져 있었음을 알 수 있다.

〈화엄종조사회전회권〉의 그림은 에니치보조닌(惠日房成忍)이 그렸고 글은 묘에 스님이 썼다. 1223~1228년 사이의 작품이다. 유려한 필치와 화려한 색채는 가마쿠라 바쿠후 시대 초기의 대표 두루마리 그림으로 손색이 없다. 이 두루마리 그림은 현재 일본 교토국립박물관에 옮겨져 있다.

이 두루마리 그림에는 원효도 의상과 함께 당의 양주(楊洲)까지 가서 불도(佛道)를 깨친 후, 의상은 장안으로 가고 원효는 귀국했다고 되어 있다. 그러나 사실 원효는 의상과 함께 661년 신라의 수도 경주를 떠나 당에 가려다가 깨달은 바 있어서 도중에 경주로 돌아왔다. 원효는 정토종 등에서 세계 최고의 승려가 되고, 의상은 화엄종에서 중국 불교계를 능가하는 대승려가 되었다. 둘 다 일본 나라 시대의 불교에 지대한 영향을 주었다.

의상대사와 선묘낭자의 로맨스

두루마리 그림에 담긴 이야기 가운데 선묘와 관련된 내용은 대충 다음과 같다. 당나라 산동성 등주에 사는 예쁜 소녀 선묘가 의상을 사모하여 사랑을 고백했다. 선묘는 신라계 소녀로서 해적에게 끌려온 신라인의 자식이라고도 한다. 의상은 불가에 귀의하여 수행하는 몸이라 사랑을 받아들일 수 없노라 말하고 수도 장안으로 유학을 떠난다.

　구법수행을 마치고 귀국하는 길에 의상은 선묘에게 이별을 고하기 위해 그 집에 들렀다. 마침 법화원에 가서 불공을 드리고 있던 선묘는 의상이 찾아온 것을 알고 급히 돌아왔으나 이미 의상이 집을 떠난 뒤였다. 그녀는 수년에 걸쳐 정성을 다해 곱게 만든 가사(袈裟)를 챙겨 들고 뒤쫓아 갔으나 배는 이미 부두를 떠나 저만큼 나아가고 있었다. 선묘는 부두에서 떠나는 배를 향해 옷 보따리를 던졌다. 그 옷은 휘몰아치는 파도의 조화로 배까지 전달되었다. 선묘는 결국 의상을 사모하는 마음을 이기지 못해 거친 파도 속에 뛰어들었고, 그 순정이 하늘을 감동시켜 선묘는 거대한 용으로 변했다. 그 용은 의상이 탄 배를 등에 싣고 험난한 바다를 헤쳐 신라에 도착했다.

　신라에 돌아온 의상은 왕의 곁에서 국정을 자문해달라는 청을 뿌리치고 전국을 돌며 불법을 전파하고 수행을 계속했다. 그는 신라 화엄종의 조사(祖師)가 되었을 뿐만 아니라 중국의 동학(同學)들을 능가하는 경지에까지 도달했다. 그는 영주에서 명산을 발견하고 화엄사찰을 건립하려 했으나 토착신의 방해로 어려움을 겪었다. 그때 용으로 변한 선묘가 나타나 큰 바위를 들었다 놓았다 하며 위력을 보이니 토착신이 잠잠해져 절을 지을 수 있었다. 바로 신라의 부석사(浮石寺)이다. 용이 된 선묘는 영원히 화엄종을 지키는 수호신이 되었다.

　〈화엄종조사회전회권〉의 필치와 색채는 위와 같은 이야기를

▲ 〈화엄종조사회전회권(華嚴宗祖師繪傳繪卷)〉 중 용이 된 선묘가 의상의 배를 싣고 가는 장면. 이 두루마리 그림은 고잔지에 전해오다가 현재 일본 교토국립박물관에 소장되어 있다.

▲ 신라 고승 원효와 의상의 사연이 얽혀 있는 고잔지 석수원(石水院).
▲▲ 젠묘니지에 모셔진 선묘낭자상.

너무나 생생하게 묘사하고 있어서 가슴을 저민다. 아리따운 여성의 사랑과 집념을 숭불호법(崇佛護法)의 보리심(菩提心)으로 승화시킨 애틋한 이야기는 듣기만 해도 가슴이 떨리는데, 총천연색의 필름으로 감상했으니 오죽하겠는가.

    그렇다면 묘에 스님은 왜 이 그림을 그렸을까? 아마도 여인들에게 둘러싸여 있는 스스로에게 흔들리지 말고 불법수행(佛法修行)에 정진하라는 계고(戒告)였을지 모르겠다. 바꿔 말해 의상을 본받겠다는 의지의 표현이다. 다른 한편으로는 묘에 스님을 사모하는 주변의 여인들에게 쓸데없는 연정을 버리고 불법에 귀의하라고 권고하는 의미도 담겼을 터. 묘에 스님이 젠묘니지를 짓고 (1223) 그곳에 선묘상을 봉안한 것도 (1225) 전쟁에서 남편을 잃고 갈피를 잡지 못하는 여인들에게 선묘를 본받으라는 암시였으리라. 고잔지에서 내려오다보면 다카오 소학교(高雄小學校) 근처에 젠묘니지가 있다. 젠묘니지 구역에는 이인지(爲因寺)라는 조그만 절이 있는데, 경내에 선묘의 무덤이 있다. 무덤에 안치된 그림을 보니 선묘는 길고 가는 눈에 볼이 통통한 미인이었다.

    1986년에 교황 요한 바오로 2세의 축복으로 이 절과 이탈리아 중부 움부리아주에 있는 도시 앗시지의 성 프란시스코 교회가 종교 간의 벽을 넘어 형제 예배당이 되었다. 앗시지는 성 프란시스코의 탄생지이고, 마르티니 등의 벽화로 유명한 사원이 즐비하다. 일본과 이탈리아의 두 사원이 자매관계를 맺은 것은 묘에 스님과 성 프란시스코(1181~1226)가 동시대를 살면서 청빈일도(淸貧

一途)의 생애를 보낸 것을 기리기 위해서였다.

그런데 좀 이상하다. 고잔지가 외국의 사원과 굳이 자매결연을 하겠다면 한국의 부석사와 맺는 것이 더 합당하지 않을까? 위의 두루마리 그림이 그렇게 하라고 재촉하지 않는가? 의상과 원효 같은 신라 고승(高僧)들이 일본의 불교에 끼친 큰 영향을 생각하면 더욱 그러하다.

헤이안쿄에는 이처럼 한반도와 그 주변의 역사와 관련된 유물 유적이 헤아릴 수 없을 정도로 많았다. 그런 헤이안쿄도 11~12세기를 거치면서 일본 독자적인 분위기가 물씬 풍기는 교토로 바뀌게 된다. 무사가 권력의 전면에 등장하고, 불교가 민중의 신앙을 끌어 모았다. 그에 따라 도시의 구조도 바뀌고 문화의 색깔도 달라진다. 한반도를 비롯한 그 주변과의 관계도 종래와는 다른 차원에서 전개된다.

幕府將軍

무사의 세상, 교토의 변신

무사의 등장과 바쿠후의 성립
섭관정치와 장원공령제
원정의 개시와 가마쿠라 바쿠후의 성립
전국 동란과 선종사원의 융성
무사집단의 권력투쟁
선종사원의 바람과 쇼코쿠지
긴카쿠지와 난젠지

무사의 등장과
바쿠후의 성립

섭관정치와 장원공령제

9세기 후반이 되어 농민의 유랑과 도망이 잦아지자 율령에 의한 지배가 어렵게 되었다. 한편 농민에게 곡식 등을 빌려주거나 황무지를 개간하여 부를 축적한 부호백성이 대두했다. 이런 상황에서 지방행정관 중에는 일반 농민 대신 부호백성을 지배 대상으로 삼아 이들에게 과세하는 사람도 나타났다.

    10세기 초 권력을 장악한 후지와라씨(藤原氏)는 모든 전답을 국가가 장악하고 이를 부호백성에게 대여한 뒤 경지면적을 기준으로 세금을 거뒀다. 10세기 후반에 이르면 덴노의 외조부가 섭정(攝政)과 관백(關白)*으로서 정치의 실권을 쥐었는데, 이것을 섭관정치(攝關政治)라고 한다. 후지와라 가문은 이 지위를 독점하고

11세기까지 전성기를 구가했다. 이 시기에 궁중에서 시중을 들던 여성을 중심으로 가나(假名) 문자를 사용한 와카(和歌) 문학이 성행했다. 이 시기의 문화를 국풍문화(國風文化)라고 한다.

11세기에는 부호백성이 경지를 개발하고 주변 농민에게 경작하게 한 뒤 그들에게 지대(地代)를 받는 새로운 경영방식이 나타났다. 11세기 중반에 이르자 조정은 이들 부호백성의 경작지를 새로운 과세지로 삼았다. 이것을 종래의 과세지인 공전(公田)과 함께 국아령(國衙領, 또는 公領)이라고 불렀다. 조정의 가렴주구에서 자신의 땅을 지키기 위해 직접 관리자가 되는 조건으로 상급귀족이나 사찰·신사에 땅을 기진하는 부호농민도 나타났다. 이때 기진한 영지를 장원(莊園)이라고 한다. 기진을 받은 귀족·사찰·신사는 장원들을 다시 더 높은 귀족에게 기진했으므로, 장원은 점차 덴노가와 섭관가(섭정·관백 가문)에 집중되었다.

초기에 장원은 조세를 부담하는 것이 원칙이었으나, 기진 받은 상급 귀족의 정치력 여하에 따라 면세특권[不輸權]이나 사자(使者)의 출입을 거부할 수 있는 권리[不入權]를 획득하는 장원이 나타나, 조정의 지배권이 미치지 않는 장원이 서서히 증가했다. 국아령과 장원을 바탕으로 형성된 토지제도를 장원공령제(莊園公領制)라고 하는데, 12세기 전반에 확립된 이래 일본 중세 사회를 지탱한 토지제도였다.

• 헤이안 시대에 설치된 영외관(令外官)으로 덴노를 보좌하고 정무를 돌보는 직책이다. 정무에 관해서는 덴노에게 상주하기 전에 관백에게 올려 의견을 들었다. 10세기 중엽이 되면 이 관직은 덴노가 어렸을 때는 섭정, 성인이 된 후에는 관백이라고 부르는 게 관례였다.

원정의 개시와 가마쿠라 바쿠후의 성립

11세기 후반에 즉위한 시라카와덴노(白河天皇)는 외조부가 섭관가가 아니었기 때문에, 곧 어린 아들에게 황위를 물려주고 상황(上皇)이 되었다. 상황의 거처를 원(院)이라 불렀기 때문에 상황이 주도하는 정치를 원정(院政)이라고 한다. 상황은 덴노보다 관례에서 자유로웠고, 장원을 정식으로 인가했기 때문에 상황에게 장원을 기진하는 경우가 늘면서 서서히 경제적으로 섭관가를 압도했다.

한편 11세기에 들어 불교의 힘이 약해지자, 세상이 망할 날이 다가온다는 말법사상이 확산되고, 염불을 외우면 아미타의 구원으로 극락정토에 갈 수 있다는 정토신앙이 퍼져서, 보도인(平等院) 호오도(鳳凰堂)와 같은 양식의 건축이 유행했다. 12세기 말에는 호넨(法然)이 정토신앙에 기초를 둔 정토종을 개창했다.

그 사이 지방에서는 치안유지를 담당하는 무사단이 출현했다. 중심 세력은 덴노가에서 떨어져 나와 무사가 된 미나모토씨(源氏)와 다이라씨(平氏)였다. 미나모토씨는 도호쿠(東北) 지방의 반란을 진압하여 명성을 얻었으며, 다이라씨는 상황에게 영지를 기진하여 중앙정계에 발을 들여놓았다. 당시 상황은 아미타불의 구원을 바라는 마음에서 불교를 숭상하여 사원이나 불상을 대대적으로 조영(造營)했기 때문에 큰 사찰과 신사의 세력이 강해졌다. 상황은 다시 이들을 제압하고자 미나모토씨와 다이라씨를 등용했기 때문에 이들은 중앙정계에서 큰 힘을 발휘했다.

12세기 중엽 다이라노 기요모리(平淸盛)는 무사로서는 처음으로 조정의 최고관직인 태정대신(太政大臣)*에 올랐다. 아울러 그는 자신의 딸을 덴노에게 시집보낸 뒤 외손자를 덴노로 옹립함으로써 권력을 장악했다. 다이라씨 일족은 고위관직을 독차지하고 '다이라씨가 아니면 사람이 아니다'라고 호언할 정도로 권력을 휘둘렀다. 그리하여 상황이나 섭관가 등 귀족은 물론 무사들 사이에서도 심한 반발이 일어났다. 바로 이런 기회를 틈타 미나모토씨가 반다이라씨(反平氏)를 주장하며 병사를 일으켰다.

그 중심에 선 미나모토 요리토모(源賴朝)는 1180년 이즈(伊豆, 오늘날 가나가와현)에서 거병했다. 한때 패배했으나, 도쿄 주변의 무사단을 우군으로 삼아 가마쿠라(鎌倉)에 거점을 둔 뒤 1185년 다이라씨를 무너뜨렸다. 그사이 요리토모는 자신의 우군이 되어 준 무사들을 가신으로 삼아 권력의 기반을 다지고 정치기구를 정비했다. 또 1185년에는 구니(國)에 슈고(守護)**를 두고 장원에 지토(地頭)**를 설치할 권한을 얻어 전국의 경찰권을 장악했다. 그리고 1192년에는 무사계급의 최고관직인 정이대장군(征夷大將軍)에 임명되었다. 이로써 명실상부한 전국 규모의 무사정권이 탄생했다. 이 정권을 본거지 지명인 가마쿠라를 따서 가마쿠라 바쿠후(鎌倉幕府)라고 부른다.

* 일본 조정의 최고위직으로, 직접 정무를 관장하지 않는 명예직이었다. 율령제에 따라 정무를 보는 기구인 다이세이칸(太政官)의 최고직책이다.
** 가마쿠라·무로마치 바쿠후의 직명. 각 지역의 군사·경찰 임무를 담당하고, 행정에도 관여했다. 나중에는 무사를 지배하고 장원을 침탈하여 영주가 되기도 했는데, 이를 슈고 다이묘(守護大名)라 한다. 전국시대에는 하극상의 풍조 속에서 쇠퇴했다.
** 가마쿠라·무로마치 바쿠후의 직명. 세금 징수와 토지 관리 등을 담당했다. 영주가 된 슈고 아래서 관료가 되는 경우가 많았다.

전국동란과
선종사원의 융성

무사집단의 권력투쟁

일본역사의 시대구분은 참 이상하다. 헤이안 시대, 에도 시대 등 권력의 근거지가 어디였는가를 기준으로 삼는 경우가 많다. 나는 지난 10년 동안 일본인 연구자, 교육자들과 '한일역사공통교재'를 개발하여 2007년 3월 《한일 교류의 역사―선사부터 현대까지》를 간행했다. 그런데 작업이 시작될 때부터 양국의 의견이 충돌한 문제가 시대구분의 명칭이었다. 헤이안 시대, 에도시대 같은 시대 명칭에 조몬 시대(繩文時代)*, 야요이 시대(彌生時代)** 등의 고대사 명칭을 덧붙인다면, 한국 학생이 일본역사의 흐름을 한국 역사와 비교하면서 이해할 수 있을까? 한국사는 구석기, 신석기, 청동기, 철기 등 세계와 소통할 수 있는 도구의 명칭이나 신라,

고려, 조선 등 나라 이름을 붙여 시대를 구분한다. 그런데 일본은 토기의 문양이나 출토지의 이름 또는 권력자의 소재지명을 가지고 시대를 구분한다. 이것을 보면서 일본의 역사연구와 역사교육이 자기들끼리만 통할 수 있는 특수한 명칭을 고수하는 한 내셔널리즘의 멍에에서 벗어나기가 무척 어려울 것이라는 점을 절감했다.

헤이안 시대나 가마쿠라 시대, 에도 시대까지는 외국인도 그런대로 쉽게 그 지명을 떠올리겠지만, 무로마치 시대는 도대체 어디를 근거로 하여 이름을 붙인 것인지 도무지 감을 잡지 못할 것이다. 나도 교토의 거리를 한참이나 헤맨 뒤에야 그곳이 어디인지 알게 됐다. 아시카가 다카우지(足利尊氏)가 교토에서 바쿠후를 개창한 후 3대 쇼군 아시카가 요시미쓰(足利義滿)가 그 본거지를 상경으로 옮겼다. 그의 저택은 무로마치토리(室町通)라는 거리에 면해 있어서, 사람들은 흔히 그곳을 무로마치도노(室町殿)라고 불렀다. 무로마치 시대라는 호칭은 이렇게 해서 생긴 것이다.

그런데 현재 교토 시내 상경구(上京區)에 있는 무로마치토리를 걸어봐도 당시의 역사를 보여주는 흔적은 아무것도 남아 있지

• 일본열도의 신석기 시대. 새끼줄 무늬를 넣은 토기를 사용했다고 해서 붙여진 이름이다. 기원 전 1만 년 전후부터 시작하여 기원 전 400년경까지 지속했다. 수혈식(竪穴式) 움집에 사는 사람들이 집락을 이루고, 채집·어로·수렵 등으로 생계를 유지했다. 농경의 존재 유무에 대해서는 학설이 분분하다.
•• 일본열도의 청동기 시대. 기원 전 400년 전부터 기원 후 300년경까지이다. 도쿄의 야요이 지역에서 유약을 바르지 않은 채 저온에서 가볍게 구운 토기가 발견되었기 때문에 붙여진 이름이다. 토기를 이용해 음식을 조리하고 식량을 저장했고, 청동기를 사용했다.

않다. '무로마치 바쿠후 유적'이라는 것을 알려주는 석주(石柱)가 작은 네거리의 구석에 서 있을 뿐이다. 내력을 설명하는 간판도 없다. 한 시대의 이름이 유래할 정도의 지역이라면 좀 더 친절하게 안내할 만도 한데, 도무지 그렇지 않다. 교토인들은 무로마치 시대에 남북조의 내란이 시작되고, 무로마치 바쿠후가 덴노를 박해한 것을 싫어하는지도 모르겠다. 그리하여 무로마치 바쿠후의 존재 그 자체를 가볍게 여기는 것일까? 아무튼, 어느 나라를 막론하고 종교단체나 정치가·독지가 등의 후원자가 없는 유적은 누가 보더라도 초라한 모습이다.

아시아—태평양전쟁에서 패하기 전 일본의 역사교육에서는, 바쿠후를 누르고 친정(親政)을 선포한 고다이고덴노(後醍醐天皇)의 사적(事跡)을 융숭하게 대접하는 한편, 덴노와 반목한 무로마치 바쿠후의 역대 쇼군이나 그 유적은 소홀히 취급했다. 황국사관이 유적의 서열을 매기는 잣대였기 때문이다. 시대가 바뀐 지금에는 그런 편향에서 벗어나도 좋으련만, 아직도 그 타성이 교토의 거리에 살아 있는 것 같다.

8세기 말부터 12세기 말까지 지속되었던 헤이안쿄의 영화는 쇼군이 덴노를 누르고 권력의 정점을 차지한 바쿠후 시대가 열리면서 잦아들기 시작했다. 특히 권력의 핵심이 멀리 간토(關東) 지역으로 옮겨간 가마쿠라 바쿠후(鎌倉幕府, 1192~1333) 시대에, 교토는 감시와 견제의 대상이었다. 무사정권이 교토로 옮겨온 무로마치 바쿠후(室町幕府, 1336~1573) 시대에는 다시 봄이 찾아오는 듯했지만, 오닌(應仁) 원년(1467)에서 분메이(文明) 9년(1477)까지 11년간 계속된 내란으로 교토의 거리는 폐허가 되었다. 특히 싸움의 중심이었던 상경(上京)은 거의 괴멸 상태에 빠졌다. 그 후에도 전란은 계속되었다. 오다 노부나가(織田信長)가 무로마치 바쿠후의 마지막 쇼군 아시카가 요시아키(足利義昭)를 앞세워 교토를 점령한 1568년까지 서로 싸움을 벌였다. 일본 전국 각 지역에 다이묘(大名)들은 권력이 권력을 무너뜨리는 항쟁으로 날을 지새웠다. 오죽하면 일본역사에서 이 100여 년의 세월을 전국 시대(戰國時代)라고 부르겠는가.

선종사원의 발달과 쇼코쿠지

가마쿠라 시대 이후로, 무사 계급이 선종(禪宗)을 신봉했기 때문에 많은 사원이 건립되고 정치에도 큰 영향력을 행사하는 등, 선종이 크게 확산됐다. 바쿠후가 자리 잡았던 가마쿠라와 교토(무로마치)에 선사(禪寺)가 많은 것은 그 때문이다. 특히 교토의 쇼코쿠지(相國寺)*는 무로마치 바쿠후 3대 쇼군 아시카가 요시미쓰가 설립한 대사원으로, 오늘날 임제종(臨濟宗) 쇼코쿠지파의 대본산이다. 쇼코쿠지는 우리와도 인연이 깊은데, 통신사가 교토에 행차하며 이곳에 머문 적도 있었고, 주로 쇼코쿠지의 승려가 조선에 보내는 외교문서를 작성하곤 했다. 근대에 들어서는 도시샤대학(同志社大學)에 유학했던 정지용이나 윤동주 등이 시상을 가다듬기 위해

* 정식 명칭은 상국승천선사(相國承天禪寺). 교토5산 가운데 최고의 사찰로 대우받았다.

자주 이 절을 산책했다고 한다.

　　요시미쓰는 무로마치 바쿠후 역사에서 가장 권세를 뽐낸 쇼군으로, 일본사 교과서에 자주 등장하는 인물이다. 남북조를 하나로 합치고 각지의 반란을 평정했으며 명(明)과 감합무역(勘合貿易)*을 개시하는 등 많은 업적을 쌓았다. 후대의 오다 노부나가나 도요토미 히데요시(豊臣秀吉)에 못지않은 권력자였다. 그는 쇼코쿠지뿐 아니라 고쇼(御所)와 녹원사(鹿苑寺)** 북산전(北山殿)을 건립하는 등, 선종을 크게 장려했다.

　　쇼코쿠지는 최고권력자인 요시미쓰가 좌선수행을 위해 세운 절이었던 만큼, 현재의 도시샤대학과 그 북부 일대를 포함하는 방대한 규모였다. 사지(寺地)를 확보하기 위해 사역(寺域)에 있는 귀족의 저택, 사원, 민가 등을 강제로 이전시켜 빈축을 샀다. 절의 건물도 법당, 불전, 조사당, 고원(庫院), 승당(僧堂), 방장(方丈), 욕실, 동사(東司), 강당, 종루 외에 배문(拜門), 총문(總門), 산문(山門) 등이 즐비하여 쇼군의 사원다운 규모를 자랑했다고 한다. 요시미쓰는 불과 4년(1382~1385) 만에 쇼코쿠지를 완성했지만, 1394년의 화재로 모두 불타버렸다. 그는 곧 재건에 착수하여 3년 만에 주요 가람을 다시 조영하고 1399년에는 108미터의 7층탑까지 세웠다.

* 명나라와 조선이 일본·여진 등과 행한 무역 형태. 본래 14세기 말 이후로 동아시아에서 이루어진 조공무역을 지칭한다. '감합'이란 입국을 확인하는 일로서 그 문서를 감합부(勘合符)라고 한다. 감합무역은 1404년부터 150여 년간 지속된 명나라—일본 간 무역에서 두드러지게 나타난다.
** 현재의 킨카쿠지(金閣寺). 킨카쿠지는 긴카쿠지(銀閣寺)와 함께 쿄토의 유명한 선종사원으로, 쇼코쿠지의 말사이다.

요시미쓰는 쇼코쿠지를 사적인 수행시설로 이용하지 않고 교토5산(京都五山)의 반열에 드는 격식 높은 사원으로 만들었다. 교토 선종사원의 5산제도는 중국 남송을 본딴 것이다. 남송은 관료제도를 정비하면서 선종사원에도 제산(諸山), 10찰(十刹), 5산(五山)의 등급을 매기고, 아래로부터 차례로 출세하여 올라가는 조직과 임면방법 및 문서서식 등을 정했다. 일본에서는 가마쿠라의 사원이 먼저 이를 도입했고, 이후 교토의 사원에서도 받아들여 점차 관사(官寺) 색채가 짙어졌다. 1341년에는 전국의 5산을 평가하여 순위를 매겼다. 제1위가 겐조지(建長寺)와 난젠지(南禪寺), 제2위가 엔카쿠지(圓覺寺)와 텐류지(天龍寺), 제3위가 주후쿠지(壽福寺), 제4위가 겐닌지(建仁寺), 제5위가 도후쿠지(東福寺)였다. 이때는 가마쿠라의 선사가 약간 우위에 있으면서 교토의 선사를 포함한 것이었다. 교토5산은 난젠지, 텐류지, 겐닌지, 도후쿠지, 만주지(萬壽寺)였는데, 요시미쓰는 1386년 난젠지를 '5산지상(五山之上)'으로 올리고, 나머지 한 자리에 쇼코쿠지를 집어넣었다. 그 때문에 교토의 5산은 6개의 사원으로 구성됐다.

무로마치 바쿠후는 신앙뿐 아니라 정치에서도 선종과 의견을 교환했다. 쇼코쿠지는 그 매개고리로 신앙과 함께 정치 방면에서도 영향력을 행사했다. 실제로 선승과 무사는 예전부터 깊은 관계를 맺어왔는데, 헤이안 시대에 천태종과 진언종의 승려가 맡았던 상담역을 선종이 전해진 후에는 선종의 승려가 대신하게 된 것이다. 승려는 당시 최고의 지식인이자 생활의 조언자이고 정치의 브

레인이었다. 요시미쓰는 그때까지 개인적인 교류의 성격이 강했던 선승과 무사와의 관계를 바쿠후와 선종사원을 연결하는 공적 제도로 만들었다. 요시미쓰가 '5산10찰'이라는 사격제도(寺格制度)를 만든 것도 선종을 끌어들이려는 바쿠후의 정책이었다.

쇼코쿠지는 선종 전체의 승려를 통괄하는 탑두(塔頭)와 선승을 대표하는 승록(僧錄)이라는 승직을 두었다. 또 바쿠후와의 교섭창구로 음량헌(蔭凉軒)을 설치했다. 승록과 음량헌은 '5산—10찰—제산'으로 구성된 선종사원의 주지(住持)를 임면하고 선승에 관한 정보를 관장했다. 이밖에 승록은 명나라—일본 간 무역에 필요한 국서를 집필하고, 바쿠후의 주요 서류와 물건을 보관하는 창고를 관리했다. 바쿠후 정치의 원활한 운영이 바로 선승에게 달려 있었던 셈이다.

쇼코쿠지는 사원 행정의 중심지로서, 많은 고승을 배출하고 선 문화를 발전시키는 데 공헌했다. 킨카쿠지와 긴카쿠지를 비롯해 전국에 100곳의 말사를 거느렸다. 1605년에 재건된 법당은 일본 최고(最古)의 것으로, 가노 미쓰노부(狩野光信)가 천정에 그린 〈파룡도(蟠龍圖)〉는 손뼉을 치면 반향한다고 하여 '우는 용'이라는 별명을 얻었다. 그 외에도 국보와 중요문화재가 많이 소장돼 있다.

긴카쿠지와 난젠지

긴카쿠지(銀閣寺)는 무로마치 바쿠후 8대 쇼군 아시카가 요시마사

(足利義政)가 1482년에 건립한 임제종 쇼코쿠지파에 속하는 선종 사원이다. 긴카쿠지라는 이름은 킨카쿠지(金閣寺)에 대비되는 이름으로 붙인 속칭이고, 원래 이름은 요시마사의 법호(法號)를 따서 지조인(慈照院)이며, 정식명칭은 동산자조사(東山慈照寺)다. 아시카가 요시마사는 이 사원과 산장의 조영에 생애를 바쳤다. 그는 계절마다 변하는 자연공간을 정신문화와 교묘하게 결합시켜 교토에서도 손꼽을 만한 명원(名園)을 만들었다.

긴카쿠지 정원은 일본의 근세적 생활문화, 즉 '히가시야마(東山)문화'를 빚어낸 산실이기도 하다. 모래를 두텁게 깔고, 그 위로 잔잔한 파도를 그렸다. 아침에는 모래에 물을 뿌려 청순한 이미지를 주고, 저녁에는 달빛이 마른 모래에 반사되어 간논덴(觀音殿, 銀閣)과 도구도(東求堂) 등의 건물을 은빛처럼 은은히 비추도록 했다. 그 은빛 모래를 긴샤단(銀沙灘)이라고 한다. 모래 물결의 가장자리에는 모래를 쌓아 올려 후지산 모양의 향월대(向月臺)를 만들었다. 간논덴과 도구도는 국보로 지정되었다. 서원과 다실의 원류이기도 하다. 이름은 '은각'이지만 실은 나무판자를 잘게 썰어 지붕을 이었다.

난젠지(南禪寺)는 웅장하다. 정식 명칭은 서룡산태평흥국남선사(瑞龍山太平興國南禪寺)이고 임제종 난젠지파의 대본산이다. 1264년에 고다이고덴노가 산수명미(山水明媚)한 이곳에 이궁(離宮) 선림사전(禪林寺殿)을 지었다. 덴노는 그 후 대명국사(大明國師)에 귀의하여 법황(法皇)이 되고, 1292년에는 이궁을 시사(施捨)하여 선사로

▲ 선종사원 쇼코쿠지. 바쿠후의 무사 계급은 선종을 신봉해 많은 사원을 세웠다. 쇼코쿠지는 조선에 보내는 외교문서를 작성하는 등 우리와 관련이 깊은 곳이다.
▶ 근세 일본의 '히가시야마 문화'를 대표하는 난젠지(위)와 긴카쿠지(아래)의 가레산스이 정원. 가레산스이는 물을 사용하지 않고 돌과 모래만으로 산수의 풍경을 표현하는 기법이다.

만들었다. 난젠지는 교토5산보다 윗자리에 꼽혀 역대로 가장 걸출한 선승을 주지로 삼았다. 그 때문에 난젠지는 '5산문학'의 중심지이기도 했다. 창건 당시의 가람은 세 차례나 불타 한 채도 남아 있지 않다. 현재의 난젠지는 모모야마 시대 이후 다시 세운 것이다.

난젠지의 서원에서 낭하를 따라 나아가면 대방장(大方丈)인 세이료덴(淸凉殿)의 넓은 마루가 나온다. 그 남쪽에는 대표적인 선원식 가레산스이(枯山水) 정원*이 펼쳐져 있다. 세이료덴과 정원, 양각령대일산(羊角嶺大日山)의 차경(借景)** 등이 잘 어울려 품격을 뽐낸다. 자잔한 자갈로 물결을 그리고 바위로 산을 빗대었다.

일본인은 인공으로 조성한 가레산스이를 보면서 여백의 아름다움을 즐긴다. 그렇지만, 수목과 바위가 자연스럽게 어우러진 정원에 익숙한 한국인으로서는 왠지 사람의 손길이 너무 짙게 느껴져 숨이 막히기도 한다. 친숙한 분위가 아닌 탓이다.

난젠지의 대소 방장은 국보로 지정된 건물이다. 소방장의 장지문에 그려진 '물 마시는 호랑이' 그림은 가노 단유(狩野探幽)가 그린 걸작이다. 그는 에도 바쿠후의 명령으로 1643년 조선에서 온 통신사 박안기(朴安期)를 통해 조선 국왕에게 바치는 병풍을 그

* 가레산스이는 일본 정원양식으로, 물을 사용하지 않고 돌과 모래 등으로 산수의 풍경을 표현하는 기법이다. 흰 모래와 작은 돌을 깔아 수면에 비유하거나, 다리를 만들어 아래를 물로 간주하거나, 돌 표면의 문양으로 물의 흐름을 표현하는 식이다. 특히 무로마치 시대의 선종 사원에서 발달했다.
** 주택이나 정원의 바깥에 펼쳐진 훌륭한 외부 경관요소(산이나 들, 강 등의 자연환경)를 집안에서 아름다운 액자그림처럼 감상할 수 있도록 하는 정원설계법. 또는 그런 방식으로 만들어낸 정원 풍경.

리기도 했다.

　난젠지는 조선에 끊임없이 불상과 불경을 보내달라고 요청했다. 억불숭유(抑佛崇儒) 정책을 펴던 조선이 간경도감(刊經都監)을 설치해서까지 불경을 간행한 것이 일본의 이와 같은 요청에 응하기 위해서였다는 사실을 이 절에 와서 깨달았다. 교토에 있는 수많은 절은 조선의 불상과 불경 등을 얻기 위해 혈안이 되어 있었다. 임진왜란 때에는 유명 사찰의 승려가 침략군의 고문관이 되어 조선의 불교문물을 마구 약탈하기도 했다. 그리하여 난젠지 등에는 지금도 조선의 불교문화재가 많이 소장되어 있다. 그렇지만 그런 사실을 알려주는 책은 거의 없는 것 같다.

倭亂慘禍

임진왜란과 교토의 조일 갈등

풍운아 도요토미 히데요시의 교토 개조
오다 노부나가, 장작불 같은 권력
히데요시의 교토 개조
사치의 극치, 히데요시의 주라쿠다이
주라쿠다이의 동상이몽
도요토미 가문의 영욕을 지켜본 호코지
히데요시의 마지막 거처, 후시미 성
다이고지와 히데요시의 벚꽃놀이
센리큐를 죽인 히데요시의 열등심리
교토에 떠도는 조선인의 원혼
임진왜란의 발원지 교토
조선인의 귀와 코를 묻은 이총
일본에 끌려온 조선인 노예
일본에 유학의 씨를 뿌린 피로인 학자
조선문화의 약탈과 활용
울산의 동백나무까지 파간 가토 기요마사
도요토미 히데요시에 대한 한일의 평가

풍운아 도요토미 히데요시의
교토 개조

오다 노부나가, 장작불 같은 권력

전국 시대의 다이묘들은 권력과 경제의 중심지인 교토와 그 주변을 지배해야 통일정권을 세울 수 있다고 생각했다. 교토 입성에 성공하여 이 대업의 선구자가 된 무장(武將)이 바로 오다 노부나가다. 그는 아시카가 요시아키를 제15대 쇼군으로 옹립하고 그 권위를 빌어 주변 지역을 평정했다. 노부나가는 자신의 지위를 확고히 다지기 위해 크고 화려한 니조조(二條城)를 건설해 세력을 과시했다. 물론 이때의 니조조는 도쿠가와 이에야스(德川家康)가 만든 현재의 니조조가 아니다.

1569년에 오다 노부나가가 쌓은 니조조는 실제로는 쇼군의 저택이었기 때문에, 당시에는 '니조다이(二條第)'라고 불렸다. 역대 무로마치 쇼군은 무로마치도노라 불리는 자신의 저택을 가지고 있었다. 그러나 오다 노부나가와 함께 교토에 진입하여 정이대장군에 취임한 아시카가 요시아키는 살 집이 없었다. 제14대 쇼군이었던 요시테루(義輝)가 1565년 암살당할 때 그 저택도 소실되었기 때문이다. 요시아키는 남의 집을 빌려 살지 않으면 안 되는 궁색한 처지에 놓이게 되었다. 이에 오다 노부나가는 요시테루의 집터를 확장하고 개축하여 요시아키의 신저(新邸)로 만들었다. 이것이 바로 니조조다. 오다 노부나가는 1573년 요시아키를 쇼군에서 내쫓고 니조조를 자신의 숙소로 사용했다.

오다 노부나가는 4~5년은 족히 걸려야 할 니조조의 축조를 불과 70일에 해치웠다. 장비와 인원을 집중적으로 투입하여 빠르게 진행하는 돌관공사(突貫工事)였으니, 돌담에 쓸 석재를 구하지 못해 교토 내외의 오륜탑, 판비(板碑), 초석, 등롱(燈籠), 석불 등을 가져다 충당했다. 히에이잔 등 불교계는 이에 반발하여 니조조의 해체를 요구했다. 이런 저항은 나중에 오다 노부나가가 히에이잔을 모두 불태워버리는 빌미가 되었다.

1582년 6월 2일, 오다 노부나가는 모리씨(毛利氏)를 공격하고 있던 도요토미 히데요시의 군대를 지원하기 위해 소수의 호위병을 거느리고 교토의 혼노지(本能寺)에 머물고 있었다. 그런데 부하 장수 아케치 미쓰히데(明智光秀)가 구원 본군을 이끌고 와서 그를 습격했다. 치욕에 떨던 오다 노부나가는 절에 불을 지르고 스스로 목숨을 끊었다. 그다음 날, 그의 장남 노부타다(信忠)도 니조조에서 자살하고, 건물도 불타 없어졌다. 이 사건들은 음모와 암살로 점철된 전국 시대 무장들의 적나라한 인간상을 보여주는 일화로 유명하다.

조영에서부터 겨우 11년, 니조조의 소실과 함께 일본열도를 통일하려던 오다 노부나가의 꿈도 사라졌다. 권불십년(權不十年)이요, 화무십일홍(花無十日紅)이다. 그것도 총애하는 부하가 배반하여 자살할 지경에까지 내몰렸으니 비정한 인간관계의 극치라고 할 수 있다. 권력이란 원래 그런 것이다. 일본에서는 '적은 혼노지에 있다' 라는 속담이 자주 입에 오르내린다. 혼노지에 와 보고서야 '적은 밖에 있는 것이 아니라 안에 있다' 라는 그 뜻을 확실히 느낄 수 있었다.

와카야마현(和歌山縣) 고야산(高野山)의 오쿠노인(奧院) 묘역에서 20여만 기(基)의 무덤이 빼곡하게 들어차 있는 것을 보고 경탄하다 못해 기가 질린 적이 있다. 그 가운데 오다 노부나가와 아케치 미쓰히데의 돌무덤이 이끼를 뒤집어 쓴 채 섞여 있었다. 그것을 보고 쓴웃음을 지었다. 철천지원수지간이라도 죽으면 원한을 다 잊어버리는 것일까? 이들 장수와 부하는 지금 같은 묘역에 누워 이승에서의 충성과 배반을 이야기하고 있는 것처럼 보였다. 아마 두 사람은 묘역의 주인인 홍법대사(弘法大師) 구카이(空海, 774~835)의 인도로 극락왕생하기를 고대하는 처지이기 때문에 이미 화해의 경지에 도달했을지도 모르겠다.

혼노지는 현재 중경구(中京區) 데라마치도리(寺町通) 고이케(御

池)의 동쪽, 곧 교토시청 건너편에서 데라마치도리를 향해 문을 열고 서 있다. 문 앞에는 오다 노부나가의 석비가 서 있고, 경내에는 노부나가의 본묘(本墓)와 죽은 노부나가의 목을 씻었다는 우물 등, 노부나가와 관련된 흔적이 많다.

그런데 오다 노부나가가 자살한 혼노지는 데라마치도리에 있는 지금의 혼노지가 아니다. 본문법화종(本門法華宗)의 본산인 혼노지는 1415년 니치류(日隆)가 아부라코지(油小路) 다카쓰지(高辻)에 건립한 절로서, 원래는 '혼노지(本應寺)'라고 불렸다. 교토의 절은 이전(移轉)이 빈번하다지만, 한 종파의 본산으로서 혼노지처럼 자주 옮긴 절도 드물다. 현재의 혼노지는 소실된 절을 재건하는 중에 도요토미 히데요시의 명령에 따라 데라마치도리 부근으로 이전한 것이다.

히데요시의 교토 개조

오다 노부나가가 죽은 뒤 실권을 장악한 무장은 도요토미 히데요시였다. 그는 오와리(尾張, 지금의 나고야(名古屋) 부근)에서 빈농의 아들로 태어나 오다 노부나가에게 출사(出師)하고 전공(戰功)을 세워 무장이 되었다. 그는 모리씨와 싸우던 중에 오다 노부나가가 죽었다는 소식을 접하고, 말머리를 돌려 아케치 미쓰히데를 격파하는 충신의 면모를 보였다. 그는 1585년에 관백, 그 이듬해 태정대신에 취임하고 덴노로부터 도요토미라는 성을 받았다. 그리고

1590년까지 시코쿠(四國), 규슈(九州), 간토, 도호쿠(東北) 지역을 잇달아 평정하여 전국 통일을 달성했다.

도요토미 히데요시가 권력의 정점에 올라 전국을 통일한 기간은 교토의 개조 기간과 정확히 일치한다. 그는 자신의 위세를 내외에 과시하기 위해, 또 정치무대를 새로 마련하기 위해 교토를 개조했다. 당시 교토는 인구 10만이 넘는 대도시였다. 개조의 대표적인 예는 고쇼의 이전과 그에 따른 구게마치(公家町)*의 건설, 주라쿠다이(聚樂第)의 건립과 다이묘야시키(大名敷)의 배치, 토성 구축과 도로 신설에 맞춘 거리의 재편, 데라마치의 조성 등이다.

도요토미 히데요시의 교토 개조사업은 1585년 주라쿠다이의 건조로부터 시작되어 1590년 사원들이 모여 있는 데라마치(寺町) 건설과 1591년 고도이(御土居, 흙으로 쌓은 성벽) 축조로 끝이 난다. 고작 6년 만에 수도를 완전히 뜯어고치다니! 이런 철저하고 신속한 일처리는 오다 노부나가·도요토미 히데요시·도쿠가와 이에야스 등에 보이는 공통된 모습으로, 그들의 강력한 권력과 탁월한 추진능력에는 그저 혀를 내두를 수밖에 없다. 그러나 어쩐지 난폭하고 잔인한 느낌도 지울 수 없다.

도요토미 히데요시가 성벽을 쌓은 목적은 불분명했던 교토의 내외, 바꿔 말하면 낙중(洛中)과 낙외(洛外)를 구분하여 시가지를 명확하게 만들고 기능에 맞게 그 구조를 재편하기 위해서였다. 교토를 둘러싼 토성 고도이는 높이 5미터에 총 길이 23킬로미터였

* 조정에 출사(出仕)하는 관리 집안인 구게(公家)가 모여 살던 거리.

고, 깊이가 5미터, 폭이 20미터인 해자(垓子)가 둘러싸고 있었다. 고도이 둘레에는 7~10개의 출입구가 있어서 통행을 제한했다. 고도이가 축조되면서 도시의 외연이 더 넓어지지 못하고 낙중의 거주 밀도가 높아졌다. 도요토미 히데요시가 4개월 만에 고도이를 완성했다고 하니, 노역에 동원된 민중의 고통은 오죽했을까.

　도요토미 히데요시는 성벽 안에서 구게(公家) 계층은 고쇼를 중심으로, 무사 계층은 주라쿠다이를 거점으로 집주(集住)하도록 했다. 그리고 일반서민은 상점 거리에 모여 살도록 하고, 내외에 산재했던 사원은 데라마치에 모이도록 했다. 모든 승려를 사원에서 쫓아내 토성 근처의 일정한 장소에 옮겨 살도록 했는데, 그 일을 수일 내에 해치웠다니 도요토미 히데요시가 아니면 불가능했을 일이다. 이 조치가 경제와 정신 면에서 사원과 승려에게 안긴 손실과 고통은 상상할 수 없을 만큼 컸을 것이다. 이렇듯 도요토미 히데요시의 전광석화 같은 정책 추진을 보면, 조선을 침략하고 단숨에 전국을 초토화한 전란이 떠오른다.

　일본의 도시에서 방어기능을 담당하는 것이 데라마치인데, 교토는 토성과 데라마치를 한 세트로 하여 방어선을 구축했다. 이제 상가와 사원은 명확히 구분되었다. 일본 전근대 도시구조의 하나인 조카마치(城下町)는 도시 중심에 성을 쌓고 그 주위에 가신(家臣)을 비롯한 상공업자를 집주시킨다. 그 주변에는 사원을 집중적으로 배치하고, 도시의 주위는 몇 겹의 해자와 성벽으로 둘러싼다. 도요토미 히데요시는 교토를 이런 모습의 조카마치로 개조했다.

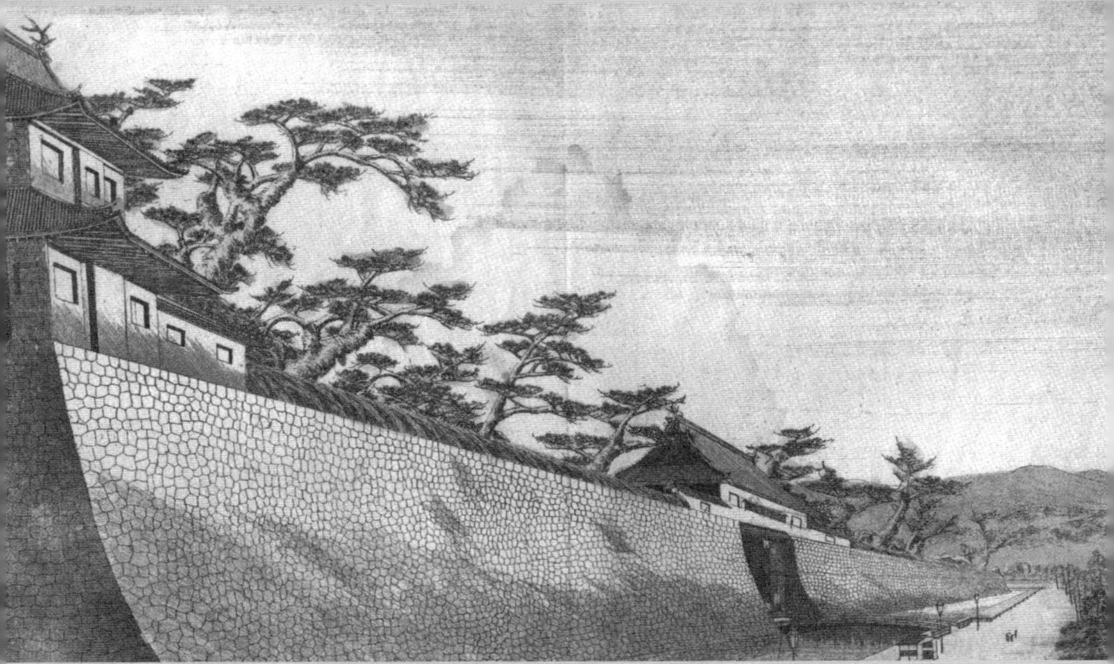

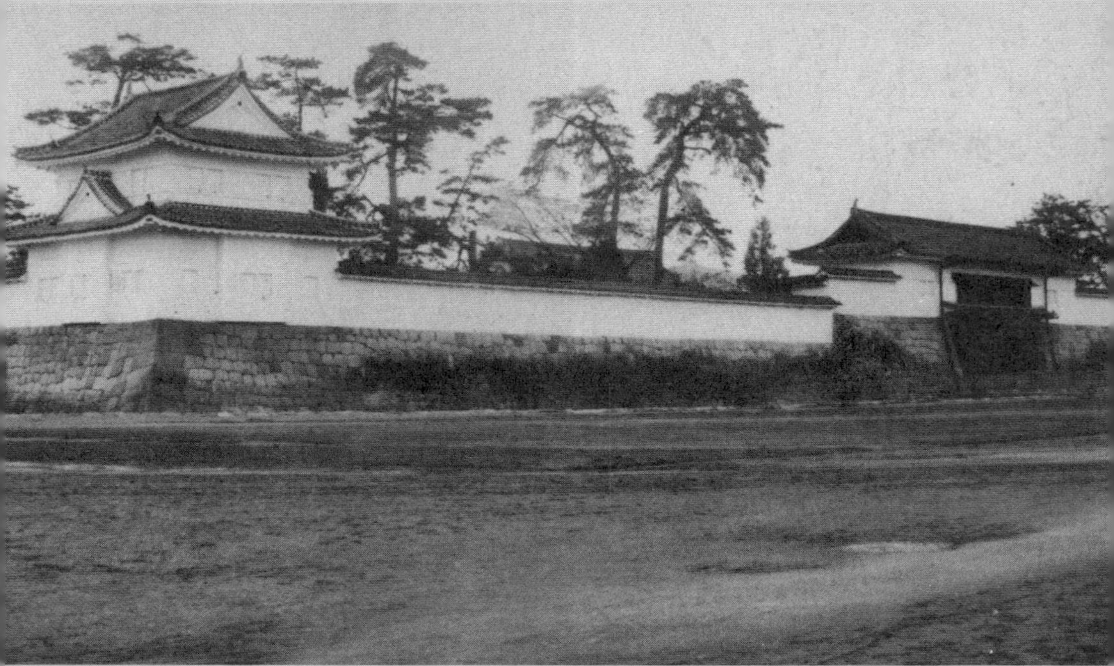

◀ 니조조는 교토의 쇼군 저택이다. 오다 노부나가가 쌓은 최초의 니조조는 소실되고 현재는 도쿠가와 이에야스가 지은 건물이 남아 있다.
(위) 에도 시대 말기 동판화에 묘사된 니조조.
(아래) 19세기 말의 니조조.
▲ 오다 노부나가가 죽은 장소인 혼노지. 그러나 당시 혼노지는 아부라코지에 있었고, 도요토미 히데요시가 현재의 데라마치로 옮겼다.

에도 시대에 들어 전쟁이 사라지면서 방어의 필요성이 줄어들자, 사원과 사원 사이는 물론 토성 밖에도 민가가 들어서기 시작했다. 데라마치의 모습이 바뀌게 된 것이다. 메이지 초기에는 거리도 지금과 비슷한 정도로 넓어졌다.

교토 시내에 나갈 때마다 데라마치를 걸었다. 이곳에는 수백 년에 걸쳐 고급 문구와 차를 팔고 있는 구쿄도(鳩居堂), 고바이엔(古梅園), 잇포도(一保堂) 등의 가게가 자리잡고 있어, 묵향과 차향이 기분을 상쾌하게 해준다. 아무튼 현재 교토의 공간구조는 도요토미 히데요시가 다시 만들었다고 해도 과언이 아니다. 그렇지만 교토를 찾는 한국 사람이 거리에서 도요토미 히데요시의 자취를 느끼는 경우는 별로 없는 것 같다.

사치의 극치, 히데요시의 주라쿠다이

오늘날의 교토는 간무덴노가 794년에 헤이안쿄로서 창건한 황도의 유적이 아니라 도요토미 히데요시가 관백(關白)에 취임한 1585년부터 새로 개조한 조카마치의 유적이다. 교토의 구석구석에는 도요토미 히데요시와 관련이 있는 사원과 신사가 남아 있고, 그를 떠올리게 하는 지명도 적잖다.

오늘날 교토에서 사람이 가장 많이 모여 북적대는 거리는 4조가와라마치도리(四條河原町通) 부근으로, 특히 젊은이들이 모이는 거리다. 교토시의 인구는 약 150만 명인데, 그중 약 10퍼센트가 대학생이다. 이 간단한 수치만 보더라도 교토가 교육의 도시임을 금방 알 수 있다. 교토에는 교토대학(京都大學), 도시샤대학, 리쓰메이칸대학(立命館大學) 등 한국에 비교적 잘 알려진 대학 외에도 수없이 대학이 많다. 대학의 학생이나 직원이 회식이나 쇼핑을 위해 주로 드나드는 곳이 바로 가와라마치도리 부근이다.

가와라마치도리 한가운데서 남북으로 뻗어 있는 거리가 데라마치도리(寺町通)다. 투명한 플라스틱 지붕이 덮여 있어 비가 오나 눈이 오나 쇼핑을 즐길 수 있다. 이 거리를 북쪽으로 올라가면 덴노가 거주한 고쇼를 왼편으로 끼고 돌 수 있다. 이 번화한 거리의 곳곳에도 고색창연한 절집이나 신사가 입을 벌리고 있다. 빌딩 속에 파묻혀 있기 때문에 여간 주의하지 않으면 그냥 지나치기 십상이다. 오다 노부나가가 부하 아케치 미쓰히데에게 죽임을 당한 혼노지도 데라마치의 일각에 숨어 있다. 이 데라마치도 도요토미 히데요시가 불과 2~3년 만에 조성한 것이다. 무소불위의 권력자가 아니면 실행할 수 없는 도시 개조였다.

도요토미 히데요시가 자신의 거처인 주라쿠다이를 조성하기 시작한 때는 관백에 취임한 다음 해였다. 당시는 1583년부터 시작된 도요토미 가문의 근거지 오사카 성(大阪城) 축성 공사가 한창일 때였다. 주라쿠다이의 재목은 시코쿠와 간토 등에서 조달되었고, 석재와 식목(植木)은 여러 다이묘에게서 징발했다. 공사에 동원된 인부는 오사카 성의 7~8만 명보다 주라쿠다이 쪽이 오히려 더 많았다. 그 결과 신저는 6개월 만에 완성되었다.

주라쿠다이의 부지는 북쪽으로 1조거리에서부터 남쪽으로 2조거리까지였고, 동쪽의 호리카와(堀川)부터 서쪽의 오미야도리(大宮通)에 이르렀다. 오사카 성의 3리(里) 8정(町)에는 미치지 못했지만, 이후 거의 같은 곳에 세워진 도쿠가와 이에야스의 니조조에 비하면 훨씬 더 웅장했다. 건물도 혼마루(本丸), 니노마루(二の丸), 기타노마루(北の丸), 니시노마루(西の丸) 등이 배치되어, 저택이라기보다 성곽의 모습을 띠었다. 부엌까지 금칠로 장식했는데, 도요토미 히데요시가 즐겨 이용했던 황금 다실은 특히 유명했다. 사치를 탐했기 때문에 주라쿠다이는 건물뿐만 아니라 식기와 생활용기도 금을 듬뿍 사용하여 호화롭기 그지없었다.

도요토미 히데요시는 1587년 규슈 정벌을 끝내고 교토에 돌아와 주라쿠다이에서 정무를 보았다. 이곳을 정권의 상징으로 내세우기 위해 고요제이텐노(後陽成天皇)의 행행(行幸)을 받았다. 그 규모는 경비인원만 6000여 명에 이르러 선두가 주라쿠다이에 도착해도 후미는 고쇼에 머무를 정도였다. 주연(酒宴), 관현(管絃), 화가(和歌), 음곡(音曲) 등이 사흘 이상 계속되고, 텐노에게 은 5만 냥, 공경에게는 쌀 8000석이 분배되었다. 도요토미 히데요시는 주연에 참례한 모든 다이묘에게 조정을 존숭하고 관백에 충성할 것을 맹세하게 함으로써, 무사와 조정에 자신의 권위를 뽐내고 정권의 안정을 과시했다.

주라쿠다이의 동상이몽

주라쿠다이는 도요토미 히데요시가 조선에 임진왜란의 도발을 기정사실로서 예고한 비극의 장소이기도 하다. 조선정부는 일본과 조선 사이의 경계인(境界人)으로서 살아남기 위해 발버둥쳤던 쓰시마(對馬)의 책략에 따라 도요토미 히데요시에게 통신사를 파견했다. 정사(正使) 황윤길(黃允吉)과 부사(副使) 김성일(金誠一) 등은 1590년 11월 7일 주라쿠다이에서 도요토미 히데요시를 만났다.

도요토미 히데요시는 방자하기 그지없었다. 국사(國使)에 대한 접대가 소홀했을 뿐만 아니라 행동거지가 무례하기 짝이 없었다. 게다가 통신사를 까무러칠 정도로 놀라게 만든 것은, 도요토미 히데요시가 지금부터 명나라를 치러갈 테니 조선은 길을 안내하라는 요구였다. 도요토미 히데요시가 이렇게 안하무인(眼下無人)의 태도를 보인 것은 그의 끝없는 대외정복 욕망 때문이었다. 그 밖에도 예로부터 조선은 쓰시마의 속국으로서, 이번에도 자신에게 조공을 바치기 위해 사신을 파견했다는 오해도 한몫했다. 잘못된 정보가 잘못된 판단을 하게 만든 것이다.

그런데 더욱 어처구니없는 것은 1591년 봄 조선에 돌아간 통신사의 보고와 이것을 듣고 취한 조선정부의 자세였다. 정사 황윤길은 도요토미 히데요시의 언동이 심상치 않은 데다가 그의 군대가 아주 잘 훈련되어 있어서 곧 침략해올 것이라고 복명(復命)했다. 반면 부사 김성일은 도요토미 히데요시가 일부러 꾸민 엄포와 허세에 불과하므로 침략의 징조로 볼 수 없다고 반론했다. 같은 자리에서 같은 상황을 지켜본 한 나라의 두 사절이 서로 정반대의 복명을 한 것이다. 당파의 이익에 눈이 멀어 국가의 안보를 내팽개친 셈이다. 정권다툼과 무사안일에 빠져 있던 조선정부는 실권파였던 동인(東人) 김성일의 견해를 받아들여 마지막 순간까지 평화의 단잠을 즐겼다. 1591년 9월, 도요토미 히데요시는 다음 해 3월에 조선을 침공할 테니 전국의 다이묘들은 만반의 준비를 하라고 명령했다. 그리고 조선과 가까운 규슈 북쪽 해안의 나고야에 발진기지를 건설하기 시작했다. 나고야성은 그해 10월부터 축성에 들어가 이듬해 3월에 완공되었다.

한 나라의 지도자가 국제정세와 국제관계를 잘못 파악하고 엉뚱한 판단과 결정을 내리면 국가와 백성이 얼마나 무고한 희생을 치르는가를 도요토미 히데요시와 선조(宣祖)의 경우처럼 극명하게 보여주는 사례도 드물 터이다. 모름지기 나라의 지도자는 안팎 세상이 돌아가는 상황을 정확히 읽고 현실에 적합하게 대처해야 한다. 지도자가 무지하거나 선입견에 사로잡혀 그릇된 선택을 하면 나라를 멸망으로 이끌고 백성을 도탄에 빠트린다. 우리는 왜 지금도 이러한 역사의 교훈에서 배우지 못하고 있을까? 한반도를 둘러싼 강대국의 이해대립이 날로 첨예해지는데, 정치세력은 정쟁과 언쟁만 일삼고 있다.

꽃이 피면 지는 것처럼 호화찬란한 주라쿠다이도 곧 그 명을 다하게 되었다. 도요토미 히데요시가 조카 히데쓰기(秀次)에게 관백의 자리를 물려주고 오사카로 옮겨간 뒤, 주라쿠다이는 잠깐 히데쓰기의 거처가 되었다. 그러나 도요토미 히데요시는 1595년에 못미더운 히데쓰기를 고야산으로 추방하여 자살하게 하고, 나쁜 인상이 박힌 주라쿠다이를 부수도록 명령했다. 이때 그곳의 건물들은 사방으로 이축(移築)되었는데, 그 일부가 후시미 성(伏見城)으로 옮겨졌으나 이것마저 나중에 폐멸되어 흔적을 찾기 어렵다. 다이도쿠지(大德寺)의 당문(唐門)과 니시혼간지(西本願寺)의 히운가쿠(飛雲閣)가 그 유구(遺構)라고 한다.

도요토미 가문의 영욕을 지켜본 호코지

호코지(方廣寺) 부지는 도요쿠니 신사(豊國神社)의 경내와 맞닿아 있다. 거대한 바위로 담장 초석을 쌓은 도요쿠니 신사는 교토국립박물관 정문의 북쪽 담에 연결되어 있는데, 도요토미 히데요시가 신으로 모셔진 신사다. 7조(七條) 야마토 대로(大和大路)가 그 앞에 펼쳐져 있고, 조선인의 귀와 코를 베어다 묻은 이총(耳塚)도 그 옆에 자리 잡고 있다. 도요토미 히데요시는 이곳에 나라(奈良)의 도다이지(東大寺)•보다 더 큰 호코지 대불전(大佛殿)을 세웠다.

본격적으로 대불전을 만들기 시작한 때는 1588년이었다. 큰 바위를 시코쿠 등지에서 옮겨오고, 교토에서 4000명을 동원하여 수레에 술을 싣고 피리를 불고 대북

• 나라현 나라시에 있는 일본 화엄종(華嚴宗)의 대본산이자 세계문화유산으로 지정된 사찰. 745년에 처음 창건됐고, 1709년에 다시 세워진 세계 최대의 목조 건물이다. 높이 15미터, 무게 25톤의 거대한 불상이 안치된 대불전으로 유명하다.

을 치고 춤을 추며 시주하는 공연을 펼쳤다고 한다. 도요토미 히데요시는 같은 해 농민의 칼과 철포를 거둬들이는 도수령(刀狩令)을 반포하여 무사와 농민을 분리했다. 도수령으로 압수한 무기들은 대불전을 조영하는 재료로 활용되었다.

대불은 처음에 동(銅)으로 만들 계획이었는데, 완성을 서둘다 보니 도중에 칠교(漆膠)로 방향이 바뀌었다. 그런데 1594년 후시미 지역에 대지진이 일어났을 때 대불전은 무사했지만 거의 완성된 대불이 부서졌다. 도요토미 히데요시가 죽은 후, 그의 아들 히데요리(秀賴)가 도쿠가와 이에야스의 권유로 1599년에 공사를 재개했지만, 이번에는 화재가 일어나 완성 직전의 대불은 물론 대불전마저 불타버렸다. 히데요리는 1608년부터 다시 대불 조립을 시작했다. 동체(銅體)에 금박을 입힌 대불을 안치한 대불전의 높이는 50미터가 넘는다. 대불전과 대불 건조사업의 마지막 작업으로서 1615년에 동종을 만들었다.

대불전과 대불은 1662년 대지진으로 모두 붕괴되었다. 이때 생긴 대불의 파편으로는 동전을 만들었다. 그 후 다시 부흥공사가 시작되어, 이번에는 목조(木造)에 금칠(金漆)한 불상이 만들어지고 대불전도 완성되었다. 그러나 교토의 자랑이었던 호코지 대불전은 1799년 낙뢰(落雷)로 완전히 소실되었다. 동종만 용케 살아남아 지금도 부지 내의 종각에 걸려 있다.

그런데 호코지 동종은 '국가안강 군신풍락(國家安康 君臣豊樂)'이라는 명문(銘文)이 새겨져 유명하다. 이 문장으로 도요토미 가문의 멸망이 초래됐다. 사연은 이렇다. 도쿠가와 이에야스의 가까운 신하 한 사람이 이 범종의 명문 중에 간토(關東)를 저주하는 불길한 문구가 있다고 이의를 제기했다. '國家安康 君臣豊樂'이라는 문구에서, '國家安康'은 일부러 '家康'의 두 자를 떼어 놓았고, '君臣豊樂'은 '豊臣'의 번영을 뜻한다고 모함한 것이다. 물론 정치판에 언제나 있는 음모가 꾸며낸 해석이었지만, 도쿠가와 이에야스는 이 모함을 그럴듯하게 받아들여 보름 뒤로 예정된 대불전과 대불의 낙성 경축 법요를 중단시켰다. 그리고 오사카 성을 겨울과 여름에 두 차례 공격하여 도요토미 가문을 멸망시켰다.

호코지 동종의 명문을 핑계 삼아 도쿠가와 이에야스가 오사카 성을 공격하여 도요토미 가문을 멸망시켰을 때 도요쿠니 신사도 파괴되었다. 호코지 종은 오늘날에도 그 자리에 매달려서 권력다툼의 잔혹함을 증언하고 있다. 음험한 계략이 배어 있는 위의 명문에는 흰 페인트가 칠해져 있기 때문에 누구나 쉽게 알아볼 수 있다. 호코지 터와 그 앞의 이총(耳塚)에 자주 들렀는데, 그때마다 히데요시에게 코와 귀를 잘린 조선인의 원혼이 도요토미가를 멸망으로 이끌지 않았나 생각하곤 했다.

히데요시의 마지막 거처, 후시미 성

도요토미 히데요시는 전국을 통일한 뒤 1593년에 후시미에 거처를 건설하기 시작했다. 전해에 히데쓰기에게 관백을 양보했으니 물러나 은거할 성이 필요했기 때문이다. 1595년, 완성된 후시미 성으로 이사한 도요토미 히데요시는 곧 전국에서 인부 25만 명을 동원하여 성을 개수하기 시작했다. 요도 성(淀城)에서 천수(天守)와 시창(矢倉) 등을 옮겨와 본격적으로 성곽을 만들었다.

1596년 대지진으로 후시미 성이 무너지자, 도요토미 히데요시는 후시미야마라 불리는 모모야마 구릉의 정상 부근에 성을 재건했다. 후시미 성은 천수, 혼마루, 니시노마루 등의 성곽의 중심부 구조물과 외연을 갖췄다. 해자를 두른 것은 물론이고 운하를 연결해 선박의 출입이 가능하도록 했다. 후시미는 성을 건설하기 이전에는 구쿄(九鄕)라 불렸던 농촌이었지만, 성이 건설되면서 번화한 조카마치로 변모했다.

후시미 성은 전국을 통일한 도요토미 히데요시가 만든 마지막 성이자 죽음을 맞은 곳이기도 하다. 도요토미 히데요시의 사후 실권을 장악한 도쿠가와 이에야스는 후시미 성을 대대적으로 수리했다. 그리고 자신과 아들 히데타다(秀忠)가 이 성에서 쇼군에 취임도 했다. 따라서 후시미 성은 도요토미 시대부터 도쿠가와 바쿠후 초창기까지 전국동란(戰國動亂)을 마무리 지은 정치무대였던 셈이다.

후시미 성은 또한 임진왜란(1597) 때 남원 전투에서 우키다 히데이에(宇喜多秀家) 군대에게 잡힌 병조좌랑 강항(姜沆)이 시코쿠의 오쓰(大洲)에 끌려왔다가 옮겨 산 곳이다(1598). 그는 이곳에서 2년

여에 걸쳐 일본인에게 주자학을 가르쳐서 근세 일본 유학의 선구자가 되었다. 근대에 들어서는 조선인 노동자가 이곳에서 벌어진 메이지덴노릉의 조성공사에 참가했다. 이처럼 후시미 성은 조선과 기구한 인연이 이어진 장소다.

도쿠가와 바쿠후의 정세가 안정되자 다이묘의 거성(居城)도 아닌 후시미 성의 필요성은 점점 사라졌다. 그리하여, 1623년 도쿠가와 바쿠후 3대 쇼군 이에미쓰(家光)가 이 성에서 취임식을 거행한 후 폐성이 되었다가 해체되었다. 성이 있던 후시미 산은 복숭아나무가 군생하여 모모야마(桃山)이라고 불린다. 후시미 성은 아즈치 모모야마 시대를 대표하는 성이었지만, 지금은 성의 유구(遺構)가 있던 곳에 메이지덴노릉이 자리잡아 그 전모조차 알 수 없게 되었다. 쇼군과 덴노가 번갈아 깔고 앉은 그 자리에 갈 때마다 권력과 세월의 무상함을 실감했다.

다이고지와 히데요시의 벚꽃놀이

후시미 성 가까운 곳에 다이고지(醍醐寺)가 있다. 이 절은 874년에 창건되었는데, 교토 부내에서 가장 오래된 목조건축물인 5층탑을 비롯해 많은 국보와 중요 문화재를 거느리고 있다. 진언종(眞言宗) 다이고지파의 총본산이다. 1994년에 세계문화유산으로 지정되었을 정도로 웅대하고 아름답다.

다이고지는 1598년 도요토미 히데요시가 죽기 직전에 가족을 거느리고 성대하게 벚꽃놀이를 즐긴 곳으로 유명하다. 우리의 감각으로는 무장들이 절에서 술판을 벌이고 춤을 추는 일을 용납하기 힘들지만, 다이고지는 이를 기념하여 매년 4월 두 번째 일요일에 경내에서 그 풍경을 재현하는 화려한 잔치를 벌인다. 쇼군의 꽃놀이 행렬(太閤花見行列)은 화려하기로 정평이 나 있어, 관광객으로 북새통을 이룬다. 돈벌이라면 죽은 도요토미 히데요시라도 살려내는 것이다.

일본의 벚꽃놀이 전통은 도요토미 히데요시가 시작했다. 그는 전란에 지친 무사들을 위로한다는 명목으로 유력한 다이묘들을 거느리고 나라의 요시노(吉野)에 가서 벚꽃을 감상하며 연회를 열었다. 요시노는 예부터 역사와 경관으로 이름난 곳이다. 세계문화유산으로 지정된 긴부센지(金峯山寺) 조오도(藏王堂)는 높이가 34미터로, 목조건축으로는 도다이지에 버금가는 규모이며 슈겐도(修驗道)의 총본산이다. 이 절에서 요시노 산으로 올라가는 산등성이에 요시나가 신사(吉永神社)가 있다. 원래 승방이었는데, 메이지 유신 때 폐불훼석(廢佛毀釋)*의 소용돌이 속에서 신사로 바뀌었다. 노송 껍질로 이은 지붕이 아름다운 일본 최고(最古)의 서원(書院) 양식 건물이다. 가마쿠라 바쿠후를 세운 미나모토노 요리토모(源賴朝)의 동생 요시쓰네(義經)가 심복 벤케이(弁慶)를 데리고 숨어 들었던 곳이다. 또 고다이고덴노(後醍醐天皇)가 이곳에서 교토의 북조 조정에 대항하며

* 일본의 고유 민족신앙으로 선조나 자연을 숭배하는 신도(神道)와 불교를 분리하고자 했던 메이지 정부의 '신불분리령(神佛分離令)'으로 촉발된 전국적인 불교 배척과 유물 파괴 운동.

남조를 세웠다가 패했다. 도요토미 히데요시는 전국을 통일한 후 도쿠가와 이에야스, 다테 마사무네(伊達政宗), 마에다 도시이에(前田利家) 등 휘하 장수를 거느리고 요시노에서 벚꽃놀이를 즐겼다.

그런데 도요토미 히데요시는 멀리 요시노까지 출타하여 벚꽃놀이를 즐기기가 귀찮았다. 그리하여 다이고지에 벚나무를 옮겨 심도록 지시했다. 그의 명령에 맞추기 위해 꽃망울이 맺힌 벚나무를 급히 옮겨 심었기 때문에 꽃은 한 달이나 늦게 피었다고 한다. 그 후 도요토미 히데요시는 다이고지에서 술판을 벌이면서 벚꽃을 감상했다.

도요토미 히데요시의 벚꽃놀이는 점차 일본인의 연중행사로 자리 잡았다. 에도 시대에는 그를 흉내 내어 서민층에서도 벚꽃놀이가 유행하기 시작했다. 벚꽃놀이의 특징은 무리를 지어 음식을 먹고 마시며 춤추고 떠드는 것이다. 그렇게 하려면 서민층이 경제적으로나 시간적으로나 여유가 있어야 한다. 그리고 먹을거리를 상하지 않게 들고 다닐 만한 도시락 문화가 보급되거나 숙식을 제공할 만한 여관시설이 갖춰져야 한다. 일본에서는 이미 400여 년 전에 벚꽃놀이와 관광여행의 싹이 텄다고 하니 대견한 일이다. 더구나 대규모 토목공사를 일으켜 수많은 백성을 괴롭혔던 도요토미 히데요시가 새로운 여가문화의 씨를 뿌렸다니 역사의 장난이 아닐 수 없다.

다이고지는 경내가 넓어 다 돌아보기 어려워서, 산보인(三寶院)만 들렀다. 다이고지는 무척 장엄한 절이지만, 정치권력과 결탁하여 음주가무(飮酒歌舞)를 피로(披露)한 점에서는 타락했다고 할 수도 있겠다. 방문했을 때가 벚꽃의 끝물이어서 화장이 흐트러진 여인의 얼굴을 보는 듯했다.

산보인의 건조물은 대부분이 중요문화재로 지정되어 있다. 그 중에서도 정원 전체를 건너다볼 수 있는 효쇼인(表書院)은 침전건조양식(寢殿建造樣式)으로 알려진 모모야마 시대를 대표하는 건물이다. 국가의 특별사적·특별명승으로 지정되어 있는 이 정원은, 1598년에 도요토미 히데요시가 벚꽃놀이를 위해 스스로 설계한 건물로 화려한 분위기를 잘 보여주고 있다. 효쇼인(表書院)과 그 칙사문(勅使門)인 당문(唐門)은 국보로 지정되어 있다. 정원의 한가운데에는 이 절의 정비와 수복에 진력한 도요토미 히데요시의 영령을 도요쿠니 대명신(豊國大明神)으로 떠받드는 신사가 세워져 있다. 승려는 효쇼인과 정원의 사진촬영을 엄하게 금지했다. 사진을 찍으면 건물과 정원이 훼손되느냐고 물었더니 그렇다고 대답했다. 도요토미 히데요시만큼이나 고약한 인심이다.

다이고지에는 그밖에도 약사당(藥師堂), 오층탑, 약사삼존상(藥師三尊像), 오층탑벽화 등이 국보로 지정되어 있다. 상하 두 구역으로 나뉘어 있는 이 절의 경내에는 80여 개의 당탑(堂塔)이 즐비하다. 국보와 중요문화재가 650여 점이나 있다. 오닌의 난 때 대부분 소실되었는데 도요토미 히데요시의 귀의를 받아 재흥했다.

다이고지의 이름이 된 '제호(醍醐)'라는 단어는 원래 오미(五味)의 마지막 맛으로서, 젖을 정제하여 얻을 수 있는 가장 맛있는 음식을 의미한다. 불교에서는 최고의 진리를 이에 빗대어 말한다. 다이고지는 이름에 걸맞게 일본의 불교, 미술, 건축, 풍속의 정수를 압축하여 보여준다. 도요토미 히데요시는 귀족들에 비해 처지는 자신의 문화적 소양을 보완하고 전쟁에 찌든 백성에게 잠시나마 위안을 주기 위해 다이고지에서 벚꽃놀이를 열었다. 그 덕택인지는 몰라도, 다이고지는 지금도 일본 서민이 즐기는 벚꽃놀이의 명소가 되어 있다.

센 리큐를 죽인 히데요시의 열등심리

주라쿠다이의 흔적이 남아 있는 다이도쿠지(大德寺)는 일본 다도를 대성한 센 리큐(千利休, 1522~1591)의 거처로도 유명하다. 센 리큐는 사카이(堺)의 상인가문 출신으로, 일찍부터 차를 배워 그 문화에 익숙했다. 그는 다이도쿠지에서 계(戒)를 받았는데, '리큐'라는 이름은 도요토미 히데요시가 1585년 다이다이리(大內裏)에서 다회(茶會)를 열었을 때 그 후견을 맡은 공로로 덴노가 내린 것이다. 그는 도요토미 히데요시의 차 선생이자 정치에 대한 조언자로서 활약했다. 그런데 도요토미 히데요시는 휘하의 무장인 이시다 미쓰나리(石田光成)가 센 리큐를 배척하자, 1591년 그를 사카이에 보내 근신하도록 한다. 그리고 그를 곧 교토에 호송하여 자택 안의 불심암(不審庵)에서 배를 가르도록 했다. 그때 리큐의 나이 일흔이었다. 그의 목은 1조의 다리 위에 내걸렸다. 그의 죄상은

▲ 도요토미 가문이 조성한 호코지 동종. 도쿠가와 이에야스에게 도요토미 가문이 멸문 당하는 빌미가 된 명문 '국가안강 군신풍락(國家安康 君臣豊樂)'이 새겨져 있다.
▶ 도요토미 히데요시가 벚꽃놀이를 즐겼던 다이고지.

▲ 도요쿠니 신사의 정경. 도요토미 히데요시가 신으로 모셔진 곳이다.
◀ 다이도쿠지 정원의 조선 석등. 센 리큐가 도요토미 히데요시에게 주지 않으려고 일부러 깨뜨렸다는 일화가 전해온다.

다이도쿠지의 루상에 자신의 목상(木像)을 얹어놓은 것이 참월(僭越)하다는 것, 다두의 자리를 이용하여 다기(茶器)를 팔아 사사로운 이익을 채웠다는 것 등이었다.

그렇지만 그것은 어디까지나 구실일 뿐이고, 문화적 콤플렉스에 시달리고 있던 도요토미 히데요시가 센 리큐의 고고한 취미를 용납할 수 없었기 때문일 터이다. 도요토미 히데요시는 밑바닥 인생에서 출발하여 권력의 최고 자리까지 올랐다. 그렇지만 자라면서 문화에 대해 보고 듣고 배운 것이 별로 없어 문화인에 대한 열등감이 강했다. 희대의 풍운아도 출신성분의 한계는 벗어날 수 없었던 모양이다. 도요토미 히데요시는 센 리큐 등과 다도나 꽃꽂이를 논하고 무장과 승려 등을 불러모아 벚꽃놀이를 즐겼지만, 가슴에 맺힌 자격지심을 완전히 씻을 수는 없었다. 그리하여 센 리큐의 고상한 취미를 고깝게 여겨 자결을 명하게 된 것이다.

한번은 이런 일이 있었다. 도요토미 히데요시는 센 리큐의 집 뜰에 나팔꽃이 만개했다는 소문을 듣고 찾아가보았다. 그러나 나팔꽃은 어디에도 없고, 그의 다실에 들어가보니 단 한 송이의 나팔꽃이 상 위에 꽂혀 있었다. 이것을 센 리큐의 조촐한 미의식을 보여주는 한 예라고 받아들였으면 그만이다. 그런데 화려한 것을 좋아하는 도요토미 히데요시는 치미는 울화를 억제할 수 없었다. 진작부터 히데요시는 리큐가 투박한 흙색 찻잔으로 대접하는 것을 좋아하지 않았다. 황금 찻잔을 사용했던 히데요시의 취향과 막사발 같은 찻잔을 좋아했던 리큐의 취향이 서로 맞을 리가 없었다. 두 사람의 이런 문화의식의 차이가 리큐를 죽음으로 내몰았다.

나팔꽃이 필 무렵 가랑비를 맞으며 다이도쿠지의 다이젠인(大仙院)을 찾아갔다. 이곳은 무로마치 시대를 대표하는 가레산스이 정원과 방장 건축을 가지고 있다. 바위와 모래가 어우러져 있는 이 정원은 폭포에서 발원한 물이 냇물과 강물을 이루고 마침내 바다로 흘러드는 과정을 잘 묘사하고 있다. 정원이 방장 건물을 둘러싸고 있기 때문에 복도를 한 바퀴 돌면서 감상하게 되어 있다. 낙차를 절묘하게 배치한 것이 인상적이었다.

국보로 지정된 방장의 방 한 칸에는 도요토미 히데요시가 센 리큐와 차를 마시며 한담하던 정경이 재현되어 있었다. 상 위에 나팔꽃 한 송이가 꽂혀 있었던 것이다. 시공(時空)을 뛰어 넘는 기발한 연출에 혀를 내둘렀다.

나무숲에 가려진 다이젠인 정원의 일각에는 조선 석등이 반쯤 깨진 채 이끼를 뒤집어쓰고 서 있었다. 석등을 보니 도요토미 히데요시와 센 리큐에 관한 또 다른 일화가 떠오른다. 센 리큐는 조선 석등을 달라고 은근히 압박하는 히데요시의 요구를 거절하기 어려웠다. 그렇다고 해도 문화 면에서 오만하고 고고했던 리큐는 히데요시의 천박함에 굴복하기 싫었다. 그리하여 리큐는 일부러 칼로 석등을 내리쳐 반쯤 깨버렸다. 권력자의 무도한 종용을 피할 수 있는 구실을 만들기 위해.

한 나라의 지도자는 무릇 교양이 있어야 한다. 그렇지 않을 바에야 콤플렉스를 혼자서 삭일 수 있을 정도의 도량을 가져야한다. 그것은 저절로 갖춰지는 게 아니라, 수양과 수련이 필요하다. 자기를 닦은 후에야 남을 다스린다는 뜻의 수기치인(修己治人)이라는 말은 이래서 생긴 것이다. 오늘의 한국에도 꼭 필요한 교훈이다.

다이도쿠지의 고도인(高桐院)은 센 리큐 등이 다도를 발전시킨 곳으로 유명하지만, 정원의 단풍 또한 일품이다. 리큐의 무덤 근처에는 임진왜란 때 가토 기요마사(加藤淸正)가 조선에서 가져온 나성문 주춧돌도 고즈넉하게 놓여 있었다. 다이도쿠지는 조선의 통신사가 머물던 사원이기도 하다. 황윤길 일행은 임진왜란 직전인 1590년 7월부터 이 절에 묵으면서 도요토미 히데요시를 만날 날을 기다렸다.

센 리큐의 아들은 불심암을 지키며 다도를 전수하여 교토의 다문화를 지키는 뼈대가 되었다. 다도에는 일본의 전통적 미의식과 손님을 접대하는 마음이 배어 있다. 각종 다기를 만드는 공예기술은 다도가 이어지는 가운데 길러지고 발달했다. 헤이안 시대 이래 정치와 경제의 중심지였던 교토는 고도로 발전한 공예기술로 제품을 만들어 전국에 팔았다. 교토에는 지금도 전통기술을 전수하고 배양하는 모체가 되는 기술집단이 많이 모여 살고 있다. 교토부청 앞에서 3조도리까지 남북으로 달리는 가만자도리(釜座通)와 가만초(釜座町)가 그곳이다. 이 길 역시 도요토미 히데요시가 교토를 개조하며 만든 거리다.

교토에 떠도는
조선인의 원혼

임진왜란의 발원지 교토

도요토미 히데요시는 1592~1598년 동안 20만 명의 군대를 동원하여 조선을 침략했다. 이 전쟁이 바로 임진왜란이다. 임진왜란에서 일본군은 조선의 국토를 짓밟고, 사람을 살상하고, 성곽과 선박을 파괴하고, 건물과 전적을 불태우고, 문물을 약탈하고, 여인을 겁탈하고, 사람과 짐승을 잡아가는 등 아비규환의 지옥을 보여주었다. 일본인들은 이 잔악한 침략전쟁을 400여 년 전에 벌어진 옛 일일 뿐이라고 가벼이 여기지만, 한국인들은 아직도 치유되지 않은 원한의 '왜란'이라고 무겁게 상기하고 있다. 이 명칭에는 치욕과 분노와 저주와 경멸의 의미가 포함되어 있다.

보통 국가 간의 전쟁이란 쌍방 간의 대립이나 충돌로 발생하는 것이다. 그렇지만 임진왜란은 도요토미 히데요시의 동아시아 정복욕망이나 과대망상 혹은 잘못 입력된 국제인식에서 촉발되어 일방적으로 조선을 침략한 전쟁이었다. 인류사에서 명분도 실리도 없이 그저 야만적인 살육과 방화와 약탈과 파괴만이 되풀이된 전쟁으로서 임진왜란만한 사례가 또 있을까?

그런데 교토가 임진왜란의 발원지였다는 사실을 아는 한국인은 거의 없는 것 같다. 1592년 3월, 교토는 도요토미 히데요시의 명령에 따라 전국에서 결집한 각 다이묘의 군대들로 시끌벅적했다. 사람과 물자가 넘쳐나고, 장병의 활기(活氣)와 살기(殺氣)가 번뜩였다. 3월 17일 다테, 도쿠가와, 마에다 등이 이끄는 군대가 거대한 군세를 뽐내며 교토를 출발했다. 집결지는 규슈 최북단 해안에 구축한 나고야 성이었다. 도요토미 히데요시가 주라쿠다이를 출발하여 나고야로 향한 것은 3월 26일이었다. 교토 사람들이 연선에 구름같이 모여들어 환호성을 지르며 무운장구(武運長久)를 기원했음은 말할 필요도 없다.

조선인의 귀와 코를 묻은 이총

히가시야마(東山) 7조, 즉 교토국립박물관과 호코지 사이의 탁 트인 야마토 대로 주변을 걷다보면, 정상적인 역사교육을 받은 한국인으로서는 끓어오르는 분노와 슬픔을 억제할 수 없는 곳이 있다. 이름하여 이총(耳塚), 곧 임진왜란 때 일본군이 군공(軍功)의 증거로 조선인의 귀와 코를 베어다 묻은 무덤이다. 그곳을 몇 차례나 참배했는데, 갈 때마다 한국인과 일본인의 역사인식이 이렇게나 다르구나 하는 점을 절실하게 느꼈다. 그러면서도 무덤 앞에 항상 꽃이 바쳐져 있는 것을 보고 그나마 조금은 마음이 놓이는 경험을 하곤 했다.

일본군이 조선인의 코와 귀를 벤 것은 임진년(1592)의 침략 때부터였지만, 이런 만행을 본격적으로 자행한 것은 정유년(1597)의 재침 때였다. 침략군은 처음에 전승의 증거로서 조선인의 목을 도요토미 히데요시에게 보냈으나 부피가 커서 많이 보낼 수 없었기 때문에 귀로 바꾸었다. 그러다가 한 사람이 두 개씩 가지고 있는 귀로써는 살상의 숫자를 부풀릴 가능성이 있다 하여 코를 베어 보내는 방향으로 전환되었다.

군진에 따라서는 병사 1인당 코 3개 이상을 베도록 할당된 경우도 있었다. 일본군은 조선인의 코와 귀를 소금이나 식초에 절여 자루나 통발에 담아 침략군의 발진기지였던 나고야 성을 거쳐 교토의 도요토미 히데요시에게 보냈다. 도요토미 히데요시 휘하의 검수관(軍目付)은 그 수를 세어 영수증(鼻受取狀)을 발행하고 논공행상(論功行賞)의 자료로 삼았다.

자루나 통발 하나에 1000~3800명분이 담겨 있었다. 도요토미 히데요시군은 이것을 마차에 싣고 오사카와 교토 등지를 돌면서 민중에게 보여줌으로써 도요토미 히데요시의 승리와 무위(武威)가 얼마나 위대한가를 각인시켰다. 후루카와(吉川) 집안에 전해

오는 기록에 따르면 40일도 안 되는 기간에 3만 1000명의 코를 베었다 하니, 살상당한 사람의 전체 숫자가 얼마나 될지는 짐작할 수도 없다.

보통 임진왜란을 통해 일본군에 학살되거나 기아와 질병으로 사망한 조선인이 100만~150만 명이라고 한다. 당시 인구의 5분의 1 내지 4분의 1에 해당한다. 일본군에게 코와 귀를 베인 조선인은 적어도 10만 명, 강제로 일본에 끌려 간 피로인(被虜人)은 9만~14만 명이나 된다. 그리하여 전쟁이 끝난 뒤에도 오랫동안 조선의 거리에는 귀와 코가 없는 상해자(傷害者)가 넘쳐났다. 반면, 일본에서는 조선인 피랍자(被拉者)가 사역(使役)당하는 모습이나 호곡(號哭)하는 소리가 끊이지 않았다. 그만큼 도요토미 히데요시의 조선침략은 잔악무도의 극치였다.

도요토미 히데요시는 1597년 9월 27일 조선인의 귀와 코를 확인한 뒤 호코지 대불전의 서쪽에 묻고, 봉분 위에 오륜탑을 세웠다. 그리고 교토5산의 승려 400명에게 공양(供養)하도록 했다. 겉으로는 원혼을 달래기 위해 자민심(慈愍心)을 베푸는 것처럼 보였지만, 실은 자신의 군공을 선전하려는 속셈이었다. 교토의 이총에는 어림잡아 4만여 개의 귀와 코가 묻혀 있다. 나머지는 일본 각처에 만들어진 유사한 이름의 무덤에 잠들어 있다.

불교와 신도(神道)가 일상을 지배하는 일본의 민속에서 죽은 사람은 부처(호토케)가 되거나 신(가미)이 된다. 그렇지만 모든 죽은 자가 가미가 되는 것은 아니다. 후세 사람들은 위대한 업적을 이루었거나 억울하게 죽은 사람만을 신으로 떠받든다. 후자의 예로는 전쟁에서 패해 죽은 사람, 무고를 당하여 죽은 사람, 다른 사람을 위해 희생당한 사람 등을 들 수 있다. 일본인은 이들의 영혼을 위로하고 떠받들지 않으면 복수를 당한다고 생각한다. 역병이 돌거나 악사(惡事)가 발생한다는 것이다. 한국에서는 처녀귀신이 원님 앞에 나타나 억울함을 풀어달라고 호소하는 식이지만, 일본에서는 마을이나 국가의 구성원에 해를 끼치는 형태로 나타난다. 이를 피하기 위해 일본인은 그들의 영혼을 신으로 받들고 공양하는 것이다. 그 때문에 일본에서는 원령(怨靈)이나 혼령(魂靈)을 달래는 고료 신앙(御靈信仰)이 발달했다.

도요토미 히데요시가 이총을 만들어 일본군이 죽인 조선인을 공양한 것은, 그들의 원한이 불러올 화(禍)를 미리 막아내기 위함이었다. 일본 정부가 야스쿠니 신사에 조선인과 타이완인 전사자를 합사(合祀)하여 위령(慰靈)하겠다는 것도 그런 심리가 작용했기 때문일 것이다. 그러나 이런 심보는 자칫하면 더 큰 살상을 불러올 수 있다. 무고하게 사람을 죽이더라도 공양하기만 하면 그만이라는 굴절된 심리가 민속이나 종교로 고착되면, 자신의 살상행위(殺傷行爲)를 속죄하기보다는 합리화하는 기제로 작용하기 쉽다.

요즈음 일본인 연구자 중에는 전쟁에서 적의 수급(首級)을 베어 바치거나 귀와 코를 베어 보내는 것이 예부터 있었던 일본 풍속의 하나였다고 주장하는 사람도 있다. 또 도요토미 히데요시가 조선인을 공양하기 위해 이총을 만든 것은 무고한 넋을 기리기 위한

임진왜란과 교토의 조일 갈등 133

자비심의 발로였다는 논리를 펴는 경우도 있다. 그러나 되풀이하여 말하지만 그 진정한 목적은 도요토미 히데요시의 위엄을 높이고 전승을 축하하며, 전공을 후세에 전하기 위한 것이었다.

일본 정부와 일본인은 그 목적을 진작부터 간파하고 있었다. 메이지 정부는 도요토미 히데요시가 죽은 지 300년 되는 해인 1898년에 덩그렇게 방치된 이총을 대대적으로 개수했다. 또한 훨씬 이전부터 예능인들은 도요토미 히데요시의 위대한 업적을 가부키로 만들어 상연했다. 도요토미 히데요시의 승리를 기리고 선전하는 데는 관민이 따로 없었던 것이다. 그런 비틀어진 민족주의가 다시 대한제국을 침략하고 지배하는 광기(狂氣)로 연결되었음은 말할 필요도 없다.

임진왜란이 끝난 뒤 조선정부가 파견한 회답겸쇄환사(回答兼刷還使)나 통신사(通信使)는 억지로 이총을 참배하도록 강요하는 도쿠가와 바쿠후의 공작에 끈질기게 저항했다. 그들은 일본인의 위와 같은 의도를 너무나 잘 알고 있었기 때문이다. 당시에도 두 나라의 역사인식은 이총을 둘러싸고 부딪쳤던 것이다.

일본에 끌려온 조선인 노예

임진왜란은 현대의 한국전쟁이나 베트남전쟁 이상으로 규모가 큰 국제 전쟁이었다. 그렇기 때문에, 보는 관점에 따라 전쟁의 성격을 다양하게 정의할 수 있다. 그렇지만 하나 분명한 사실은 이

전쟁이 노예사냥 전쟁이었다는 점이다. 일본군은 임진왜란 중에 9만 명에서 14만 명에 달하는 조선인 남녀노소를 잡아다 일본 국내는 물론이고 중국, 포르투갈 등의 상인에게 팔아먹었다*.

전쟁 중에 일본으로 끌려간 조선인을 피로인(被虜人)이라 한다. 전쟁에 참가하여 붙잡힌 사람을 흔히 포로라 부르는데, 피로인은 전쟁에 참가하지 않았는데도 잡혀간 민간인을 의미한다. 어떤 사람들은 조선인 피로인이 일본에서 무사(武士), 학자, 도공(陶工) 등이 되어 문화와 기술을 전수했다는 점을 부각시키는데, 이것은 소수 피랍자의 탁월한 능력이 성취한 결과를 마치 고대 한일관계에서 도래인(渡來人)이 수행한 역할처럼 등치(等置)시키려는 위험한 발상이다.

일본군이 조선인을 납치한 목적은 농촌 노동력의 보충, 가사(家事)와 공장(工匠) 노예의 획득, 국제 노예상인에게 매매, 군사력의 충원 등이었다. 일본군은 오랫동안 안정되게 부려먹을 수 있는 노예인력을 확보하기 위해 조선에서 어린이와 여자도 대거 납치했다. 그때까지 일본은 100여 년 동안 전국의 내란으로 젊은 남자들이 대부분 전쟁에 동원되었기 때문에 노동력이 턱없이 부족했다. 조선인은 이를 충당할 수 있는 더할 나위 없이 좋은 인간 자원이었다.

게다가 마침 중국 해안을 비롯하여 동남아시아를 연결하는 항로에 포르투갈 상인이 출현해 유럽과 중국대륙이 하나의 시

* 일본 측 연구에서는 2~3만 명, 한국 측 연구에서는 20만 명을 주장하는 경우도 있으나, 10만 명 전후로 보는 견해가 다수이다.

장에 편입되어 세계 규모의 중계무역이 벌어지는 상황이었다. 동아시아 해역에서 노략질을 일삼던 왜구는 이렇게 자리가 잡혀가는 무역활동으로 인해 위축되는 추세였다. 임진왜란에서 일본인의 노예사냥은 쇠퇴하는 해적활동을 만회하고 세계적 차원에서 새로 출현한 무역 네트워크에 대응하기 위해 자행되었다.

일본에 끌려온 조선인 피로인 중에는 의사(醫師)·유자(儒者)·승려와 같이 일본의 무사층(武士層)에 준하는 지식층이 있는가 하면, 도자기·공예품을 생산하거나 무기(武器)를 조작(操作)하는 기술자층도 있었다. 그렇지만 대다수는 주인에 예속된 노비·하인·하녀로 비참한 생활을 해야 했다. 조선인 피로인들은 시간이 지남에 따라 일본사회에 적응하며 동화되기도 했으나, 다수는 오랫동안 노예 신분에서 벗어나지 못한 채 평생 학대받으며 고생하지 않으면 안 되었다.

임진왜란 직후부터 조선정부는 피로인의 쇄환에 노력하여 5000여 명이 돌아왔다. 귀환자는 대부분 우리말을 잊지 않고 부모와 고향을 기억하는 등 조선인으로서의 자의식이 강한 사람이었다. 너무 어려서 잡혀와 조선어를 잊어버렸다거나 일본에서 생활기반이 어느 정도 잡힌 사람들은 잔류하는 경우도 많았다. 귀환한 양반은 대부분 관직에 임용되지 못한 채 재야에서 살아가야 했다. 타의에 의한 것이었지만 일본에 잡혀갔다는 사실 자체가 절의(節義)를 잃은 것으로 평가되는 분위기 때문이었다. 쇄환된 천민들도 다시 천민 신분에 편입되었다. 시간이 지남에 따라 임진왜란의 상처가 아물기 시작하고 기억에서도 흐려져 가자, 조선정부는 피로인 쇄환정책에 소극적인 태도를 취하게 되었다.

일본에 잔류하여 지배계층으로 진입한 피로인 중에는, 조선인으로서의 자의식과 자부심을 가지고 그 가계(家系)를 중시하여 기록으로 남긴 경우도 있었다. 그렇지 못한 일반 피로인들은 통신사 등을 접하여 자신의 존재를 자각하기도 했지만, 시간이 경과함에 따라 일본인으로 동화되었다. 그들의 후예 중에서는 18세기 중반까지 상투를 틀고 수염을 기르며 일본 속의 조선인으로서 살아간 사람도 있었다.

일본에 유학의 씨를 뿌린 피로인 학자

조선인 피로인 중에 교토에 끌려 와서 일본의 지배층에게 심대한 영향을 끼친 사람으로서 유학자 강항(姜沆, 1567~1618)을 들 수 있다. 그는 당시 불교와 주자학 사이에서 사상적 모색을 하고 있던 후지와라 세이카(藤原惺窩, 1561~1619)를 만나 그가 유학자로서 다시 태어나는 데 아주 중요한 영향을 미쳤다. 세이카는 많은 제자를 길렀을 뿐만 아니라 제자 하야시 라잔(林羅山, 1583~1657) 등을 통해 도쿠가와 바쿠후에 주자학을 가르친 인물이다. 그러므로 근세 일본의 유학사와 정치사를 논할 때 강항은 빼놓을 수 없는 존재다.

2005년 11월 중순, 시코쿠의 마쓰야마시(松山市)에서 남쪽으로 버스로 한 시간 가량 걸리는 오쓰시(大洲市)에 갔다. 오쓰 시민회관 앞에는 1597년 이 곳에 강제로 끌려왔던 강항을 기리는 '홍유강항현창비(鴻儒姜沆顯彰碑)'가 세워져 있었다. 그는 이 지역을 흐르는 히지가와(肱川) 하류의 나가하마(長濱)에 상륙하여 강을 거슬러 올라와 오쓰에 도착했다. 임진왜란 직후에는 그 강에 걸린 다리에 저녁마다 조선 피로인이 모여들어 고향을 그리며 울곤 했다고 한다.

히지가와 강변에 서서 그 다리를 하염없이 바라보았다. 그러다보니 400년 전 조선 피로인의 처절한 모습이 떠올라 가슴이 울컥해졌다. 나라가 튼튼하지 못하고 지도자가 올곧지 못하면 백성들이 고난을 당한다. 고향산천과 부모처자를 떠나 낯선 적지(敵地)에 끌려온 그들의 고통은 얼마나 깊었으며 마음은 또한 얼마나 아렸을까.

조선의 대유학자라는 사실이 알려지자 강항은 교토로 옮겨졌다. 강항과 세이카가 만난 것은 1598년 가을이었는데, 주로 후시미 성에 있는 아카마쓰 히로미쓰(赤松廣通, 1562~1600)의 저택에서 교류했다. 이들의 교류는 강항이 귀국할 때까지 1년 반 동안 지속되었다. 강항은 주자학에 대한 지적 욕구에 목말랐던 두 사람에게 좋은 스승이 되었다. 세이카는 교류의 결과물로 1599년 2월 《사서오경왜훈(四書五經倭訓)》 20여 권을 저술했다. 강항이 책의 완성을 도운 것은 말할 것도 없다. 이 책은 사서오경에 대한 주자(朱子)의 집주(集註)에 일본식 훈(訓)을 단 것으로서, 일본에서 유학에 대한 주자학 방식의 이해에 본격적 출발점이 되었을 뿐만 아니라 주자학 보급에 결정적 역할을 했다. 세이카를 일본 근세 유학의 비조(鼻祖)라고 부르는 이유도 여기에 있다. 강항은 교토에 체류하면서 성리학 서적 등 16종 21책을 직접 필사(筆寫)하여 일본에 주자학을 전파하는 데 기여했다.

강항은 2년 8개월 동안 일본에 억류되었다가 1600년에 귀국했다. 그는 일본 사정을 세심하게 관찰하고 조선인 유학자의 시각에서 일본문화를 깊이 연구했다. 강항이 귀국하여 쓴 《간양록(看羊錄)》은 조선 시대의 일본관찰기 중에서 가장 풍부하고 정확한 내용을 담고 있다. 강항과 세이카 등의 교류는 비록 침략전쟁이 가져온 불의(不意)의 결과였다고는 하지만, 한일 문화교류의 역사에서 특필할 만한 사례라고 할 수 있다.

교토와 인연이 있는 또 다른 피로인 유학자로 기이번(紀伊藩)의 이진영(李眞榮, 1571~1633)과 이전직(李全直, 1618~1682) 부자(父子)를 들 수 있다. 이진영은 1592년 7월 곽재우 산하의 의병으로 참전했다가 진주성 전투에서 아사노 나가마사(淺野長政)의 군사에게 잡혀 기이번으로 끌려갔다. 번주 도쿠가와 요리노부(德川賴宣)는 그의 학문을 존중하여 여러 차례 초빙했다. 이진영은 계속 거절하다가 귀국이 무산된 1626년에 이르러 비로소 번주의 시강(侍講)이 되어 성리학과 제왕학(帝王學)을 가르쳤다. 이진영의 사후 그의 아들 이전직은 17세에 번의 유관(儒官)이 되었다. 그는 교토에 유학한 후 1634년부터 후일 2대 번주가 된 도쿠가와 미쓰사다(德川光貞)의 사부가 되어 학문을 지도했다.

이처럼 이진영·이전직 부자는 번주의 시강으로서 조선의 성리학을 기이번에 정착시키는 데 크게 기여했다. 그들은 또 많은 저술을 남겨 후대에 이르기까지 기이번의 정치와 문화 발전에 큰 영향을 끼쳤다. 나중에 기이번의 영주는 도쿠가와 바쿠후의 마지막 쇼군이 되는데, 메이지 유신이 무혈혁명으로 끝난 데는 국내외 정세를 정확히 판단하고 내린 그의 영단(英斷)이 큰 몫을 했다. 그런 배경에 조선유학의 가르침이 숨어 있을지도 모른다고 생각했다. 이것은 나만의 억측일까?

사가번(佐賀藩)의 홍호연(洪浩然, 1581~1657)은 열두 살 때인 1593년 진주성 전투에서 사가번(佐賀藩)의 장수 나베시마 나오시게(鍋島直茂)에게 잡혀 끌려왔다. 나오시게는 그의 재주가 비상함을 알고 교토5산에 유학시켰다. 홍호연은 교토에서 돌아온 뒤 나오시게의 아들이자 초대 번주인 가쓰시게(勝茂)의 시강이 되어 사가번학의 기초를 세웠다. 그는 유학자뿐 아니라 서예가로서도 많은 작품을 남겼다. 홍호연은 번주로부터 파격적인 대접을 받았는데, 가쓰시게가 죽자 그를 따라 순사(殉死)하기까지 했다. 조선 유학자로서 절의를 지키고 충성을 보였다고나 할까. 그의 후손들도 사가번의 요직을 역임했다.

조선문화의 약탈과 활용

임진왜란의 또 하나의 성격은 문화 약탈 전쟁이었다는 점이다.

도요토미 히데요시는 침략전쟁 초기부터 전투부대와는 별도로 6개의 특수부대를 편성하여 조선의 문물을 조직적으로 약탈했다. '도서부(圖書部)'는 전적류(典籍類)의 수집을 맡았고, '공예부(工藝部)'는 자기류를 포함한 각종 공예품 및 목공(木工)·직공(織工)·도공(陶工) 등 공장(工匠)의 납치를, '포로부(捕虜部)'는 한의사와 젊은 남녀의 납치를 맡았으며, '금속부(金屬部)'는 조선의 병기(兵器) 및 금속예술품·금속활자 등의 탈취를 책임졌다. 또 '보물부(寶物部)'는 금은보화(金銀寶貨)와 진기품(珍奇品)의 노획을 맡았고, '축부(畜部)'는 가축을 포획했다.

일본군에는 교토5산의 학승(學僧)들이 자문역으로 종군하고 있었다. 알아야 면장을 한다고, 문화적 안목 없이 약탈만 하다가는 헛손질을 할 가능성이 컸기 때문이다. 쇼코쿠지의 승태(承兌), 난젠지의 영삼(靈三), 도후쿠지의 영철(永哲)과 문영(文英), 안코쿠지(安國寺)의 혜경(惠瓊) 등이 바로 그들이었다. 이들은 종군문서비서참모부(從軍文書秘書參謀部)에 속했는데, 조선 서적을 약탈할 때 그 가치를 식별하는 역할을 맡았다. 모리 데루모토(毛利輝元)가 지휘한 성주성 전투에서는 이이(李珥)의 《격몽요결(擊蒙要訣)》, 서경덕(徐敬德)의 《화담문집(花潭文集)》, 김시습(金時習)의 《금오신화(金鰲新話)》 등 귀중본을 다수 약탈했다.

임진왜란 때 약탈한 문화재의 상당수는 지금도 교토의 각 사원이나 문고에 보전되어 있다. 도쿠가와 이에야스는 도요토미 히데요시가 약탈한 서적 중 300여 종을 회수하여 교토 후시미의 엔코지(圓光寺), 후시미 학교(伏見學校), 아시카가 학교(足利學校) 등에 기증했다. 이것들은 현재 일본 국립국회도서관에 이관되어 있다고 알려져 있다. 정유재란 때 일본군총사령관 우키다 히데이에(宇喜多秀家)는 경복궁의 교서관(校書館) 주자소(鑄字所)를 습격하여 금속활자 20만 자와 인쇄기구, 조선본과 중국본의 서적을 약탈하여 도요토미 히데요시에게 진상했다. 일본군은 금속활자 이외에 사찰에서 주로 사용하던 목활자(木活字)도 약탈해 갔다. 이 활자들은 에도 시대에 활발하게 서적을 간행하고 인쇄문화를 발전시키는 데 활용되었다.

교토의 각 박물관은 지금도 조선의 국보급 불화(佛畵)를 많이 수장하고 있는데, 대부분 임진왜란 때 일본군이 약탈한 것으로 추정된다. 〈아미타삼존도(阿彌陀三尊圖, 14세기)〉, 〈수월관음도(水月觀音圖, 1323년)〉, 〈수월관음도(水月觀音圖, 14세기)〉, 〈칠성도(七星圖, 1569년)〉, 《감지금자대보적경 권32(紺紙金字大寶積經 卷32, 1006년)》, 《감지은자문수사리문(紺紙銀字文殊舍利文, 1276년)》, 〈관경십육관변상도(觀經十六觀變相圖, 1323년)〉 등이 그것이다. 이 중에서 재일동포가 운영하는 고려미술관의 소장품은 일본에서 비싼 가격으로 구입한 것들이다.

울산의 동백나무까지 파간 가토 기요마사
교토의 앙증맞은 게이후쿠 전차(京福電車) 기타히라노선(北平野線)

을 타고 기타노하쿠바이초(北野白梅町)에서 내려 길을 건너면 곤양산지장원(昆陽山地藏院)이라는 조그만 사원이 있다. 보통 즈바키테라(椿寺)라고 불리는 절이다. 이곳에 아주 별난 동백나무가 있어서 그렇게 부른다. 오색팔중산동백(五色八重散椿)이라는 이 동백은 한 나무에서 백색, 적색, 분홍색 등의 꽃이 섞여 피고, 꽃잎이 한 장 한 장 떨어지는 것이 특색이다. 매년 3월 하순에 피기 시작하여 4월 중순까지 간다. 수령이 400년이나 된 1세(一世)는 1983년에 고사(枯死)하고, 현재는 수령이 약 120년 된 2세(二世)가 본당 앞에서 자태를 뽐내고 있다.

이 동백나무는 임진왜란 때 일본군이 조선에서 가져와 심었다. 일본군의 제2군 장수 가토 기요마사는 조선의 호랑이를 다 잡았다고 할 정도로 악명이 높았는데, 쫓겨가면서 울산성에 틀어박혔다. 조선군과 명군이 사방을 포위하여 옴짝달싹할 수 없었기 때문이다. 임진왜란은 울산성 전투에서 사실상 종지부를 찍었다. 쌍방이 수많은 희생을 치렀다. 일본 생존자의 구술을 통해 그린 울산성 전투 장면이나 울산 충의사의 임란공신 제위(諸位)를 보면 이 전투가 얼마나 처절했는가 알 수 있다.

기요마사는 울산의 학성에서 말의 피로 기갈(飢渴)을 달래며 사선을 넘나들었다. 그는 패퇴하면서 울산의 기와, 도예, 축성의 기술자 등을 마구 잡아서 규슈의 구마모토(熊本)로 돌아갔다. 그 후 그는 조선의 앞선 기술을 이용해 일본 3대 성(城)으로 손꼽히는 구마모토 성을 쌓았다.

자연히 구마모토에는 지금도 임진왜란의 상흔이 곳곳에 남아 있다. 울산 사람들이 살았다는 울산마치(蔚山町), 울산마치역, 울산간장이 있으며, 울산·울주군의 서생 지역 출신임을 알 수 있는 '니시오(西生)' 성씨(姓氏)를 가진 사람들의 정기 모임도 있다. 상처의 흔적은 울산에도 있다. 일본군을 사지로 몰아넣었던 학성은 가토 기요마사가 병영성의 돌로 쌓았다. 가토가 축성한 서생포 왜성이 있고, 학성 부근에는 왜군 포로들이 집단으로 거주했던 곳도 있다.

기요마사는 울산전투에서 패하고 돌아가는 길에 동백나무를 파다가 도요토미 히데요시에게 헌상했다. 도요토미 히데요시는 기타노대차회(北野大茶會)로 인연을 맺은 이 절에 그 나무를 심도록 했다. 일본군은 사람과 물건뿐만 아니라 나무까지도 약탈한 것이다. 그 때문인지 정작 본거지인 울산시내에는 동백나무가 없어져서 최근에 이 절의 동백나무 묘목을 되가져가 시청 앞에 심었다고 한다. 참으로 기묘하고 기구한 인연이다.

그러고 보면, 1999년에 멀리 센다이(仙臺)의 마쓰시마(松島)에서도 이와 유사한 정경을 목도한 적이 있다. 일본의 삼대 절경 중 하나인 마쓰시마에는 바다가 아스라이 바라다보이는 명당에 즈이간지(瑞巖寺)라는 유명한 사원이 자리잡고 있다. 장엄한 금당의 앞마당 좌우에는 홍매(紅梅)와 백매(白梅)가 늘어져 있다. 그런데 이 매화는 임진왜란 때 조선을 침공한 센다이 영주 다테 마사무네가 경상남도 진주지역에서 가져다 심은 것이다. 일본의 변방에서까지 임진왜란의 전리품을 발견하고, 그것도 나무마저 파다 심은 저인망식 약탈의 증거를 보고, 이 전쟁이 극악무도한 살인강도의 성격을 띠고 있었음을 새삼스럽게 깨달았다. 그리고 모골이 선연해지는 것을 느꼈다.

임진왜란은 문화 약탈 전쟁이라는 고상한(?) 이름을 붙이기도 아까운 무지막지한 침략전쟁이었다. 약탈의 대상은 물건뿐만 아니라 사람, 가축, 나무 등 닥치는 대로였다. 요즈음 일본의 일각에서 임진왜란이 동서양 국제정세의 재편과정에 도요토미 히데요시가 능동적으로 참입하여 거행한 세계분할 전쟁이자 국위선양 전쟁이라고 재평가하려는 움직임이 꿈틀거리고 있다. 그러나 아무리 미사여구를 가져다 붙이더라도 임진왜란은 그 본질에 있어서 도요토미 히데요시를 비롯하여 흉포한 살인마 도적떼가 국가의 수준에서 조선의 모든 부문을 유린하고 파괴하고 약탈한 '왜구식(倭寇式) 침략전쟁'이라고 정의하는 게 타당할 것이다.

일본은 조선에서 **빼앗은** 인간·물자 자원을 적극적으로 활용하여 근세문화를 발전시킬 수 있었다. 반면에 조선은 그 손실을 보전(補塡)하고 치유하는 데 많은 정력과 시간을 소비해야만 했다. 따라서 도요토미 히데요시야말로 일본과 조선이 상극의 길로 나아가고, 조선인이 일본인을 불구대천(不俱戴天)의 원수로 여기게 만든 장본인이었다고 볼 수 있다.

▲ 거대한 봉분의 이총 위에 5륜탑을 얹었다(19세기 말의 사진).
▶ 임진왜란 때 벤 조선인의 귀를 묻은 이총. 섬뜩하게도 이 내용을 소재로 한 가부키 배우의 이름이 이총의 석책에 빼곡하게 새겨져 있다.

▲ (위) 즈바키테라의 동백꽃.
(아래) 네네의 길.
◀ (위) 오쓰시의 홍유강흔 현창비.
(아래) 와카야마 오카 공원의 이진영·이전직 현창비. 매계(이전직)의 친필 〈부모장(부모 모시는 글)〉을 새겨놓았다.

도요토미 히데요시에 대한 한일의 평가

임진왜란을 대하는 한일 양국의 의식 차이는 전쟁을 일으킨 당사자 도요토미 히데요시에 대한 견해에서도 분명히 드러난다. 교토에서 가장 좋아하는 거리는 지온인(知恩院)에서 마루야마 공원(圓山公園)을 지나 조라쿠칸(長樂館)을 거쳐 고다이지(高臺寺) 앞을 가로지르는 길이다. 그런데 그 거리를 걸으면서 마음 한구석이 켕기는 것은 고다이지 앞의 가장 아름다운 거리를 '네네(ねね)의 길'이라 부르기 때문이다.

'네네'가 누구인가? 도요토미 히데요시의 부인 요도기미(淀君)를 가리킨다. 그녀는 남편의 보리(菩提)를 위해 도쿠가와 이에야스의 원조를 받아 고다이지를 창건했다. 고다이지의 수많은 두루마리 그림은 화려한 의장(意匠) 등으로 유명하다. 모모야마 시대의 대표적인 칠공예품도 소장하고 있다. 난세를 헤치며 살아갔던 철혈 여인의 숨결이 깃든 사원이다. 교토 사람들은 그녀와 도요토미 히데요시의 인연이 깃든 이 거리를 소중히 여겨 '네네의 길'이라는 이름을 붙였을 것이다. 도요토미 히데요시는 그만큼 교토 사람들에게 친숙하고 위대한 영웅이다.

그밖에도 교토에는 도요토미 히데요시를 기리는 유적과 유물이 사방에 널려 있다. 이총을 앞에 두고 있는 도요쿠니 신사는 국보로 지정되어 항상 일장기가 펄럭인다. 경내의 보물전에는 도요토미 히데요시와 관련된 유물이 소중하게 보관·전시되어 있다. 그 옆에는 부속 유치원이 있어서 원아들은 매일같이 도요토미 히데요시를 벗 삼아 놀고 있다. 도요토미 히데요시는 400여 년 전에 죽은 역사의 인물이 아니라 교토인의 일상 속에 살아 있는 현실의 위인이다.

도요쿠니 신사 옆의 교토국립박물관을 끼고 돌아 언덕길을 걷다 보면 교토여자중고등학교와 교토여자대학이 나온다. 그 길을 끝까지 올라가면 아미타봉이라 불리는 산에 이르게 된다. 그 산 위에 도요토미 히데요시의 무덤이 있다. 교토에 10여 년이나 유학한 한국인 중에서도 이곳에 도요토미 히데요시의 무덤이 있다는 사실을 아는 사람은 거의 없다.

도요토미 히데요시는 1598년에 죽음을 맞아 이곳에 안장되었다. 그러나 도쿠가와 이에야스가 도요토미 가를 무찌르고 집권하자 그의 무덤을 파헤치고 시신마저 팽개쳤다고 한다. 그런데 그것을 수습하여 이렇게 훌륭한 무덤으로 다시 꾸민 것이 바로 메이지 정부였다. 도쿠가와 바쿠후를 무너뜨리고 집권한 메이지 정부는 '적의 적은 내 편'이라는 생각에서 도요토미 히데요시를 소중히 대접했다. 게다가 그가 추구했던 전국통일과 대륙침략의 야망이 메이지 정부의 국내외 정책과 딱 맞아떨어졌다.

메이지 정부는 도요토미 히데요시의 사후 300년을 기념하여 그의 묘를 재건했다(1898). 도요토미 히데요시가 근대 일본의 입헌군주제 국가에서 국력을 확장하고 세계로 웅비한 영웅으로서 부활한 것이다. 메이지덴노는 그에게 도요쿠니 대명신(豊國大明神)이라는 신위와 함께 정1품의 관직을 내렸다. 도요토미 히데요시묘의 입구에는 그의 위대한 업적을 칭송하는 노래와 문장을 큼지막하게 새긴 석물이 위풍당당하게 세워져 있다.

이총에는 메이지덴노가 그 옆의 소학교를 방문했다는 표지석이 세워져 있다. 부국강병을 국정의 최우선 과제로 설정했던 메이지덴노가 이총과 그 앞의 도요쿠니 신사를 예사로 보아 넘기지는 않았을 터. 메이지덴노는 아마 도요토미 히데요시가 이루지 못한 꿈을 기필코 실현하겠다고 다짐했을지 모른다.

최근 일본에서는 메이지 유신의 선진성, 무혈성, 효율성, 광범성, 철저성 등을 긍정적으로 평가하는 연구가 활발하다. 그리고 그 결과로서 성립된 메이지국가가 얼마나 위대했는가를 추켜세우는 분위가 확산되고 있다. 소설가 시바 료타로(司馬遼太郎) 등이 그런 역사관을 앞장서 외친 대표적 인물이다. 그의 역사관을 아시아―태평양전쟁까지 확장하여 재구성한 것이 바로 물의를 빚은 중학교 《새 역사교과서》(후소샤 간행)이다. 이러한 역사관은 자연스럽게 도요토미 히데요시까지 거슬러 올라가 일본의 내셔널리즘을 고취하는 '국민의 이야기'로서 회자 되고 있다.

1991년에 한국과 일본의 초등학교 4학년부터 대학 4년까지의 학생 6000명을 상대로 역사의식을 조사한 적이 있다. 그때 한국 학생에게 '일본인' 하면 떠오르는 사람의 이름을 단답형으로 차례대로 쓰라는 질문을 했다. 압도적인 1위는 단연 도요토미 히데요시였다. 아마 한국인에게 도요토미 히데요시가 악독하고 잔인한 일본인의 표상으로 각인되어 있기 때문일 것이다. 거꾸로 일본 학생에게 '한국인' 하면 떠오르는 사람의 이름을 차례대로 쓰라고 했더니 조용필이 1위였다. 당시 그는 일본에 가장 잘 알려진 가수였다. 한일 양국의 학생들이 너무나 다른 차원의 대답을 한 것을 어떻게 해석할 것인가를 놓고 한참 고민했다.

더욱 기가 찰 노릇은, 때마침 일본의 공영방송 NHK가 실시한 여론조사에서 일본인이 제일 존경하거나 좋아하는 인물로서 도요토미 히데요시가 1위로 선정된 것이었다. 도요토미 히데요시는 가장 밑바닥 인생에서 시작해서 오로지 자신의 능력만으로 가장 높은 자리에까지 올라갔다. 그러니 돈 없고 뒷줄 없는 일반 민중이 본받고 싶은 모델임에 틀림없다. 메이지 정부가 만들어낸 국가의 틀 속에서 살면서 그런 식으로 역사를 배우고 기억해온 일본의 부모들은 자식들에게 그를 국가 통일의 영웅으로서뿐 아니라 자수성가(自手成家)의 모범으로서 본받으라고 가르칠 것이다. 그렇기 때문에 오늘날의 일본인이 아직도 도요토미 히데요시를 제일 숭배하는 인물로 거명하는 것은 당연하다고 볼 수도 있다.

교토에 산재해 있는 도요토미 히데요시의 유적·유물을 보면서 한국과 일본의 역사 갈등이 깊고 넓으며, 그것을 완화하고 극복하는 길도 멀고 험하다는 것을 새삼스럽게 깨달았다. 도요토미 히데요시에 대한 한국인과 일본인의 상반된 견해가 이것을 웅변하고 있지 않은가! 한국인과 일본인이 역사인식의 차이를 좁히기 위해서는 좀 더 긴 호흡을 가지고 끈질기게 역사 대화를 계속해야 한다.

交隣交易

교린교역과 교토의 활력

지략과 간계가 뒤엉킨 임진왜란의 강화회담
탁월한 외교가 송운대사
송운대사와 가토 기요마사의 전진회담
쓰시마 번의 조일 강화공작
송운대사와 도쿠가와 이에야스의 교토회견
상호이해의 지름길, 한일관계사 기행
갈등을 평화로 보장한 사절외교
조선의 강화조건과 쓰시마 번의 국서위조
고육지책의 회답겸쇄환사
임진왜란 전후처리의 교훈
조일외교의 창구 쓰시마와 이정암 윤번제
정탐과 교린 사이를 오간 통신사
통신사의 여정
통신사 외교를 꽃피운 성신외교
통신사, 관광상품으로 부활하다

비단·인삼·은화의 교역과 교토의 번영
동아시아에 꽃핀 사무역
교토의 국제무역로, 다카세가와
동아시아에 열린 무역 고속도로
니시진의 비단과 염색 산업
조선인삼 열풍과 일본 국산화
동아시아 무역의 쇠퇴, 3국의 향방은?
조일관계의 새 국면

지략과 간계가 뒤엉킨
임진왜란의 강화회담

탁월한 외교가 송운대사

임진왜란은 도요토미 히데요시가 일으킨 무고한 침략전쟁이었다. 동아시아 전체를 뒤흔든 그 전쟁의 규모와 영향은 현대의 한국전쟁이나 베트남전쟁보다도 컸다고 볼 수도 있다. 전쟁이 끝난 후 싸움터였던 조선은 용케도 왕조를 유지했지만, 중국에서는 명(明)에서 청(淸)으로, 일본에서는 도요토미 가(豊臣家)에서 도쿠가와 가(德川家)로 국가권력이 교체되었다. 임진왜란은 동아시아의 역사를 새로운 흐름으로 바꿔놓을 만큼 큰 자취를 남겼다. 이에 따라 조선과 일본의 외교 시스템에도 근본적인 변화가 일어났다. 종래 쓰시마번이나 서부 일본의 영주들이 조선과 벌여왔던 다원적 교류가 쓰시마번을 매개로 에도 바쿠후와 조선정부의 일원적 교류로 전환되었다. 조일관계가 중세에서 근세로 재편된 셈이다.

임진왜란이 혹독한 대전이었던 만큼 전후처리 또한 험난했다. 일방적으로 침략을 당했던 조선으로서는 일본을 불구대천의 원수로 여겼고, 조선 전역을 짓밟은 일본은 아예 그 반을 영토로 챙기려 들었다. 조선에 지원병을 보낸 명도 자신에게 유리한 상황을 만들려고 꼼수를 부렸다. 전쟁을 치르는 가운데 삼국은 국익을 관철시키기 위해 불꽃 튀기는 외교공방을 벌였다. 그리하여 임진왜란의 전후처리가 가닥을 잡아가는 데는 10여 년의 세월이 필요했다. 그리고 조일관계가 정상으로 돌아가 신의(信義)를 나누는 통신사가 에도를 방문하는 데는 다시 40여 년을 기다려야만 했다. 오늘날 한국과 일본은 36년간의 식민지 지배의 뒤처리를 위해 15년 동안 일곱 차례의 회담을 거듭했다. 그 결과 두 나라는 해방과 패전을 맞은 지 20년이 지나서야 국교정상화조약을 맺을 수 있었다(1965). 임진왜란의 뒤처리는 이보다 더 험난한 외교 전쟁이었다.

그런데 임진왜란의 전후처리에서 혁혁한 공을 세운 사람이 바로 송운대사(松雲大師) 유정(惟政, 1544~1610)이었고, 그 강화회담이 타결의 방향으로 가닥을 잡은 장소가 바로 교토였다. 국가가 서로 적이 되어 싸우는 마당에 정부의 공식적 직함을 가진 외교관이 나서기보다는 학식과 덕망뿐만 아니라 군략까지 갖춘 민간인 대사가 막후에서 조정하는 것이 훨씬 모양새가 좋았다. 그리고 일본의 국가권력이 도요토미(오사카)에서 도쿠가와(에도)로 이동 중이기는 하였지만, 교토는 아직도 수도로서의 권위가 건재한 곳이었으므로 회담장소로서 안성맞춤이었다.

송운대사는 경상남도 밀양에서 태어났다. 속성은 임(任)이고 본관은 풍천(豊川)이다. 속명은 응규(應奎)이고 자는 이환(離幻)이며 호는 사명당(泗溟堂, 四溟堂)이다. 흔히 그의 호를 따서 사명대사라고 부른다. 유정은 그의 법명이다. 어려서 조부 밑에서 공부하다가, 열세 살 때인 1556년 황여헌(黃汝獻)에게 《맹자(孟子)》를 배우고, 황악산(黃岳山) 직지사(直指寺)의 신묵(信默)을 찾아가 승려가 되었다. 1561년에는 승과(僧科)에 급제했다. 유교와 불교에 모두 능한 학승이었던 셈이다. 1575년 봉은사(奉恩寺)의 주지로 초빙되었으나 사양하고, 묘향산 보현사(普賢寺)의 휴정(休靜, 서산대사)을 찾아가서 선리(禪理)를 탐구하여 3년 고행 끝에 도를 깨쳤다(31세).

1592년 임진왜란이 일어나자 송운대사는 승병을 모집하여 휴정의 휘하로 들어갔다. 호국불교의 전통을 몸소 실천하기 위함이었다. 그는 금강산에서 일본군과 조우하여 그 무도함을 힐책하고 쓸데없는 살상을 멈추게 했다. 송운대사는 이듬해 승군도총섭(僧軍都摠攝)이 되어 명의 군사와 협력하여 평양을 수복했다. 또 도원수 권율(權慄)과 함께 의령에서 왜군을 격파하는 전공을 세워 당상관의 위계를 받았다. 1597년 정유재란(丁酉再亂)이 발발하자 그는 명의 장수 마귀(麻貴)와 함께 울산의 도산과 순천의 예교에서 전공을 세웠다. 그 후 패주하는 일본군을 쫓아 각지에서 승리하고 산성을 쌓았으며, 농경을 장려하고 무기를 제조하는 등 군사와 목

민의 양면에서 지도력을 발휘했다. 송운대사는 1602년 중추부동
지사(中樞府同知使)가 되었다. 그리고 선조가 승하한 뒤 해인사(海印
寺)에 머물다가 그곳에서 죽었다.

송운대사와 가토 기요마사의 전진회담

송운대사가 일본군 제2군 장수 가토 기요마사(加藤淸正)를 만난 것
은 1594년이었다. 그는 명군의 총병(摠兵) 유정(劉綎)과 의논하여,
같은 해에 가토의 진중을 세 차례나 방문하여 강화(講和)를 논의하
면서 적정(賊情)을 살폈다. 가토는 고니시 유키나가(小西行長)의 제1
군에 이어 부산을 침공한 후 북상을 계속하여 한성을 함락시키
고, 파죽지세로 동해안의 강원도와 함경도의 공략에 나서 한때
두만강 건너 간도 지역까지 진출했었다. 군사를 모으기 위해 활
약하던 조선의 왕자 임해군과 창해군을 인질로 잡기도 했다. 그
러나 뒤에는 조선군의 반격과 명군의 압박으로 후퇴를 거듭하다
가, 1594년 4월 부산에서 가까운 서생포(西生浦)에 왜성을 쌓고 전
황을 관망했다.

이때 제1군 장수 고니시와 명나라의 심유경(沈惟敬) 사이에 교
착상태인 전국(戰局)을 타개하기 위한 강화회담이 시작되었다. 도
요토미 히데요시가 제시한 강화 조건은 명의 황녀를 덴노의 비로
보낼 것, 조선의 북쪽 4도를 돌려주는 대신 경기도 남반부와 충
청·경상·전라의 4도를 일본에 할양할 것, 조선의 왕자와 대신을

인질로 일본에 보낼 것 등이었다. 그렇지만 고니시는 이 조건을 명에 명확히 제시하지 않았고, 또 명이 요구한 도요토미 히데요시의 항복문서를 그럴 듯하게 위조하는 등, 당장의 곤경에서 벗어나기 위해 사술(詐術)을 부리는 데 급급했다.

조선정부는 당사자를 제치고 고니시와 심유경이 강화교섭을 벌이는데도 도요토미 히데요시의 진의조차 파악할 수가 없어 애를 태우고 있을 뿐이었다. 이때 송운대사가 고니시와 라이벌 관계에 있던 가토의 진영에 들어가는 데 성공했다. 첫 번째 회담에서 가토는 송운대사에게 도요토미 히데요시의 강화조건을 들이댔다.

두 번째 회담은 7월에 열렸는데, 가토는 도요토미 히데요시의 강화조건에 변함이 없다고 말하면서도, 조선의 남부 4도 중에서 2도를 할양하면 타협할 여지가 있다는 뜻을 내비쳤다. 가토는 조선에서 믿을 만한 사람은 송운대사뿐이라고 추켜세우고, 자신이 강화교섭에 대해 주도권을 쥐고 있음을 넌지시 내비쳤다.

세 번째 회담은 12월에 열렸다. 송운대사는 군사 30여 명만 이끌고 가토 진영에 들어가서, 종래와 같이 일본군의 무조건 철퇴와 피로인의 송환을 요구했다. 임진왜란 때의 피로인은 적어도 10만 명 이상이라는 게 정설이다. 임진왜란을 노예약탈전쟁이라고 부르는 것은 이 때문이다. 그렇기 때문에 피로인의 송환이야말로 조선정부로서는 최대의 현안이었다. 이에 부담을 느낀 가토는 송운대사와 만남을 의식적으로 피했다. 조선정부가 고니시와 접촉을 개시한 것을 눈치 챈 것도 한 이유였다.

한편 고니시는 가토와 송운대사의 회담이 성공하면, 자신의 허물이 밝혀질까 두려웠다. 그리하여 도요토미 히데요시에게 모략을 써서 가토를 귀국시켰다. 조선정부는 송운대사가 가토와 벌인 적진회담의 정보를 바탕으로 하여 일본 측의 진의를 파악할 수 있었다. 도요토미 히데요시가 영토 할양 등 터무니없는 요구를 하고, 고니시가 명에 대해 사기행각을 벌이고 있는 상황을 파악함으로써 앞으로의 강화회담에 대비할 수 있었던 것이다.

쓰시마번의 조일 강화공작

도요토미 히데요시가 교토 후시미 성에서 죽은 것은 1598년 8월이었다. 뒷일을 부탁 받은 도쿠가와 이에야스와 마에다 도시이에(前田利家) 등 실세 번주는 그의 죽음을 비밀에 부치고 조선에서 군대를 철수하도록 조치했다. 그렇지만 조선과 명은 그가 죽은 사실을 알아차리고 퇴각하는 왜군에게 총공격을 퍼부어 철퇴(撤退) 작전은 곤란하기 짝이 없었다.

7년 동안의 왜란을 겪으면서 일본 측에서 가장 타격을 입은 곳은 쓰시마번이었다. 조선침략의 전진기지였던 쓰시마번은 고니시 유키나가의 제1군에 배속되어 첨병 노릇을 했다. 5000여 명의 병사를 선봉으로 내보내고, 다량의 작물을 군량으로 제공해야만 했다. 전쟁이 끝난 후에는 노동력이 부족하여 생업이 부진하고, 또 섬의 경제를 지탱해주었던 조선과의 무역마저 끊어져 파산 사태에 직면했다. 실제로 산지 투성이인 쓰시마에게는 조선과의 교류에서 얻는 세사미(歲賜米) 등이 생명줄이나 마찬가지였다. 오죽하면 쓰시마번은 조선국왕에게 번속(藩屬)의 예를 갖추며 충성을 바쳤겠는가.

도주(島主) 소 요시토시(宗義智)를 비롯하여 쓰시마 사람들은 폐번(廢藩)의 위기상황에서 벗어나기 위해 한시라도 빨리 조선과 일본이 국교를 재개하고 무역을 회복하기를 바랐다. 쓰시마번은 전쟁이 끝난 이듬해부터 바로 사자(使者)를 부산에 파견하여 강화를 타진했다. 그렇지만 조선정부는 은혜를 원수로 갚은 쓰시마번의 죄를 쉽게 용서할 수 없어 사자들을 모조리 처단했다.

교착상태를 타개하기 위해 부심한 쓰시마번은 1600년 사자와 더불어 조선인 피로인 160여 명을 송환했다. 이후 일본측은 소 요시토시 뿐만 아니라 고니시 유키나가 등의 연명(連名)으로 조선에 서간을 보내 강화사(講和使)를 파견해줄 것을 요청했다. 조기 복교(復交)가 쓰시마번 뿐만 아니라 일본 전체의 요망이라는 뜻을 알리려는 의도였다. 소 요시토시는 조선침략에 나서기 직전인 1591년 기독교 세례를 받고 같은 교인인 고니시 유키나가의 딸과 결혼했으므로, 둘은 사위와 장인의 관계였다. 당시 크리스천이 된 영주를 '기리스탄 다이묘'라 부르는데, 에도 바쿠후가 강력한 금교정책을 피기 전까지 규슈 지역에는 한 때 크리스천이 40만 명을 넘었다.

그런데 사위와 장인으로 묶였던 두 사람은 얼마 지나지 않아 서로 다른 길을 걷게 된다. 도요토미 가와 도쿠가와 가가 패권을 다툰 세키가하라(關が原) 전투(1600)에서 요시토시는 도쿠가와 편에 섰고, 고니시는 도요토미 편에 섰다. 도쿠가와가 승리하자 고니시는 자살할 수밖에 없는 처지로 내몰렸다. 요시토시는 재빨리 고니시의 딸과 이혼하여 생존을 도모했다. 권력 재편기의 미묘한 상황에서 줄을 잘못 섰다가 얼마나 낭패를 당하는지, 그리고 그런 와중에서 살아남기 위해서는 신앙으로 결합된 부인 또한 버릴 수 있음을 생생하게 보여준 셈이다.

쓰시마번은 그 뒤에도 여러 차례 교섭을 요청하는 사신을 파견하고 피로인을 송환하는 등, 성의 있는 노력을 거듭했다. 이에 조선정부도 반응을 보이기 시작했다. 다수의 피로인을 적국에 방치하는 것은 조정으로서 차마 할 수 없는 일이었다. 조선정부는 처음에 문서로 회답하는 정도에 그쳤지만, 나중에는 쓰시마의 동향을 살핀다는 명분으로 국정탐색사(國情探索使)를 여러 차례 보냈다. 그리고 1604년 8월 송운대사를 쓰시마에 파견하기에 이른다. 송운대사가 전후의 대일교섭에 다시 기용된 까닭은 가토와의 진중회담을 통해 일본에서도 이름이 알려져 있었을 뿐만 아니라 성품이 강직하여 강화회담의 기초를 닦기에 적합했다고 판단했기 때문이었다. 그의 임무는 가까운 장래에 쓰시마가 종래처럼 부산에서 무역하도록 허용하는 대신, 피로인을 돌려보내라고 재차 요구하는 것이었다.

일본이 송운대사를 맞는 데 내세운 인물은 하카다(博多) 성복사(聖福寺)의 승려 겐소(玄蘇, 1537~1611)였다. 그는 쓰시마 번주 소씨의 요청으로 1580년과 1587년에 일본국왕사(日本國王使)의 이름 아래 조선에 온 적이 있었다. 임진왜란 중에는 주군 소 요시토시를 따라 군무에 종사했다. 전쟁이 끝난 후에는 쓰시마에 살면서 피로인을 응대하고 송환하는 일을 맡았다. 그는 조선에 사자를 파견하는 정책에도 관여했다. 겐소는 75세에 생을 마감할 때까지 쓰시마에 머물면서 일생을 조선 외교에 종사했다. 그가 쓰시마에 세운 이정암(以酊庵)이라는 절은 도요토미 히데요시, 도쿠가와 이에야스 등 쇼군과 조선국왕 사이에 오간 외교문서를 관장했다. 그의 제자 겐포(玄方)도 제2대 이정암에 취임하여 조일 외교문서를 취급했다.

송운대사와 도쿠가와 이에야스의 교토회견

쓰시마 번주 요시토시는 모처럼 찾아온 강화의 기회를 살리기 위해 송운대사가 쓰시마에 와 있다는 사실을 에도에 있던 도쿠가와 이에야스에게 알렸다. 이 보고를 받은 도쿠가와 이에야스는 송운대사를 교토에서 만날 테니 모셔오라고 명령했다. 작년에 막 정이대장군(征夷大將軍)이 되어 최고의 권좌(權座)에 오른 도쿠가와 이에야스로서는 신정권의 기반을 다지기 위해서라도 조선과 외교관계를 수복할 필요가 있었다. 더구나 외국에서 오는 사신은 국내에 권력을 과시하기 위해서도 환영할 만한 일이었다.

양국의 국교 회복과 무역 재개를 목마르게 기다리던 쓰시마 번으로서는 도쿠가와 이에야스의 명령이 복음과 같은 것이었다. 요시토시는 곧바로 겐소에게 송운대사의 동의를 얻어 교토까지 호행(護行)하도록 지시했다. 송운대사 일행이 교토에 도착한 것은 1604년 12월이었다. 송운대사는 이듬해 3월 도쿠가와 이에야스를 만날 때까지 교토에 체재하면서 일급의 무사와 학자를 만나 교유했다. 그 과정에서 신이(神異)에 가까운 수많은 일화를 만들어냈다. 송운대사가 만난 사람 중에는 훗날 일본유학의 대학자가 되는 하야시 라잔(林羅山, 1583~1657)도 끼어 있었다. 대사는 13세에 불과한 라잔이 좋은 글을 알아볼 수 있는 대단한 식견을 가졌다고 칭찬했다. 그가 나중에 일본 최고의 유학자가 된 것을 보면 송운대사의 안목이 훌륭했음을 알 수 있다.

송운대사를 접대한 사람은 앞의 겐소와 교토 쇼코쿠지(相國寺)의 승려 사이쇼 조타이(西笑承兌, 1584~1607), 킨카쿠지(金閣寺)의 승려 유세쓰 즈이호(有節瑞保) 등이었다. 조타이는 선승(禪僧)이라고는 하지만, 도요토미 히데요시의 측근으로 임진왜란 때 발진기지의 역할을 한 나고야 성에서 군사전략을 지도한 정승(政僧)이다. 그는 1605년 2월 교토의 호코지(豊光寺)에서 송운대사를 맞아 연회와 시회를 열었다. 대사의 제시(題詩)를 받아 조타이가 차운(次韻)을 읊고 조타이의 차운에 대사가 창화(唱和)하면 겐소도 이에 화답했다. 조타이는 대사의 시문이 구구언언(勾句言言) 기묘하여

교린교역과 교토의 활력 163

흐뭇함이 끝이 없고 필적도 유려하다고 침이 마르도록 칭찬했다. 그리고 대사의 시문을 자신의 보배로 간직하겠다며 소매 속에 넣고 갔다. 겐소도 송운대사를 박람강기(博覽强記)한 인재라고 평가했다.

송운대사를 깍듯하게 대접한 조타이는 2년 후인 1607년에 조선정부가 제1회 회답겸쇄환사(回答兼刷還使)를 교토에 파견했을 때는 조선을 멸시하는 언동을 했다. 그러나 송운대사가 회답겸쇄환사 편에 보낸 '도쿠가와 이에야스와 여러 장수가 피로인 송환에 전력을 다하도록 진언해달라'고 부탁한 서간을 보자 송운대사의 부탁만큼은 거절할 수 없어서, 귀국을 희망하는 사람은 돌려보내도록 힘쓰겠다는 답장을 보냈다. 그 때문인지 실제 에도 바쿠후는 귀국을 희망하는 자를 돌려보낸다는 기본방침을 세웠다. 이처럼 송운대사는 도쿠가와 이에야스가 교토에 오기를 기다리는 중에 일본의 지식인과 교류를 거듭하면서 조선인의 능력과 담력을 마음껏 과시했다.

마침내 1605년 3월 후시미 성에서 송운대사는 도쿠가와 이에야스를 만났다. 이때 도쿠가와 이에야스는 송운대사에게 '나는 임진년에 간토(關東)에 있었기 때문에 전쟁에 나가지 않았다. 조선과 나는 실제로 원수진 일이 없으므로 통화(通和)를 바란다'는 뜻의 말을 했다. 이에 대해 송운대사는 '통화의 여부는 오로지 일본이 성실한가 아닌가에 달려 있을 뿐이다'라는 뜻의 말로 쐐기를 박았다.

실제로 도쿠가와 이에야스는 임진왜란 때 드요토미 히데요시로부터 1만 5000명의 병사를 거느리고 나고야 성에 집결하라는 명령을 받았지만, 조선에는 한 사람의 병사도 보내지 않았다. 도요토미 히데요시는 가장 강력한 라이벌인 도쿠가와 이에야스를 지근거리에 묶어두려는 속셈이었다. 그런데 히데요시의 꿍꿍이 속이 오히려 도쿠가와 이에야스가 병력과 자원을 보전하여 나중에 패권을 차지하고, 조선과 통교를 수복하는 데 플러스로 작용한 것이다. 이래서 매사는 새옹지마(塞翁之馬)라그 하는 모양이다.

송운대사는 교토에서 도쿠가와 이에야스의 삼남이자 그를 이어 2대 쇼군에 취임하는 히데타다(秀忠, 1542~1632)를 만난 후 피로인 3500명을 인솔하고 귀국했다. 송운대사는 도쿠가와 이에야스가 재침의 의사가 없고 강화를 맺고 싶은 의지가 강하다고 조선정부에 보고했다. 이에 조선정부는 대일 강화교섭의 조건을 신중하게 논의하기 시작했다. 송운대사의 활약 덕택에 조선과 일본은 드디어 임진왜란의 전후처리와 강화성립에 한 발짝 성큼 다가서게 되었다.

상호이해의 지름길, 한일관계사 기행

2005년 2월부터 서울에 거주하는 일본인을 데리고 역사기행을 해오고 있다. 그동안 서울 시내는 물론이고, 강화도, 인천, 서산 마애삼존불, 수덕사, 윤봉길의사 생가, 추사고택 등을 돌아보았다. 일본에서는 교토, 미야자키 등 주로 한일관계사의 흔적이 강하게 남아 있는 곳을 방문했다.

2007년 7월에 서울에 거주하는 일본인 20여 명을 안내하여 대구의 사야가(沙也哥) 김충선(金忠善, 1571~?)* 마을과 밀양의 송운대사 생가, 대사의 넋을 기리는 표충비와 표충사 등을 돌아본 적이 있다. 임진왜란과 그 전후처리의 실상을 제대로 알게 된다면 한일 양국의 역사인식 차이를 줄일 수 있으리라 생각했기 때문이다.

김충선의 사당과 묘소는 아담하게 잘 정비되어 있었고, 송운대사의 생가와 그 주변은 웅장하고 광대한 사적지로 조성되어 있었다. 사실 송운대사 사적지는 그 규모에 어안이 벙벙할 정도였다. 임진왜란을 직접 겪고 그 전후처리에 헌신한 두 인물의 유적 앞에서 임진왜란과 그것을 전후한 시기의 한일관계사를 자세히 설명했다. 일행은 대부분 일본기업의 주재원 혹은 재계의 지식인으로 일본사회의 엘리트들이다. 그들은 내 설명을 진지하게 경청했다.

한국과 일본에 붙어 다니는 역사의 그림자를 걷어내기 위해서는 사실을 정확히 파악하고 인식을 깊게 하는 것이 중요하다. 이를 위해서는 역사의 현장에서 그것에 얽힌 사연과 사론(史論)을 이야기해주는 역사기행이 가장 효과적이다. 2005년 여름에는 일본

* 임진왜란 때 한국에 귀화한 일본인 무장. 가토 기요마사의 좌선봉장으로 조선을 침략하였으나, 조선의 뛰어난 문물을 접하고 경상도병마절도사 박진에게 귀순하였다. 이후 김해 김씨 성을 받았으며, 이괄의 난, 병자호란 등에서 누차 큰 공을 세워, 가선대부(嘉善大夫)를 제수 받았다.

인들을 인솔하여 교토를 둘러본 적도 있다. 한국인이 일본인을 데리고 일본을 안내한다는 게 이상하지만 꼭 필요한 일이었다.

내가 인솔하는 '일본인을 위한 역사기행'이 벌써 열 번째를 맞고 있다. 역사기행을 다녀온 사람들은 항상 역사의 현장을 보고나서 한일관계의 깊고 넓은 의미를 새삼스럽게 깨닫곤 한다. 그들은 이구동성으로 한국과 일본이 아주 오래 전부터 이렇게 밀접한 관계를 맺어왔다는 사실에 놀랐다고 말한다. 그리고 그에 관련한 유적과 유물이 그렇게 많이 남아 있는데도 지금껏 전혀 알지 못했다는 사실을 반성하며, 학교에서 배운 엉터리 같은 역사교육에 대해서도 불만을 터트린다.

한국에 장기간 체류하는 일본인이라면 반쯤은 한국인의 정서를 갖게 마련이다. 그런데도 한국의 역사와 문화를 본격적으로 배울 기회가 없어 일본인끼리 골프를 치거나 음주를 하면서 시간을 보내는 경우가 많다. 이들이야말로 한국의 역사와 문화를 일본에 전파할 수 있는 소중한 인재라고 생각한다. 지난 20여 년 동안 한국과 일본의 역사인식과 역사교육에 대해 활발히 발언해온 나는 그들이 한국과 일본이 역사갈등을 극복하고 상호이해를 넓힐 수 있는 가교 역할을 해주기를 기대한다. 소위 민간 레벨의 교류와 연대는 이런 것을 의미하는 게 아닐까?

하나 더 부연하면, 나는 2003년부터 매 학기마다 광화문 한복판에서 서울 거주 일본인들에게 한일관계의 역사와 문화를 강의해왔다. 매주 2시간씩 16주 동안 이뤄지는 이 강좌는 시험과 휴강도 없으므로 대학 강의보다 더 충실하다. 또 이 강좌는 일본어로 진행되기 때문에 일본인 사이에 금방 선풍을 불러일으켰다. 항상 만원사례인 이 강좌에 관한 소식은 《마이니치 신문(每日新聞)》을 통해 일본에도 크게 보도되었다. 한번은 가와이 하야토(河合隼人) 일본 문화청 장관이 이 소식을 듣고 서울에 왔을 때 나를 초대하여 식사를 대접하며 그 공로(?)를 치하한 적이 있다. 이 강좌는 지금도 계속되고 있다.

나의 역사 강의를 듣거나 함께 역사기행을 한 일본인은 한결같이 한국과 일본이 서로 이해하고 협력하는 이웃이 되기를 염원한다. 그리고 기회가 닿을 때마다 한국과 일본 곳곳에 산재한 한일관계사 유적·유물을 찾아다니며 그 깊은 뜻을 음미하기도 한다. 그런 사람 중에는 자신이 보고 느낀 것을 사진집과 에세이로 만들어 출간한 열성적인 분도 있다. 교토에 관한 이 책이 한국인과 일본인에게 화해와 상생을 모색하는 역사자료로서 쓸모 있게 활용된다면 더 이상 바랄 게 없다.

갈등을 평화로 포장한 사절외교

조선의 강화조건과 쓰시마번의 국서위조

조일의 국교가 무로마치 바쿠후 때처럼 회복되기 위해서는 양국이 국서를 교환하고 사절이 왕래하는 것이 필요했다. 조선정부는 그것을 바라는 일본에 대해 두 가지 조건을 내세웠다. 첫째, 도쿠가와 이에야스가 먼저 국서를 만들어 보낼 것. 둘째, 전란 중에 한성의 왕릉을 파괴한 범인을 체포하여 인도할 것. 그밖에 피로인의 송환이 조건이었음은 더 말할 필요도 없다.

조선의 요구사항은 1606년 3월 쓰시마 번주를 통해 에도의 도쿠가와 이에야스에 전해졌다. 도쿠가와 이에야스로서는 조선에 국서를 먼저 보내면 자신이 일으킨 전쟁이 아닌 임진왜란에 대해 사죄하는 듯이 비칠 것 같아 석연치 않았다. 또 10여 년이 지난 마당에 왕릉을 훼손한 범인을 잡아낼 방도가 전혀 없는 점도 난감했다. 그렇지만 도요토미 히데요시 정권을 계승한 일본의 최고 권력자로서 어떤 형식으로든지 의사를 표명하지 않으면 안 되는 것도 엄연한 현실이었다.

쓰시마번은 이러한 어정쩡한 사정을 꿰뚫어보고 도쿠가와 이에야스가 조선국왕에게 보내는 국서를 조선 측의 요구 조건에 맞춰 개작 또는 창작하였다. 국서에는 정중하게도 '일본국왕'이라는 인장이 찍혀 있고 명의 연호도 써 있었다. 일본도 명의 책봉체제에 들어 있다는 것을 보임으로써 조선의 호감을 사서 대등한 외교관계를 맺고 싶다는 뜻을 표현한 것이었다. 이와 아울러 쓰시마 섬 안의 죄인 2명을 왕릉훼손범으로 꾸며서 조선에 보냈다. 같은 해 11월의 일이었다.

조선정부는 일본이 보낸 국서와 범인의 진위를 둘러싸고 연일 격론을 벌였다. 조선정부는 결국 도쿠가와 바쿠후가 강화 조건을 받아들였다고 보고 국서를 접수하는 한편 범인도 처형했다. 때마침 만주에서 여진족이 흥기하여 북쪽 국경을 소란스럽게 할 조짐이 보였기 때문에 조선에서는 남쪽 국경을 안정시키는 일이 무엇보다도 시급한 과제로 부상했다. 그리하여 조선정부는 더 이상 일본과 실랑이를 벌일 계제가 아니라고 판단했던 것이다.

쓰시마번은 계속 쇼군이 조선국왕에게 보내는 국서를 위조하고, 조선국왕이 보내는 국서에도 손을 댔다. 국서의 위조는 조선과 일본의 틈바귀에 끼어 생존의 길을 모색할 수밖에 없었던 쓰시마번의 눈물겨운 처지를 잘 보여주지만, 외교 상식을 뛰어넘는 희대의 사기사건임이 틀림없다. 다른 한편에서 보면 이것은 중앙집권의 시스템이 제대로 정비되어 있지 못했던 일본외교의 맹점을 드러내는 증거이기도 했다.

고육지책의 회답겸쇄환사

어쨌든 조선정부는 강화 조건이 충족되었다고 보고 1607년 국왕의 이름으로 일본에 사절을 파견했다. 이 사절단의 명칭은 통신사가 아니고 '회답겸쇄환사(回答兼刷還使)'였는데, 총인원이 500여 명에 달하는 대규모였다. 쇼군의 국서에 회답한다는 의미로 일부러 회답사(回答使)라고 부르고, 침략전쟁에서 끌려간 피로인을 데려온다는 의미에서 쇄환사(刷還使)라는 용어를 덧붙였다. 사절단은 일본의 정세를 탐색하여 보고하는 역할도 했다. 이처럼 회답겸쇄환사는 조선정부의 주체적 대일자세가 확연히 드러나는 명칭이다.

쓰시마 번주 요시토시는 하루 빨리 조선과 수교하고 무역하고 싶은 마음에서 사절 일행을 수행하여 에도까지 왕복했다. 일행은 에도 성에서 도쿠가와 쇼군을 회견하고 국서를 교환하였다. 이로써 조선과 일본의 국교는 완전히 회복되었다. 이때 도쿠가와 이에야스는 이미 쇼군직을 아들 히데타다에게 물려준 뒤였다. 회답겸쇄환사는 에도에서 돌아오는 길에 시즈오카에 은거하고 있던 도쿠가와 이에야스를 회견했다. 그곳에서 하야시 라잔이 일행과 필담을 나눴다. 그는 이미 당대 일류의 유학자이자 역사학자로 성장했는데, 전통적인 일본 중화의식에 경도되어 있었다. 조선국왕은 쓰시마 번주 소 요시토시가 1615년 48세로 숨을 거두자 그의 노력을 가상히 여겨 원호(院號) 만송원(萬松院)을 본 딴 도서(圖書)를 내리고, 보리사(菩提寺)인 만송원에서 매년 1척의 무역선을 부산에 보낼 수 있도록 허락했다.

조선정부는 1617년에도 회답겸쇄환사를 파견했다. 도쿠가와 가문이 오사카 전투(1615)에서 도요토미 히데요시 가문을 멸망시킨 것을 축하한다는 명목이었다. 그렇지만 진짜 이유는 조선과 기유조약(己酉約條, 1609)을 맺은 쓰시마번이 조일관계를 안정시키기 위해 사절단 파견을 강하게 요청하고, 조선정부도 피로인을 귀환시키기 위해서는 그것이 필요하다고 판단했기 때문이다.

사절단이 도착했을 때 쇼군 도쿠가와 히데타다는 교토의 후시미 성에 있었다. 그는 도요토미 가문을 추종할 우려가 있는 서부 일본의 여러 다이묘를 통제하느라 눈코 뜰 새 없이 바빴다. 그런 와중에서 조선의 사절을 맞은 히데타다의 기분은 최상이었다. 아버지 도쿠가와 이에야스가 죽은 이후 후견인 없이 혼자의 힘으로 처음 국제의례를 주재한다는 자부심이 넘쳤다. 그는 자기 권력이 안정되었음을 국내외에 마음껏 과시할 수 있게 된 것을 기뻐했다. 그는 후시미 성의 큰 응접실에서 국서전달 의식을 거행한 후 금술잔을 들고 몇 차례나 사절의 원행(遠行)을 치하했다.

접견을 마친 사절단은 서부 일본에 산재한 피로인을 귀국시키려고 애썼다. 그러나 귀국 희망자가 적어 300여 명을 모으는 데 그쳤다. 전쟁이 끝난 지 20여 년이 경과하여 피로인 중에 일본에 생활기반이 마련된 자도 있었고, 귀국한 뒤의 생계를 걱정하는 사람도 많았다. 그들은 귀국을 주저했다. 전쟁의 상처가 아무리 심각하더라도 세월이 흐르면 새살이 돋고 잊히나 보다. 조선정부는 1624년에도 회답겸쇄환사를 파견했다. 도쿠가와 이에미쓰(德川家光)가 제3대 쇼군에 취임한 것을 축하하기 위해서였다.

한편, 쓰시마번은 1609년 조선과 꿈에도 그리던 통교무역(通交貿易)의 약조를 맺었다. 바로 기유조약이다. 이 조약은 12개 조항으로 되어 있는데, 일본 각지에서 조선으로 도항하는 모든 배는 조선정부가 쓰시마 번주에게 내준 허가증을 지참하도록 규정했다. 쓰시마번이 1년에 조선에 파견할 수 있는 배를 20척으로 한정했는데, 이것은 무로마치 바쿠후 때의 50척보다는 크게 줄어든 숫자였다. 조선침략을 선도한 것에 대한 책임을 물었기 때문이다.

이와 더불어 조선정부는 부산의 두모포(豆毛浦)에 왜관(倭館)을 설치했다. 왜관은 나중에 초량으로 확장 이전된다. 조선정부는 일본사절단의 상경을 엄격하게 금지했다. 일본사절의 상경로가 임진왜란 때 침략루트로 활용된 점을 무겁게 인식한 조처였다. 그리하여 그 후 일체의 일본사절은 왜관에서 국서 전달 등의 용무를 마쳐야만 했다. 아울러 쓰시마번의 가신들은 조선에서 세사미와 무역특권 등을 받는 대가로 조선국왕에 대해 신하로서의 예를 갖춰야만 했다. 쓰시마번이 조선정부에 코뚜레를 꿰인 셈이었다.

임진왜란 전후처리의 교훈

최근 북한과 일본의 관계는 최악의 상황이다. 북한에 의한 일본인 납치 문제의 처리를 둘러싸고 상호 불신이 팽배한 데다가, 미사일 발사와 핵실험의 강행 등으로 동북아시아의 안보 정세가 갈수록 불안해지고 있기 때문이다. 거기에다가 식민지 지배에 대한 사죄와 배상 등을 둘러싼 갈등이 얽히고설키어 양국은 대결국면을 벗어나지 못하고 있다.

이를 타개하기 위해서 2002년 9월 고이즈미 일본 총리가 두 차례나 평양을 방문하여 김정일 국방위원장과 정상회담을 갖고 국교 수립을 향한 포괄적 해결방향에 대해 합의한 바 있다. 그러나 2006년 9월 대북 강경노선을 천명한 아베 정권의 출현으로 양국관계는 오히려 더욱 험악해졌다.

일본의 외교관이나 지식인에게 북일관계를 개선하려면 임진왜란의 전후처리와 강화회담에서 교훈을 얻으라고 제언한다. 당시 조선정부와 에도 바쿠후도 하고 싶은 말이나 내세우고 싶은 조건은 많았다. 그러나 양국은 국교 회복과 무역 재개가 더 중요한 과제라는 것을 인식하고 적당한 선에서 타협했다. 쓰시마번의 국서위조까지도 눈감아주면서 말이다. 북한과 일본의 당국자들은 400여 년 전에 양국의 관계자가 발휘한 지혜에서 평화공생(平和共生)의 돌파구를 찾을 수 있는 영감을 얻어야 한다.

조일외교의 창구, 쓰시마와 이정암 윤번제

1633년 쓰시마번에서는 번의 존망을 좌우할 지도 모르는 대사건이 발생했다. 외교문서, 즉 국서를 위조해온 사실이 발각된 것이다. 그 경위는 번내의 권력투쟁에서 비롯되었다. 쓰시마번의 가신 야나가와씨(柳川氏)는 외교사무를 담당하면서 큰 힘을 갖게 되었다. 조선정부도 야나가와씨에게 도항증을 내줌으로써 그가 막대한 이익을 얻을 수 있도록 도와주었다. 그런데 나이 어린 번주가 자리에 오르자 야나가와씨와의 대립이 두드러졌다. 번주가 가신의 횡포를 바쿠후에 호소하자 야나가와씨도 번주가 국서를 위조한 사실을 제소한 것이다.

바쿠후의 조사를 계기로 쓰시마 번주의 사기행각이 백일하에 드러났다. 그런데 예상을 뒤엎고, 바쿠후는 1635년 국서 위조가 가신의 자의적 소행이라고 규정하고 오히려 야나가와씨에게 벌을 내렸다. 그뿐 아니라 쓰시마 번주로 하여금 자신을 갖고 조선외교를 전담하라고 격려했다. 에도 바쿠후는 쓰시마번을 매개로 한 조선외교를 손상시키고 싶지 않았다. 국서위조사건은 오히려 조선외교에서 쓰시마 번주의 역할이 얼마나 중요한 것인가를 바쿠후에 재인식시키는 계기가 된 셈이었다. 쓰시마번은 바쿠후가 선택한 이중외교의 도식 속에 들어 있는 한 독자적 지위를 보장받고, 조선무역을 독점적으로 운영할 수 있는 권한을 손아귀에 넣을 수 있게 되었다.

에도 바쿠후는 조선외교를 통제하고 국서위조를 방지하기 위해 쓰시마번에 실무담당자 2명을 파견하여 외교문서를 관장하게 하는 제도를 만들었다. 이것이 바로 이정암윤번제(以酊庵輪番制)다. 1635년부터 실시한 이 제도는 메이지 유신 이후 일본정부가 쓰시마번의 조선외교권을 박탈할 때까지 존속했다. 이정암에는 1명의 석학 승려가 2년마다 교대로 파견되었다. 이들은 교토5산의 석학 중에서 선발되었다. 윤번승은 쓰시마 수문직(修文職)에 임명되어 바쿠후가 조선과 주고받는 외교문서를 검열·번역·작성하는 등의 일을 맡았다. 이들에게는 매년 쌀 80석이 지급되고, 쓰시마번으로부터도 100석의 수당이 제공되었다. 조선도 그들에게 이정암 명의(名義)의 특송선을 부산에 파견하여 무역을 허용했기 때문에 경제적으로는 여유가 있었다. 윤번승은 임기 중에 통신사가 오면 쓰시마로부터 에도까지 통신사 일행을 수행하는 접반(接伴) 또는 관반(館伴)이라는 역할도 맡았다.

　이정암의 윤번승은 한문에 조예가 깊고, 유학과 불교에 대한 지식이 풍부하며 서화(書畵)에도 능했다. 그들은 통신사를 수행하면서 필담으로 의사소통을 하고, 또 긴 여정 중에 각지의 풍물을 제제(提題)로 삼아 시문을 주고받았다. 통신사가 남긴 사행록에는 이정암의 윤번승을 비롯해 교토5산의 승려들과 교류한 기록이 많이 남아 있다. 윤번승이 임무를 무사히 마치고 귀산(歸山)하면 본산의 주지가 된다. 또 5산의 상위에 있는 난젠지의 공문을 수령하여 '준남선위(準南禪位)'라는 이름의 명예 법위(法位)까지 받았다.

　쇼코쿠지 지조인(慈照院)은 바쿠후 말기까지 여섯 차례나 윤번승을 냈다. 임제종의 대본산인 쇼코쿠지는 지금도 교토시 상경구 남단에 광대한 사찰 부지를 가지고 있다. 그 칠당(七堂) 가람의 주위에는 많은 탑두(塔頭)가 본사를 둘러싸듯이 서 있는데, 거기에서 조금 떨어진 서북쪽에 지조인이 자리 잡고 있다. 쇼코쿠지 자체는 1382년에 창건되어 교토5산의 두 번째 자리에 올랐다. 지조인은 그보다 늦게 1405년 8대 쇼군 아시카가 요시마사(足利義政)의 영당(影堂)이 되자, 칙명에 따라 그의 원호(院號)를 본 따 지조인이라고 개칭된 것이다. 그 후 거듭되는 교토의 대화재에도 불구하고 불타는 것을 면해, 국가의 중요문화재와 중요미술품 등을 다수 소장하고 있는 명찰(名刹)이 되었다.

지조인의 보물 중에는 통신사가 남긴 훌륭한 묵적(墨跡)과 회화도 여러 점 포함되어 있다. 《한객사장(韓客詞章)》이라는 표제가 붙은 4권의 두루마리 속에는 이정암의 윤번승인 벳슈 소엔(別宗祖緣, 1657~1714)과 정사(正使) 조태억(趙泰億) 등이 교환한 시문이 들어 있다. 모두 양질의 조선종이에 쓴 귀중한 사료다. 교토조형예술대학의 나카오(中尾) 선생의 안내로 통신사가 묵었던 다이도쿠지, 혼포지, 지조인, 혼코쿠지 등을 답사했는데, 특히 지조인에서 통신사가 남긴 시문과 서화 60여 점을 직접 감상하고 사진을 찍을 수 있었다. 이 귀중한 자료를 정확히 점검하고 번역하여 소개하는 것은 지금부터의 과제라고 생각한다. 이처럼 통신사는 엄격한 외교교섭의 와중에서도 일본의 지식인과 학문과 예술을 주고받는 교류를 계속했던 것이다.

정탐과 교린 사이를 오간 통신사

에도 바쿠후는 권력기반이 안정되고 국제관계가 원만하다는 것을 국내외에 과시하기 위해 조선정부에 통신사 파견을 요청했다. 아울러 국서에는 종래에 사용한 일본국왕이라는 호칭 대신에 일본국대군(日本國大君)이라는 호칭을 사용해달라고 요청했다. 왜 이 명칭이 문제가 되었는가? 일본의 애매한 정치권력 구조에 분란의 씨앗이 숨어 있었다.

원래 조선은 일본의 정치권력 구조를 무언가 석연치 않게 여기고 있었다. 실권은 없는 것 같은데, 교토에는 일본을 대표하는 상징으로서 덴노라는 것이 존재한다. 그리고, 그 밑에 위치하는 듯하나, 실제로 권력을 장악하고 있는 쇼군이 에도에 따로 존재한다. 그리하여 조선은 임진왜란 이전까지 외교의 상대로서 덴노를 제치고 쇼군을 상대했다. 그리고 무로마치 바쿠후의 쇼군 아시카가 요시미치가 명의 책봉을 받은 직후인 1404년부터 외교문서에서 쇼군을 일본국왕이라고 호칭했다. 그를 일본 최고의 실권자로 인정한 것이다. 반면에 바쿠후의 쇼군은 외교문서에서 자신을 국왕이라 칭하지 않고 상국(相國)이라고 썼다.

임진왜란 후 도쿠가와 이에야스가 1606년 조선에 강화(講和)를 요청하기 위해 보낸 국서에서는 쇼군을 일본국왕으로 호칭하고 있다. 나중에 발각된 사실이지만, 일본국왕이라는 호칭은 강화를 성사시키기 위해 안달이 난 쓰시마번에서 고쳐 쓴 것이었다. 조선 측이 일본의 실질적 통치자로서 조선국왕과 외교상 대등한 격이 되기 위해서는 일본 측에서도 반드시 일본국왕이라는 칭호를 사용해야 한다고 강력히 요구했기 때문이다.

그렇지만 일본 측의 사정은 달랐다. 덴노가 비록 실권은 없으나, 덴노와 쇼군은 형식상 군신관계(君臣關係)의 처지였다. 그렇다고 하여 중국의 경우처럼 텐노와 쇼군이 황제와 왕처럼 실제로 상하관계로 맺어진 것도 아니었다.

일본의 애매모호한 정치권력 구조는 조선과 일본의 외교과정에서 항상 말썽이었다. 1630년대에 접어들어 에도 바쿠후는 정치가 안정되고 국제 교류가 순탄해지자 쇼군의 대외적인 칭호를 일본국왕에서 일본국대군으로 변경했다. 이때 조선은 명분을 내세워 일본국왕을 고집할 수 없는 처지였다. 일본이 얼러대는 데다가 만주에서 청이 대두하여 북방의 국경이 위태로웠다. 그리하여 조선은 일본국대군이라는 칭호를 수용하는 자세를 보였다.

1627년과 1636년에 조선은 금·청의 침략(정묘호란, 병자호란)을 받아 국토를 유린당하고 굴욕적인 군신(君臣)의 사대관계를 맺을 수밖에 없었다. 그리하여 조선은 일본과 우호관계를 유지하는 것이 시급한 상황이었다. 이런 배경 아래 조선은 1636년에 일본에 통신사를 파견했다. 이후 통신사는, 1811년까지 모두 아홉 차례 파견되었다. 통신사는 일본에서 쇼군의 교체 등이 있을 때, 바쿠후의 요청을 받아 축하 명목으로 파견하는 사절이었다. 일본에서는 바쿠후의 사절을 조선에 파견하지 않았다. 쓰시마번이 이것을 대행했기 때문이다. 조선정부도 임진왜란 이후에는 일본사신의 한성 왕래를 금지했다.

통신사는 문자 그대로 대등한 처지에서 신의(信義)를 주고받는 사절이었다. 그렇지만 내심으로 에도 바쿠후는 일본을 중심으로 한 화이질서(華夷秩序) 속에서 조선을 바라보았고, 조선도 중화문화의 계승자라는 의식을 가지고 일본을 내려다보고 있었다. 즉 양국의 외교는 동북아시아의 국제질서 속에서 상대방에 대한 우월의식을 바탕으로 하여 전개됐다.

통신사의 여정, 환대 속에 꽃핀 성신외교

에도 바쿠후는 통신사가 오면 국역(國役)이라는 국가적 조세제도를 통해 각지의 다이묘(大名)에게 접대의 부담을 전가했다. 그리고 사행로의 수선은 물론이고 구경꾼의 행동거지까지도 규제하는 지시를 내렸다. 바쿠후는 이렇게 사절에 대한 송영(送迎) 제도를 정비함으로써 국가외교의 색채를 강화하려 했다. 이것이 국내외에서 바쿠후 정권의 권위를 높인다고 인식했기 때문이다.

조선정부도 문화적으로 우월한 나라라는 의식을 가지고 일본을 교화함으로써 평화관계를 유지하고자 했다. 조선정부는 정사(正使), 부사(副使), 종사관(從事官)을 비롯하여, 소동(小童), 악대, 무인, 의사, 통역, 화가 등으로 500명 규모의 일행을 구성했다. 일본인을 응접하는 책임자인 제술관에는 일류 문인이 선발되었다. 일본 최대의 산킨고타이(參勤交替) 행렬이 가가 마에다번(加賀 前田

藩, 1827)의 2000여 명임을 생각하면 통신사 행렬이 얼마나 웅장했는지 짐작할 수 있다.

통신사가 지나는 길은 대략 세 구간으로 나누어진다. 제1구간은 한성에서 부산까지의 육로이며, 제2구간은 부산에서 오사카와 교토까지의 뱃길, 제3구간은 교토에서 에도까지의 육로다. 통신사 일행은 출발에 즈음하여 한성의 창덕궁에서 국왕을 배알한다. 육로를 거쳐 부산에서 재집결하여 도쿠가와 쇼군 등에게 줄 선물을 비롯해 다양한 진물품(進物品)을 3척의 배에 나누어 싣는다. 거기서 길일을 골라 바다 신에게 항해의 안전을 비는 의식을 거행한다.

통신사 일행의 선단은 길이 40미터에 달하는 정사선(正使船), 부사선(副使船), 종사관선(從事官船) 외에 화물선 3척까지 포함해 도합 6척이었다. 여기에 쓰시마번에서 영접하기 위해 나온 배들을 합치면 거대 선단이었다. 그들은 순풍이 부는 날을 골라 쓰시마로 향했다. 그곳에서는 10일 내지 20일 정도 체재했다. 통신사 일행은 해로를 통해 오사카까지 이동하였다. 여기까지는 조선 배를 이용했는데, 오사카에서 요도가와(淀川)을 거슬러 올라가 교토로 갈 때는 일본 배로 옮겨 탔다.

교토로 향하는 통신사 일행의 모습은 요도번의 번사 와타나베 모리카네(渡邊守業)가 1748년에 상세하게 그린 극채색의 그림을 통해서 알 수 있다. 통신사 선단을 맞이하기 위해 강바닥은 이미 배가 잘 통행할 수 있도록 준설되어 있었지만, 그래도 미덥지 않아

서인지 준설선 5척이 강바닥의 모래를 쓸어내며 달린다. 대선단의 선두에는 쓰시마 도주선이 있고, 그 앞을 안내선 2척이 선행한다. 수십 척의 호위선 가운데 국서를 안치한 국서선과 정사선 등을 수많은 예선(曳船)이 이끌며 인도한다. 양쪽의 강둑에는 수십만의 환영인파가 북적대는데, 저녁에는 수천 개의 횃불이 대낮처럼 불을 밝혔다고 한다. 대선단을 이끄는 배꾼은 연인원 4만 명에 달하고, 접안을 돕기 위해 모인 인부만 1500여 명이었다.

    요도의 당인안목(唐人雁木)이라는 선착장에 상륙한 통신사 일행은 일직선으로 뻗은 도로를 따라 교토의 도지(東寺, 지금의 교토역 서남쪽)까지 나아간다. 그리고 아부라코지(油小路)를 북으로 거슬러 올라가 앞에서 소개한 사원에서 숙박한다. 통신사 일행은 2열로 행진하는데, 노상의 어린이에게 과자나 팽이를 나눠줬다. 통신사가 교토에 도착하기 1년 전부터 3조대교(三條大橋)와 야마토대로교(大和大路橋)는 정성껏 정비되고, 관람코스인 삼십삼간당과 대불전은 새로 색칠을 했다. 통신사가 도착한다는 연락이 오면 마쓰바라와 무로마치 가로 옆의 민가는 발을 내리고 양탄자를 깔며 흰모래를 뿌리는 등 야단법석이었다. 교토에서 인쇄된 각종 판화에 조선인의 모자, 부채, 인형, 주사위 등의 장난감이 많이 등장하는 것을 보면, 일반인에게도 통신사의 이미지가 강하게 새겨져 있었음을 알 수 있다.

    교토 히가시야마(東山)의 호코지(方廣寺)와 도요쿠니 신사(豊國神社) 앞에 이총(耳塚)이 있다. 임진왜란 때 조선인의 귀와 코를 베다가 묻은 무덤이다. 일본으로 끌려온 조선인은 이곳에 쌀을 가지고 와서 제사를 지내곤 했다. 통신사 일행도 이 앞을 지날 때는 아픈 마음을 금할 수 없어 울음을 터트리는 경우도 있었다.

한번은 제술관으로 통신사 일행에 참여한 신유한(申維翰)이 귀로에 호코지의 대불(大佛) 앞에서 열린 향례의 연회에서 아메노모리 호슈(雨森芳洲, 1668~1755)와 실랑이를 벌인 적이 있다. 신유한은 원수 같은 적장 도요토미 히데요시의 사당 도요쿠니 신사와 조선인의 코와 귀를 베다 묻은 이총 앞에서 베푸는 연회를 받아들일 수 없다고 거절했다. 아메노모리는 이 절이 히데요시의 원찰(願刹)이 아니라고 우기며 연회에 참석할 것을 종용했다. 그리고 거꾸로 조선은 어째서 일본을 왜, 왜인, 왜추(倭酋)라고 부르냐고 항의했다. 신유한은 왜 조선인을 당인(唐人)이라고 부르느냐며 반박했다. 결국 통신사의 정사, 부사, 제술관이 연회에 참석했는데, 이들은 귀국한 후 지탄을 받았다. 일본 측은 귀한 손님을 접대하기 위해 연회를 베푼다고 했지만, 사실은 인근의 이총을 상기시키며 위압하겠다는 뜻이 숨어 있었다. 이런 실랑이가 부담이 되었던지, 에도 바쿠후는 통신사가 교토에 올 때는 이총 주위에 발을 쳐서 가리기도 했다.

그러나 통신사와 접반사(接伴使)가 왕복 8개월에 걸쳐 여행을 함께 하다보면 마음을 터놓는 친구가 되었다. 특히 아메노모리 호슈는 그 과정에서 교린(交隣)의 기본 법도를 깨닫고 평생을 조선 외교에 몸을 바친 별난 지식인이다. 그는 조선과 일본이 대등(對

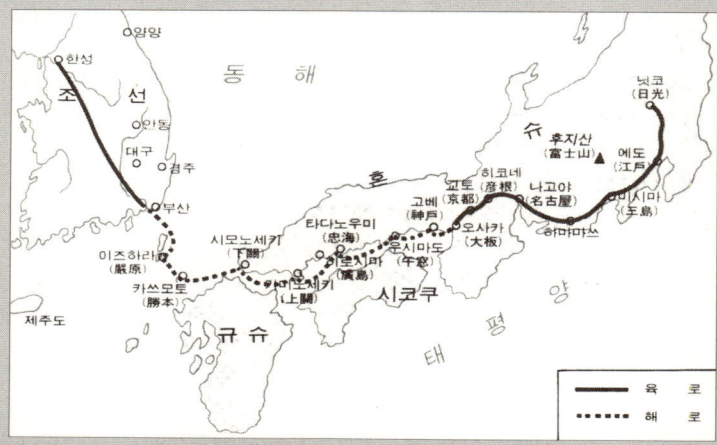

▲ 〈통신사행렬도〉. 국사편찬위원회 소장.
▲▲ 통신사의 노정. 서울에서 부산까지 육로로, 부산에서 배를 타고 오사카까지 간 다음 강을 거슬러 올라가 교토로, 이후부터는 육로로 도쿄를 향했다.

▲◀ 통신사가 머무른 곳에는 사절단이 남긴 시와 그림이 여러 점 남아 있다. 지온인에 소장된 혜원 신윤복의 그림(위)과 《한객사장》이라는 제목으로 보관된 통신사 조태억과 이정암 윤번승의 시문(아래).

等), 호혜(互惠), 부전(不戰)의 원칙 아래 성신(誠信)의 마음으로, 바꾸어 말하면 서로 기만하지 않고 진실을 가지고 사귀어야 한다고 주장했다. 자신의 이익을 위해서라면 국서조차 위조했던 에도 시대에 보기 드문 선각자였다. 미운정 고운정이 다 든 통신사와 접반사는 마지막에 쓰시마에서 헤어질 때 섭섭하여 눈물을 흘리기도 했다.

통신사 일행은 교토부터는 육로를 통해 에도로 향했다. 3조대교를 건너 오쓰(大津)로 가서 일박하고 나카센도(中山道)로 접어들었다. 답사를 해보니 그 길의 잔영(殘影)이 지금도 선명하게 남아 있었다. 도로의 폭은 5미터 정도다. 비와코(琵琶湖) 동편에는 통신사의 전용도로인 '조선인가도'가 설치되었는데, 지금도 그때의 장대한 행렬이 지나갈 것 같은 환상을 불러일으킨다. 한성에서 에도까지는 4개월 내지 5개월이 걸렸다.

통신사 일행은 일본 국내를 여행하는 도중에 일본의 학자, 문인, 승려, 의사, 화가 등을 만나 시문으로 응수(應酬)하거나 필담을 나누는 등 활발하게 교류했다. 당시 일본에서는 유교와 한시가 교양의 필수 요소로 인식되었기 때문에 우수한 유학자나 문학자가 포함된 통신사 일행은 존경과 환영을 받았다. 이들의 숙사는 찾아오는 학자와 문화인으로 대단히 붐볐다. 그리하여 새벽닭이 울 때까지 잠을 못 이루는 경우가 많았다.

에도에 도착한 통신사 일행은 거기서 20일 내지 30일 동안 머물렀다. 통신사가 쇼군에게 국서를 전달하면 쇼군은 원로(遠路)를 위로하는 잔치를 베풀었다. 일본 국내에서 통신사 일행이 오가는 길은 같았지만, 조선에서는 왕복하는 길이 서로 달랐다. 도로변 주민의 부담을 줄여주기 위한 배려 때문이었다.

통신사 일행은 일본과 조선에 다양한 영향을 미쳤다. 통신사 일행을 수행하던 아이들의 춤에서 유래한 가라코오도리(唐子踊り)나 통신사 행렬을 본 딴 도진오도리(唐人踊り)가 오늘날에도 일본에서 공연되고 있다. 조선의 지식인층 사이에서는 일본 사정에 대한 인식이 심화되어 일본을 재평가하려는 움직임이 나타났다. 이런 상호작용 속에서 쓰시마번의 유학자 아메노모리 호슈는 양국이 서로 속이지 말고 성의를 가지고 교류해야 한다고 주장했다. 이처럼 통신사는 일본과 조선의 문화교류와 상호이해를 촉진하는 중요한 매체가 되었다.

통신사 외교의 변질, 역지통신

1636년부터 9차에 걸쳐 파견된 통신사 외교는 1811년을 마지막으로 막을 내렸다. 그런데 마지막 통신사는 매우 이례적인 형태를 띠었다. 첫째, 쇼군의 취임을 축하하는 명목으로 파견되었던 통신사의 관례가 무너졌다. 쇼군은 이미 24년 전에 취임했던 것이다. 둘째, 바쿠후 정권의 소재지인 에도가 아니라 조선에서 가장 가까운 쓰시마에서 통신사의 응접이 이루어졌다. 이것을 '역지통신(易地通信)'이라 부른다.

일본은 재정지출을 줄이기 위해 역지통신을 제안했다. 통신사의 응접에는 막대한 경비가 들었다. 특히 통신사가 육로로 이동할 때 그 인근의 다이묘와 농민은 필요한 인마와 경비를 부담해야 하므로 어려움이 컸다. 도쿠가와 바쿠후는 해안방비를 위해 다이묘를 동원할 것을 구상했는데, 그렇게 하기 위해서는 쓰시마에서 통신사를 응접함으로써 육지를 왕래할 때 드는 막대한 비용을 줄일 필요가 있었다. 18세기 말 이래 차츰 현실 문제로 다가온 서구열강의 접근이 통신사 외교의 전환을 재촉했다.

조선정부는 처음에 역지통신에 대해 강하게 반발했다. 쓰시마번의 농간이라고 여겼기 때문이다. 그러나 조선정부가 바쿠후와 직접 교섭하여 역지통신이 통신사와 관련된 경비를 줄이기 위한 바쿠후의 정책임을 확인하고 이에 응하기로 했다. 당시 조선도 자연재해가 빈발하고, 주요 예물이었던 인삼의 확보가 곤란했기 때문에 역지통신은 받아들일 만한 제안이었다. 게다가 17세기 중반 이후 계속된 동북아시아의 평화는 통신사의 또 다른 목적인 탐적(探敵)의 필요성을 약화시켰다. 이렇게 경제·외교·군사 등 다방면에서 통신사의 의의가 줄어들자 조선정부는 에도 바쿠후의 제안을 받아들여 1811년 5월 쓰시마에서 역지통신을 실현했다.

에도 바쿠후는 1837년 새 쇼군이 취임하자 쓰시마번을 통해 조선정부에 또 역지통신을 제안했다. 양국은 1842년 1월에 쓰시마에서 역지통신하기로 합의했으나, 바쿠후는 생각을 바꿔 오사카에서 만나자고 수정안을 제시했다. 쇼군직 승계와 외교권 장악을 모든 다이묘에게 과시하는 데는 쓰시마보다는 오사카가 유리하다고 판단했기 때문이다. 조선정부는 응접 장소의 갑작스런 변경에 강하게 반발하여, 10여 년 후인 1856년에 통신사를 파견한다는 것을 조건으로 오사카 역지통신안을 받아들였다. 그러나 예정된 해가 되기 전에 쇼군이 급서(急逝)함으로써 이 계획은 실현되지 못했다.

그 후에도 양국은 통신사를 실현시키기 위해 계속 교섭했다. 그러나 서양 열강의 압박이 강해짐에 따라 외교정책에서 통신사가 가지는 중요성은 점차 저하되어 갔다. 그렇지만 그런 상황이었기 때문에 오히려 신의와 정보를 주고받은 통신사 외교가 유지될 필요가 있었다. 부질없는 공상이지만 19세기 중엽까지 통신사 외교가 계속되었더라면 개항 전후의 한일관계사는 새로운 차원에서 전개될 수 있었을 것이다.

통신사, 관광상품으로 부활하다

일본에서는 10여 년 전부터 통신사와 연고가 있는 지방자치단체가 해당 지역을 돌아가며 교류 행사를 매년 개최하고 있다. 통신사를 지역경제와 향토문화를 활성화시키는 데 활용하기 위해서다.

2005년 11월에 오가키시(大垣市)에서 열린 집회에 참석한 적이 있다. 오가키는 통신사 일행이 10차례나 머무른 곳이다. 그렇기 때문에 오가키에는 아직까지 통신사의 흔적을 엿보게 하는 춤이나 조각 등이 남아 있다. 오가키시 종합복지회관에서 열린 교류 행사에는 일본 전국에서 200여 명 정도가 참석하여 성황을 이뤘다. 참석자는 대부분 통신사가 지난 각 지역의 문화 관계 공무원이거나 시민단체다. 이 모임은 학술적이라기보다는 관광과 교류 등에 초점을 맞춘 이벤트성 행사였다. 역사를 실용적으로 활용하는 데 능한 일본다운 발상이라고 감탄했다.

통신사 마쓰리는 일본과 한국의 우호친선을 증진하는 것도 그 목적의 하나이다. 그렇기 때문에 한일친선을 바라는 우리로서도 이런 행사를 마다할 까닭이 없다. 2007년은 '통신사 400주년'이다. 이를 계기로 통신사 기념 행사는 더욱 성대하게 치러질 것이다.

비단·인삼·은화의 교역과
교토의 번영

동아시아에 꽃핀 사무역

조선과 일본의 무역은 외교체제의 정비과정과 밀접하게 연동하며 발전했다. 임진왜란의 전후처리가 매듭지어지고 외교사절의 파견이 회답겸쇄환사에서 통신사로 안정화되어 감에 따라 조일무역은 활기를 띠게 되었다. 특히 1661년에 청이 중국을 통일하고, 1678년에 부산의 초량에 거대한 새 왜관이 낙성되자 중국─조선─일본 사이의 동아시아 무역은 전에 없이 활발해졌다.

조선은 책봉체제의 전통에 따라 해마다 정례 및 임시의 조공사절단을 중국에 파견했다. 이것이 바로 연행사(燕行使)다. 중국 황제는 주변국의 군장에게 관호나 작위를 주어 책봉(冊封)하고, 주변국의 군장은 사신을 보내 황제에게 토산품을 바쳐 조공(朝貢)했다. 황제는 이에 대해 많은 답례품을 주어[回賜] 대국의 위덕을 과시했다. 조공에는 '회사'가 수반되기 때문에 이것은 일종의 공무역(公貿易)이라 볼 수 있다. 이러한 조공—책봉의 외교관계가 가장 엄격하게 지켜지고 빈번하게 이루어진 때가 바로 조선과 청 왕조였다.

그런데 외교사절이 이동하는 데 맞춰 조선과 청의 국경(주로 의주)에 무역상인이 몰려들었다. 연행사 일행도 북경에 머무는 동안 가지고 간 물자를 교역했다. 그들에게는 일정 범위 안에서 사사로이 무역을 할 수 있는 권한이 부여되었다. 이러한 무역이권을 향유하기 위해 한성이나 개성 또는 의주의 상인들이 치열하게 경쟁했다. 그리하여 사행로(使行路)를 중심으로 하여 공무역을 훨씬 능가하는 사무역(私貿易)이 전개되었다. 그 과정에서 밀무역도 성행했다.

사무역은 조선과 일본 사이에서 더 활발했다. 조일무역은 쓰시마번이 중개했는데 부산에는 쓰시마 사람이 거주하며 무역에 종사하는 왜관이 설치되어 있었다. 이후 초량으로 이전한 신 왜관의 면적은 약 10만 평으로서, 두모포에 있었던 구 왜관보다 10배나 넓었다. 일본의 나가사키에 설치된 중국상인 거류지[唐人敷]가 약 1만 평, 네덜란드 상인 거류지[出島]가 4000평인 것과 비교하면 10~25배에 해당했다.

왜관의 신축 공사에는 연인원 125만 명의 조선인 목수와 인부가 동원되었다. 여기에 연인원 2000명의 일본인 목수와 인부가 가세했다. 그야말로 양국 합작의 대형 프로젝트가 추진된 셈이다. 총 공사비는 조선 측에서 지불한 것만 대략 쌀 9000석, 은 6000냥인데 공무역으로 그것을 충당했다.

신 왜관에는 약 500여 명의 성인 남자가 거주했다. 이들은 대체로 3년마다 교대했기 때문에 쓰시마의 성인 남자는 일생에 한 번 이상 이곳에서 생활한 꼴이었다. 신 왜관이 낙성된 이듬해(1679) 일본인이 드나들 수 있는 지역의 경계가 정해졌다.

쓰시마는 왜관을 통해 조선으로부터 공작미(公作米)를 받았다. 공작미는 공무역의 결제대금을 쌀로 환산한 것인데 해마다 1만 6000가마니 정도였다. 이와는 별도로 조선정부는 일본사신에게 체재비 명목으로 주는 각종 잡물을 쌀로 환산해 주었다. 1790년의 경우에는 그것이 약 4000여 가마니나 되어 공무역의 4분의 1에 해당했다. 이런 공작미 등이 바로 쓰시마의 중요한 식량자원이었다.

그런데 봉진(奉進)이나 공무역과 달리 사무역은 수량에 제한이 없어서, 이것을 합리적으로 경영한다면 큰 이익을 얻을 수도 있었다. 그리하여 쓰시마 상인은 왜관에서 돈이 될 만한 물건을 대량으로 사들여 빨리 일본으로 가져가 팔 수 있는 시스템과 네트워크를 구축했다. 교토·오사카·에도 등의 거대 소비지에 어용상인을 지정하고 번저(藩邸)를 설치했다. 특히 에도를 중심으로 인삼 복용이 크게 유행하게 된 사정을 감안하여, 에도에 인삼 판매소인 인삼좌(人蔘座)를 설치하여 직영했다(1674). 교토와 오사카의 번저에서는 생사(生絲)나 견직물을 판매했다.

교토의 국제무역로, 다카세가와

교토의 거리를 걷다보면 아름답고 고즈넉한 풍경에 끌려 걸음을 멈추고 사색에 잠길 때가 더러 있다. 철학의 길, 네네의 길, 폰토초, 가모가와 둔치, 다카세가와 주변 등이 특히 마음을 사로잡았다. 나는 매사를 역사의 흐름 속에서 파악하기를 좋아하여, 그런 풍경에 조우할 때마다 그 거리의 연원을 더듬어보곤 했다. 그런데 깜짝 놀란 것은 그런 곳의 역사에는 어김없이 한국과의 깊은 인연이 숨어 있다는 사실이었다.

다카세가와(高瀨川) 주변도 그러했다. 2조(二條)에서 시작하여 5조(五條)까지 가모가와(鴨川)에서 한 블록 떨어진 곳을 평행으로 흐르는 다카세가와는 지금은 좁고 얕은 개천에 불과하다. 그렇지만 통신사가 왕래했을 때는 다카세부네(高瀨舟)라고 불리는 배가 드나들 수 있을 정도로 넓고 깊었다. 다카세부네는 오사카와 교토를 부지런히 왕래하며 조일무역품을 실어 날랐다. 그곳에 서서 17~18세기에 교토를 풍미했던 중국의 비단, 조선의 인삼, 그리고 일본의 은화를 상상했다.

다카세가와 그 주변은 지금 버드나무 가지가 하늘거리고 격조 높은 술집이 처마를 맞대고 있다. 그렇지만, 에도 바쿠후 시대만 하더라도 뱃사람과 장사꾼이 운집하여 시끌벅적한 국제시장이었다. 이러한 경제 기반이 있었기 때문에 도쿠가와 바쿠후 말기에 유신을 꿈꾸는 지사들이 다카세가와 주변에 몰려들고, 마침내 혁명의 장소가 되었을지도 모른다. 자주 다카세가와 주변을 거닐면서 동아시아의 무역 실태와 메이지 유신의 활극을 상상해 봤다. 그러면 하루해가 금방 지나곤 했다.

다카세가와는 교토 서쪽 사가(嵯峨)에 살던 금융업자 스미노쿠라 료이(角倉了以)가 만든 운하다. 스미노쿠라는 대대로 의술을 가업으로 하는 한편, 무역업과 금융업 등을 경영했다. 료이는 1603년 도쿠가와 바쿠후의 명령으로 안남국(安南國)과 주인무역(朱印貿易)을 시작하여 막대한 부를 축적했다. 료이는 1604년 호즈가와(保津川, 桂川)를 개착(開鑿)하여 배가 다니게 함으로써 교토 서쪽의 야마시로국(山城國)과 단바국(丹波國) 사이에 교역을 시도했다. 호즈가와 상류 지역에서 벌목하여 뗏목을 만들어 흘려보내면 사가에서 건져 올려 교토의 건물을 짓는 데 활용했다. 또 배를 통행시켜 곡물·장작·소금·금물 등을 수송하여 막대한 이익을 얻었다. 현재 이곳은 뱃놀이 관광코스로 유명하다. 벚꽃이 만개한 아라시야마 사이의 호즈가와 계곡을 배를 타고 내려오면서 신라계 도래인이 빚은 맑은 술을 음미하는 것은 그야말로 신선놀음이다.

호즈가와 개착에 성공한 스미노쿠라 료이는 이어서 후지가와(富士川)·텐류가와(天龍川)의 뱃길 개발에도 손을 댔다. 그리고 1610년 도요토미 히데요리가 지진으로 무너진 호코지 대불전을 재흥할 때는 후시미로부터 3조대교(三條大橋) 아래까지 재료를 운반하기 위해 가모가와에 수로를 확보했다. 그리하여 오사카에 흘러드는 요도가와 수운과 교토를 관통하는 가고가와 수운이 접속하게 되었다. 이것을 계기로 료이는 본격적으로 후시미와 교토를 연결하는 운하, 즉 다카세가와의 개착을 계획했다.

　스미노쿠라 료이는 1611년 당초 둔치였던 가모가와 서쪽을 따라 2조부터 5조까지 수로를 파기 시작했다. 그리고 2조에서 가모가와의 물을 끌어들였다. 가모가와를 가로질러 후시미에 이르는 운하가 완성된 것은 1614년 가을이었다. 2조에는 다카세가와의 주운을 지배하는 스미노쿠라의 저택을 지었다. 현재는 간코니조엔이라는 요정이 자리 잡고 있다. 그 앞의 선창에는 복원된 다카세부네의 모형이 매여 있어 옛날의 영화를 짐작할 수 있다. 선창의 북쪽에 있는 건물은 시마즈(島津) 창업기념자료관이다. 다카세가와는 이곳으로부터 일직선으로 남쪽으로 흐른다. 강가에는 버드나무가 심어져 있고, 주변에는 격자문에 발을 친 음식점과 여관 등이 늘어서 있다.

　다카세가와의 개통으로 오사카에서 요도가와에 들어선 배는 후시미에서 짐을 다카세부네에 옮겨 싣고 교토의 중심부까지 진입하게 됐다. 다카세부네는 모두 159척인데, 운임은 1척 1회당 2관 500문이었다. 그 중 1관이 바쿠후의 몫이고, 250문은 배 수선비, 나머지 1관 250문이 스미노쿠라의 차지였다. 배 1척에는 보통 쌀 30석 정도를 실을 수 있었다. 다카세가와에는 여덟 곳의 적하장(積荷場)이 있었다. 그때까지 후시미―교토의 운수는 오로지 마차와 짐차에 의지했는데, 다카세가와의 완성으로 주운(舟運)이 그것을 능가하게 되었다. 그 덕분에 교토 사람들은 미곡과 장작의 가격이 내려서 기뻐했다. 스미노쿠라 료이의 사후에는 그의 후손이 다카세가와 옆의 2조에 주거와 창고를 만들고 주운을 독점하여 번영했다.

스미노쿠라 료이의 아들인 요이치는 가업을 계승하여 사업을 발전시키는 한편, 학문을 좋아하여 출판 사업에도 손을 댔다. 지금도 '사가본(嵯峨本)'은 고서시장에서 고가로 팔리고 있다.

일본의 출판 문화는 발전이 늦고, 내용도 경전과 한적(漢籍)이 대부분이었다. 그러나 기독교 전래와 더불어 들어온 활판인쇄기술과 임진왜란 때 약탈한 조선활자의 영향을 받아 일본에서도 드디어 일반인을 상대로 한 출판이 시작되었다. 임진왜란 때 병조판서, 영의정 등의 요직에 있던 유성룡(柳成龍, 1541~1607)은 왜군의 침입을 막지 못한 점, 전란 중에 정부의 대응에 잘못이 있었던 점 등을 자기 비판적으로 정리한 《징비록(懲毖錄)》을 저술했다. 1659년 교토의 야마토야(大和屋)는 이 책을 조선종이로 출판했다.

'사가본'은 일본의 고전을 취급한 출판으로서는 가장 앞섰다. 18세기에는 교토의 명소를 소개하는 관광안내서도 많이 출간되었다. 다카세가와는 철도와 도로가 주운을 대체하는 근대화 바람에 밀려 1920년을 최후로 운행을 중지했다.

동아시아에 열린 무역 고속도로
17~18세기의 조일무역은 조선상인과 쓰시마 상인이 주도했다. 조선상인은 중국에 인삼을 팔고 생사(生絲)와 비단 등을 사서 쓰시

▲ 오사카와 교토를 연결하는 조운로인 다카세가와는 동아시아 교역의 고속도로였다.
◀ 호즈가와 역시 교토와 서쪽의 야마시로, 단바를 연결하는 교역로였다. 지금은 뱃놀이로 유명하다.

마 상인에게 되팔았다. 결제는 일본의 은화와 동화로 이루어졌다. 18세기 초에 일본이 쓰시마를 경유하여 조선에 지불한 은화의 양은 나사사키를 경유해 중국과 네덜란드에 지불한 액수보다 훨씬 더 많았다. 17세기 말에 도쿠가와 바쿠후가 나가사키를 통한 은 유출을 통제했고, 또 네덜란드가 일본과 중국 무역의 거점으로 삼았던 식민지 타이완을 상실했기 때문이다. 교토의 니시진(西陣)은 고급 견직물을 생산하기 위해서 중국 생사를 수입해야 했다. 그런데 1705년부터 나가사키를 경유한 수입이 중단되자, 부산의 왜관을 통해 생사를 수입했다.

에도 시대만 하더라도 일본은 동아시아 최대의 은 생산국이었다. 에도 바쿠후가 주조한 은화인 경장정은(慶長丁銀)은 순도가 80퍼센트나 되는 고급 통화였다. 이 은화는 조선무역에서뿐만 아니라, 다른 나라와의 교역에서도 일본의 주력 수출상품으로 활약했다. 일본 국내에서 생산된 은화의 90퍼센트 가량이 국외로 빠져나갔다. 은화는 일본의 국내통화라기보다는 국제무역품이었다. 특히 17세기 말에 왜관에서 조선상인과 거래되는 은화의 양은 나가사키에서 중국상인과 거래되는 양의 7배가 넘었다.

사무역의 중요 상품이었던 생사와 견직물은 조선상인들이 중국에서 수입하여 일본의 은과 교환했다. 조선에서는 일본의 은을 가리켜 왜은(倭銀) 또는 모양이 개의 혀와 닮았다 하여 견설은(犬舌銀)이라고 불렀다. 조선과 중국 사이에서는 정기 사절단인 역자행(曆咨行)*과 동지사(冬至使)**가 파견될 때 은이 대량으로 거래됐다. 역자행은 8월에 한성을 출발하여 베이징에 체재한 다음 11월에 귀국한다. 동지사는 역자행보다도 규모가 더 큰데, 11월에 베이징으로 떠나서 신년하례 등 정례적인 의식을 치른 다음 이듬해 4월경에 돌아온다. 쓰시마는 왜관으로 은을 수송하기 위하여 은선(銀船)이라고 하는 자그마한 전용선을 띄웠는데, 은의 수송이 많은 시기는 7월과 8월, 그리고 10월에서 11월에 걸친 4개월이다. 이 기간에 연간 총 수송량의 60퍼센트 이상이 집중되었다.

쓰시마에서는 7~8월에 조선으로 싣고 가는 은을 황력은(皇曆銀), 10~11월에 실어 나르는 은을 동지은(冬至銀)이라고 불렀다. 다른 시기의 은 수송과 구별하기 위해서였다. 요컨대 역자행과 동지사의 출발 시기에 맞춰 왜관으로 은을 보냈던 것이다. 은 수송의 계절적 변동은 교토─쓰시마─한성─북경으로 이어지는 '은의 길'이 존재하였음을 보여준다. 은의 출발점인 교토의 3조 가와라마치도리의 번화가에는 현재 가톨릭 성당과 호텔이 들어서 있다. 오늘날 교토로얄호텔이 있는 근처에 쓰시마의 교토번저가 있었는데, 물건을 보관할 영주의 창고와 저택이 즐비했다. 쓰시마번저 앞쪽으로는 다카세가와의 선착장이 늘어서 있었다.

'은의 길'의 귀로는 그대로 '비단의 길'이 된다. 역자행이 11월에 귀국하면서 가져온 중국의 생사나 견직물은 이듬해 2~3월이면 왜관에 닿는다. 또 4월에 귀국

* 조선이 중국에 정기적으로 보내던 사절단 가운데 하나. 역(曆)을 받기 위해 파견했다고 하여 '역자행'이라고 불렸다.
** 조선이 명나라 청나라에 정기적으로 보내던 연행사 사절 가운데 동지 절기를 전후하여 보내던 사절.

하는 동지사 편에 실려 온 것은 6~7월이면 왜관에 도착한다. 이렇게 해서 '은의 길'을 역류하여 생사·견직물이 일본 최대의 비단 산업지대인 교토로 흘러 들어간다. 요컨대 교토는 '은의 길(실버로드)'의 출발점인 동시에, '비단길(실크로드)'의 종착지였던 것이다.

니시진의 비단과 염색산업

교토의 니시진(西陣)에는 비단 짜는 공방이 길게 줄을 지어 들어서 있다. 여기에서 만드는 고급 비단은 새하얀 광택이 났다. 그런데 그것은, 매듭 하나 없이 끊어지지 않고 이어져 있는 흰 생사가 아니면 생산할 수 없었다. 일본은 바쿠후 말기에 생사의 수출국이 되지만, 18세기 중엽까지는 일본산 생사가 기술의 면에서 중국의 백사를 따라가지 못했다. 원료 부족에 허덕이고 있던 교토의 직물업계는 쓰시마 상인이 가져오는 백사가 더 없이 귀중한 상품이었다.

17세기 말부터 교토의 니시진에서 발달한 유젠조메(友禪染)는 비단에 화려한 채색으로 인물, 꽃, 새, 산수 등의 무늬를 선명하게 염색했다. 지금도 교토의 비단을 염색기술의 정수(精髓)라고 일컫는다. 조일무역으로 상인이 경제력을 갖게 되자 서민들은 역사상 처음으로 문화의 소비자로 등장하게 되었다. 그리하여 귀족이나 권력자를 고객으로 삼았던 예술가가 직업인으로서 독립하여 불특정 다수를 손님으로 삼아 영업하는 것이 가능해졌다.

유젠조메는 마치 손으로 그린 듯 다채로운 문양을 섬세하게 염색할 수 있어서 서민도 비로소 아름다운 기모노를 몸에 두를 수 있게 되었다. 또 에도 시대에는 집안마다 고유의 무늬를 가지는 '가문(家紋)'이 일반화하여 무사뿐 아니라 서민들도 쉽게 눈에 띠는 흑색 가문을 새긴 옷을 즐겨 입었다. 교토의 염색업은 공정이 복잡하고 손이 많이 갔다. 그렇기 때문에 저임금과 장시간 노동의 염색업은 근대 이후 조선인의 취업장이 되기도 했다. 이래저래 교토는 한국과 인연이 깊다.

조선인삼 열풍과 일본 국산화

그런데 중국―조선―일본을 연결하는 무역로에서 가장 비싼 가격에 거래된 특수상품은 조선인삼이었다. 당시 조선의 주요 수출상품은 금, 인삼, 호피 등이었는데, 그 중에서도 인삼은 중국과 일본에서 모두 죽은 사람을 살린다고 믿을 정도로 평판이 좋았다. 인삼은 공무역뿐만 아니라 사무역에서도 가장 인기 있는 상품이었다. 인삼은 오늘날 한국산 반도체나 유조선보다도 더 부가가치가 높았다. 조선상인은 인삼을 중국에 수출하고 그 대가로 생사와 비단을 받아 일본에 수출했다. 두 나라 사이의 중계무역의 결제수단은 일본의 은화였다. 의주상인, 개성상인, 동래상인 등은 그 과정에서 많은 부를 축적했다. 우리 사학계에서 조선후기 상업자본의 축적이나 자본주의의 맹아를 운위하는 것은 이런 사정을 염두에 둔 것이다.

　에도 바쿠후의 8대 쇼군 요시무네는 조선인삼이 유입되는 대신 은화가 대량으로 흘러나가는 데 심각한 위기의식을 느꼈다. 이를 해결할 묘안을 강구한 끝에 그는 조선인삼의 모종을 입수하여 일본에서 대량으로 생산하면 쓰시마를 통해 빠져나가는 은화를 차단할 수 있으리라는 실마리를 얻었다. 현대판으로 말하면 수입 대체 산업을 육성하려고 획책한 것이다.

　요시무네는 허준(許浚)이 1597년부터 집필하여 1613년에 간행한 《동의보감(東醫寶鑑)》을 일생 동안 곁에 둘 만큼 소중하게 여겼다. 이 책은 내과, 외과, 유행병, 소아병, 부인병, 약재, 침술 중의 각 편으로 나뉘었는데, 병마다 처방전을 붙여서 활용도가 높았다. 일찍이 중국과 일본에도 전해진 조선 제일의 의약서였다.

　조선의서는 임진왜란 때 일본이 약탈한 많은 서적 중에 들어 있었다. 그런데, 도쿠가와 바쿠후가 안정되자 그 가치는 더욱 높아지게 되었다. 실제로 쓰시마에서는 교토5산에서 파견된 이정암 윤번승이나 가신(家臣)이 중병에 걸리면 부산에 설치된 왜관을 통해 의사의 파견을 요청했다. 또 고가의 약용 인삼과 여러 약재가 공·사무역을 통해 수입되어 쓰시마 재정에 도움을 주었다.

　쓰시마는 《동의보감》 등의 의학서를 수입하여 바쿠후와 각 번의 수요에 응했다. 에도 바쿠후는 이 책을 몇 차례나 간행하여 보급했다. 인삼 국산화프로젝트는 바로 이 책에서 힌트를 얻었다.

물론 조선에서 보면 인삼은 외화 획득을 위한 중요 자원이었다. 그렇기 때문에 인삼 종묘를 외국으로 가져가는 것은 엄격히 금지했다. 그렇지만 쇼군의 엄명을 받은 쓰시마는 왜관을 거점으로 하여 조선의 약재와 식물을 몰래 조사하고 채취한 끝에 1728년까지 총 서른다섯 뿌리의 생초·생근과 예순 톨의 씨앗을 요시무네에게 헌상할 수 있었다. 산업스파이 활동이 성공을 거둔 셈이었다. 요시무네는 에도성 등에서 인삼의 채종(採種)과 파종(播種)을 되풀이한 끝에 마침내 국내 생산에 성공하여 일본인삼의 대량생산 시대를 맞게 되었다. 바쿠후의 허가를 받아 간다(神田)에는 조선인삼좌가 개설되어 소비자의 발걸음을 재촉했다.

동아시아 무역의 쇠퇴, 3국의 향방은?

그런데, 인삼의 일본국산화는 엉뚱하게도 18세기 중기 이후 쓰시마의 경제를 다시 고난에 빠트렸다. 지금까지 조선인삼을 독점적으로 수입, 판매하여 떼돈을 벌었는데 일본인삼이 널리 보급되자 무역 거점의 지위를 상실했기 때문이다. 그리고 이 무렵이 되면 생사의 일본 내 생산도 늘어나서 중국산 견사의 수입이 점차 필요 없게 되었다. 그리하여 요시무네를 고민에 빠뜨렸던 조선으로의 은 유출도 1740년대가 되자 크게 줄어들게 되었다. 1753년 1월 2척의 은선이 왜관에 입항했다고 하는 기사를 끝으로 조선으로의 은 수송은 종말을 고하게 된다. 쓰시마는 수출의 주체를 은에서 구리로 바꾸어 나가면서 온갖 노력을 시도했지만, 이미 이익의 원천을 잃어버린 조일무역에서 과거의 번영을 되찾을 수는 없었다.

　조일무역이 쇠퇴하자 조선은 중국과의 무역에 힘을 쏟았다. 조선은 17세기 말까지는 주로 산삼을 채취하여 수출했다. 그런데 18세기에 들어 산삼이 고갈되는 조짐을 보이자, 영남 일부에서 인삼의 재배를 시작했다. 다행히 인삼의 재배는 성공하고, 18세기 말에는 전국으로 퍼져나갔다. 인삼의 재배는 토양과 밀접한 관계가 있는데, 개성 지방이 특히 적합했다. 개성인삼이라는 브랜드가 출현한 것은 그곳 농민의 기술이 탁월한 때문이었지만, 토양의 덕을 본 측면도 무시할 수 없었다. 조선은 이렇게 생산한 인삼을 쪄서 홍삼으로 만들어 중국에 수출했다. 19세기 초에 베이징에서 거래되는 조선인삼이 150원이면 일본인삼은 3원이었다. 약효 면에서 비교가 되지 않을 정도로 조선인삼이 뛰어났다. 때마침 요동반도에서 생산되던 중국제 인삼이 절종(絶種) 상태가 되자 조선산 인삼은 더욱 높은 가격에 팔렸다.

　그러나 인삼은 어디까지나 미량의 농업생산품일 뿐이었다. 자본주의 공장제 상품이 세계를 풍미하는 19세기 중엽에 이르면 인삼의 경쟁력은 저하될 수밖에 없었다. 조선은 결국 대량 소비에 적합한 수출 주력상품을 개발하지 못한 채 '실크로드', '실버로드', '인삼로드'의 중계 이점마저 상실하게 되었다.

　19세기 이래 조선이 점차 쇠약의 길을 걷게 된 것은 세계정세의 변화와 국제무역의 흐름에 능동적으로 대응하지 못하고 변방으로 밀려났기 때문이라고 생각한다. 당시의 위정자들이 이런 상황을 간파하고 적절한 대책을 강구했더라면, 한국이 근대 국민국가를 세우는 데 실패하지 않았으리라고 확신한다. 이것을 어찌 죽은 사람 이빨 세는 일과 같은 부질없는 공상이라고 탓할 수 있을 것인가?

조일관계의 새 국면

조선 후기 곧 에도 시대의 한일관계는 근대국가에서는 찾아볼 수 없는 두 개의 층을 가진 외교를 바탕으로 하여 전개되었다. 도쿠가와 쇼군은 '대군(大君)'이라는 외교상의 호칭을 사용하여 조선 국왕과 대등한 서식으로 작성된 국서(國書)를 주고받았다. 양국의 대등한 지위는 표면에 드러나는 모습이다. 에도 바쿠후는 조선외교를 담당하는 부서를 바쿠후 안에 따로 설치하지 않고 모든 실무를 쓰시마 번주에게 맡겼다. 이것이 조일외교의 또 하나의 층이다. 쓰시마 번주는 중세부터 조선국왕에게 조공하는 처지였다. 바쿠후는 그러한 위치에 있는 쓰시마 번주를 적극적으로 이용하여 조선외교를 대행시켰다.

조일관계가 이처럼 복잡한 구조로 되어 있던 것은 쌍방이 내심으로 중화주의 사상을 가지고 있었기 때문이었다. 자국을 위에 놓고 상대국은 아래에 두려는 자존의식이 정면으로 충돌하는 것을 피하기 위해서 쓰시마를 완충제로 이용했던 것이다. 그도 그럴 것이 한 쪽은 막번제(幕藩制) 사회이고 다른 한 쪽은 왕조(王朝) 사회라고 하는 이질적 국가구조를 가진 이상, 대등한 외교관계를 유지해 나가기 어렵다. 그래서 쓰시마 번주는 일본 쇼군과 조선 국왕의 아래에 위치하면서 둘 사이의 충돌을 완화시켜 가며 외교를 주선했다. 쓰시마번은 조선과 일본 사이의 완충장치이자 이질적인 두 나라를 연결시켜 주는 고리와 같은 존재이기도 했다.

그런데 완충장치가 제대로 기능하기 위해서는 조일양국으로부터 적절한 보상이 주어져야만 했다. 통신사 외교가 두절되고 무역마저 부진을 면치 못하자 두 층위에서 전개되던 조일관계는 파탄의 위기에 직면하게 되었다. 서양세력의 침투가 그런 움직임을 더욱 부추겼다.

1863년 5월 쓰시마 번주는 서양 열강이 조선을 침략하기 전에 일본이 먼저 침략해야 한다는 건백서(建白書)를 에도 바쿠후에 제출했다. 바쿠후도 이 건백서를 받아들여 조선의 국내사정을 탐색할 계획을 세웠다. 그리하여 메이지 유신 직전에 이미 바쿠후의 조선외교는 변화될 조짐을 보이기 시작했다.

1869년 메이지 정부는 도쿠가와 바쿠후를 대신하여 신정부를 수립했다고 통고하는 외교문서를 쓰시마번을 경유하여 조선에 보냈다. 그러나 이 문서에는 조선국왕이 준 도장이 찍혀 있지 않았다. 그뿐 아니라 중국의 황제에게나 어울리는 황(皇)이라든가 칙(勅) 등의 문자를 일부러 사용하는 등 관행에서 크게 벗어나 있었다. 조선정부는 양국의 우호관계를 지속하기 위해서는 종래의 외교체제를 유지해야 한다는 취지에서 이 외교문서의 수령을 거부했다.

　조일관계가 갈등을 빚는 가운데 메이지정부는 쓰시마번의 조선외교 중개권을 몰수했다. 그리고 외무성 관리를 쓰시마와 왜관에 파견하여 직접 조선외교를 관장하도록 했다. 그리하여 17세기 이래 지속되어 온 쓰시마번을 매개로 한 조일 외교체제는 종언을 고했다. 메이지 정부는 이것을 직할의 외무성 외교와 포함외교체제에 흡수해버렸다. 이로써 조일관계는 근세에서 근대로 재편된다.

維新再生

메이지 유신과 교토의 재생

유신의 활극, 무너지는 교토
혁명의 코드로 교토를 다시 보자
개항과 수교, 험악한 민심
금문의 변, 불타는 교토
메이지 유신의 디자이너 사카모토 료마
데라다야, 사쓰마번 근지사 무사의 피살
이케다야, 신센구미의 존황양이 지사 살상
니조조와 고쇼, 머지지 유신의 총본산
근대 덴도제 국민국가의 확립
교토의 야스쿠니 신사, 료젠묘역
교토의 위기, 도쿄 천도
소수사업, 교토의 부활
교토의 재생, 근대도시로의 변신
정도(定都) 1100년 기념사업
교토임의 긍지, 지다이마쓰리
영화, 미야코오도리, 시다레자쿠라
교토의 3대 문화권—니시진, 무로마치, 기온
학문과 학생, 재생의 심장

유신의 활극,
무너지는 교토

혁명의 코드로 교토를 다시 보자

일본의 근세에서 교토는 덴노의 도시였고, 에도는 쇼군의 도시였다. 권력을 장악한 도쿠가와 쇼군이 똬리를 틀고 있던 에도는 정치의 중심지였고, 권력의 허수아비인 덴노가 거주하던 교토는 역사의 도시였다. 일본의 근대를 연 메이지 유신은 권력의 주체를 쇼군에서 덴노로 바꾸는 정변이었기 때문에, 유신의 질풍이 몰아친 시기에는 정치의 중심이 에도에서 교토로 갑자기 옮겨졌다.

메이지 유신은 지방분권의 봉건국가인 막번 체제를 무너뜨리고 중앙집권의 자본주의 사회와 근대 입헌군주제 국가를 수립하려는 정치·경제·사회·문화의 혁명운동이었다. 따라서 메이지 유신이 전개된 1850년대 중반부터 1870년대 중반까지 교토에서는 보수와 개혁, 폭력과 탄압, 배반과 타협, 혁명과 전쟁의 드라마가 숨 가쁘게 전개되었다.

교토에서 가장 번화한 가와라마치(河原町)나 다카세가와(高瀨川) 주변을 걷다 보면, 여기저기에서 아무개 지사(志士)의 우거(寓居地) 또는 조난지(遭難地)라는 표석을 자주 보게 된다. 서울의 북촌 일대에서도 삼일천하(三日天下)로 끝난 갑신정변의 유적을 많이 볼 수 있을진대, 하물며 동아시아의 판세를 바꿔놓은 체제변혁운동이 20여 년이나 계속되었으니 기념할 만한 사적이 오죽 많겠는가. 그러므로 우리는 교토를 고색창연(古色蒼然)한 역사와 문화의 도시로만 보지 말고, 오늘날의 일본을 만들어낸 혁명과 창조의 도시로 봐야 한다.

메이지 유신은 한국인에게 각별한 의미가 있다. 이를 통해 일본은 근대화의 길로 나아간 반면, 조선은 그런 일본의 식민지로 전락했기 때문이다. 여기에 중국을 넣으면 메이지 유신의 무게는 더욱 뚜렷해진다. 일본은 메이지 유신을 철저하게 단행하여 근대국가로 탈바꿈했다. 반면에 중국은 양무운동을 뜨뜻미지근하게 전개하여 근대국가로 변신하는 데 실패했다.

청일전쟁은 30여 년 동안 두 나라가 추진해온 근대화운동의 성과를 겨루는 결전장이나 다름없었다. 일본은 이 전쟁에서 완전히 승리함으로써 동아시아의 패자로 우뚝 서게 되었고, 반면에 중국은 이 전쟁에서 패함으로써 열강에게 갉아 먹히는 반(半)식민지로 전락했다. 이 점을 주목하면 메이지 유신은 한국·중국·일본이 각각 차원이 다른 세계로 나아가는 삼극분해(三極分解)의 기점이었다고 해도 과언이 아니다.

　최근 일본의 근대사 연구에서는 메이지 유신이 세계 역사상 가장 효율성이 높은 근대화 혁명이었다고 평가하는 사론(史論)이 늘어나고 있다. 프랑스혁명이 100만 명 이상을 희생하고도 그 반동에 의해 왕정으로 돌아간 것에 비하면, 메이지 유신은 관군끼리의 싸움까지 계산에 넣더라도 불과 3만 명 정도의 희생으로 미증유의 변혁을 이룩했다는 것이다. 이런 효율성과 철저성 때문일까. 메이지 유신은 국가를 개조하려는 한국 혁명가들이 흉내 내고 싶은 모델이었다. 김옥균이 갑신정변을 일으키고 박정희가 10월 유신을 단행한 것이 바로 그 예다. 그들은 부국강병과 근대화가 자신들의 절체절명의 과업이라고 인식했다. 그리고 메이지 유신이야말로 그것을 가장 신속하고 완벽하게 이루어낸 쾌거로서 받아들였다.

　아직도 부국강병과 근대화의 과제에서 자유롭지 못한 한국인으로서는, 교토를 단순히 역사와 문화의 도시로서가 아니라 근대국가 수립을 향한 혁명의 도시라는 관점에서 새롭게 접근하면 좋을 것이다.

개항과 수교, 험악한 민심
19세기에 들어서 서양 열강의 동아시아 침략이 한층 더 강화되었다. 1853년 미국 동인도함대의 사령관 페리가 류큐(琉球)를 거쳐 일본의 도쿄만(東京灣)에 내항하여 수교(修交)와 통상(通商)을 요구했다. 에도 바쿠후는 날벼락 같은 외국의 압박에 직면하여 어떻게 대응해야 좋을지 몰라 전전긍긍했다. 250여 년의 평화에 젖은 바쿠후는 돌발의 사태에 민첩하고 단호하게 대처할 수 있는 순발력과 지도력을 상당히 상실하고 있었다. 에도 바쿠후는 할 수 없이 미국의 요구에 굴복하여 미일화친조약(1854)과 미일통상항해조약(1858)을 체결하고 전국 각처의 요지 중에서 5개의 항구를 열었다.

일본에서 수교와 개항으로 외국과의 무역이 활발해지자, 국내에서 생산된 생사와 차(茶) 등의 수출이 급속히 증가했다. 이렇게 해서 벌어들인 외화는 나중에 일본이 국방을 강화하고 산업을 진흥하는 데 밑거름이 되었다. 그렇지만 당장은 상인이 물건을 마구 사들여 가격이 폭등하고, 또 물자가 달리는 현상이 일어나, 하급무사와 일반서민의 생활은 곤궁하게 되었다. 이로 인한 정치·경제의 혼란 속에서 바쿠후를 타도하자는 운동이 전개되었다. 도쿠가와 가문이 권력을 확실히 장악하고 전국을 당당하게 위압했을 때는 상상할 수도 없는 하극상이었다.

농촌에서는 '세상을 바로 잡겠다'고 주장하는 농민봉기가 일어났고, 도시에서는 '세상을 때려 부수겠다'그 주장하는 서민폭동이 일어났다. 또한 전국 방방곡곡에서 '이놈의 세상, 될대로 되라, 좋지 않은가'라고 외치며 거리로 뛰쳐나와 춤을 추는 일이 기세를 올렸다. 일본이 근대사회로 이행하는 과정에서 불안을 느낀 민중이 이렇게 무리를 지어 춤을 춤으로써 사회변혁에 대한 열망을 발산했던 것이다.

'금문의 변', 불타는 교토

에도 바쿠후 말기의 교토에서는 갑자기 새로운 시대를 열어가려는 변혁운동이 용광로처럼 활활 타올랐다. 서양세력을 몰아내려는 양이운동(攘夷運動), 바쿠후를 타도하려는 토막운동(討幕運動), 외국과 수교통상하려는 개국운동(開國運動) 등이 제각기 불을 뿜었다. 각 운동은 교토의 구중궁궐 깊숙이 칩거하고 있던 덴노(天皇)를 끌어내어 자기편에 세우려고 암투(暗鬪)를 벌였다. 이미 권력에 누수현상이 발생한 바쿠후에 연연하기보다는, 허수아비와 같은 존재이기는 하지만 권위의 상징인 덴노를 이용하는 게 민심을 수습하고 결집하는 데 유리하다고 판단했기 때문이다. 그러다보니 덴노가 거주하는 교토가 자연히 정쟁(政爭)의 중심무대가 될 수밖에 없었다.

현재 덴노가 거주했던 교토고엔(京都御苑) 주변은 돌담으로 둘러싸였고, 사방에는 기와지붕을 얹은 몇 개의 문이 서 있다. 이 문들은 덴노가 살던 다이다이리(大內裏)의 것이 아니고 그곳을 둘러싼 구게마치(公家町)로 들어가는 문이다. 교토 사람은 이 문에 존칭을 붙여서 '○○고몬(御門)'이라고 부른다. 그 문의 이름은 대부분 문이 면한 거리의 이름을 따르고 있다.

서쪽의 거의 중앙에 위치한 문에는 하마구리고몬(蛤御門)이라는 애칭이 붙어 있다. 에도 시대의 하마구리고몬은 지금보다 조금 동쪽으로 들어간 곳에 자리 잡고 있었는데, 지금처럼 서쪽을 향한 게 아니라 남쪽을 향하고 있었다. 하마구리고몬은 원래 '열리지 않는 문〔禁門〕'으로서 항상 잠겨 있었는데, 1788년 1월 30일 교토의 태반을 태워버린 화재가 발생했을 때 비로소 한번 열렸다. 그때 이 문이 열리는 모습이 마치 대합을 구울 때 입이 벌어지는 것과 같았다고 해서 하마구리고몬이라는 이름을 붙였다고 한다.

1864년 7월 조슈번(長州藩, 오늘날 야마구치현)의 군대가 대거 교토에 진입했다. 그들은 1863년 8월 교토에서 덴노를 내세워 서양세력 타도(攘夷)를 결행하려 했는데, 그 직전에 아이즈(會津, 오늘날 후쿠시마현 서부의 분지)와 사쓰마(薩摩, 오늘날 가고시마현 서부)의 두 곳이 쿠데타를 일으켜 그들을 교토에서 쫓아냈다. 그리고 1864년 6월 5일, 교토 번화가인 3조(三條) 기야초(木屋町)의 이케다야(池田屋)에서 조슈의 많은 번사(藩士)가 신센구미(新選組)에게 죽임을 당했다. 신센구미는 1863년에 에도 바쿠후가 세리자와 가모(芹澤鴨), 곤도 이사무(近藤勇), 히지카다(土方) 등 두예가 뛰어난 무사를 모아서 편제한 경비대로서, 교토 슈고직(守護職)*에 속하여 바쿠후를 무너트리려는 세력을 진압하는 데 힘을 쏟았다.

1864년 7월에 조슈번의 군대가 교토에 진입한 것은 최근에 당한 위와 같은 굴욕

* 가마쿠라 바쿠후 이래의 직명으로서, 모반자·살인자 등을 단속하는 일을 담당했으나, 점차 권력이 확대되어 영주가 되는 경우도 있었다.

을 털어내기 위해서였다. 그들은 덴노가 수반인 조정에 번주와 관리의 사면을 요구했다. 그러나 바쿠후의 눈치를 보아야 했던 조정은 그들의 입경을 거절하고 철병을 요구했다. 그러자 조슈번은 힘으로 교토에 밀고 들어오려 해서, 정세는 갑자기 긴박해졌다.

7월 19일 조슈의 본대는 교토 남쪽의 후시미(伏見)에서부터 진입을 노렸다. 한편, 별동대인 700의 기병은 교토의 서쪽 사가(嵯峨) 덴류지(天龍寺)에 진을 치고, 일거에 교토에 쳐들어와서, 다이다이리의 서쪽에 해당하는 지역에 도달했다. 여기에서 하마구리고몬을 경호하고 있던 사쓰마 군세와 조슈 군세가 격전을 되풀이하게 되었다. 이것이 역사에서 말하는 '금문의 변(禁門の變)'이다. 이때 양군이 쏴대는 총탄의 유탄이 덴노가 사는 고쇼(御所, 다이다이리) 안까지 날아들었다고 한다.

결국 조슈군은 '금문의 변'에서 패했다. 그들이 패주하는 와중에서 조정관리들이 모여 사는 구게마치의 9조(九條) 저택에서 불이 났다. 이 불은 때마침 불어온 바람을 타고 구게마치뿐 아니라 상인 거리로까지 번졌다. 그리하여 이 화재는 교토의 태반을 불사르는 참화를 가져왔다. 이때 소실된 초(町) 수는 750초(町), 가옥 수는 3200여 채였다. 졸지에 집을 잃은 사람들은 물을 찾아서 가모가와(鴨川)와 호리카와(堀川) 둔치에 천막집을 짓고 살 수밖에 없었다.

교토 사람들은 '금문의 변' 때 발생한 화재를 '철포화재(鐵砲火災)' 또는 '빵빵화재'라고 불렀다. 하마구리고몬의 전투에서 철포를 쏠 때 나는 '빵빵' 소리가 사방을 뒤흔들고, 그때의 전화(戰火)로

화재가 발생했다는 뜻에서 붙인 이름이다. 교토 사람들은 '빵빵화재'라는 이름으로 그 피해의 참혹함을 지금까지 기억하고 있다.

조슈는 '금문의 변'을 통해 에도 바쿠후의 적이 되었다. 그 후 바쿠후는 두 번에 걸쳐 조슈를 정벌하기 위해 나섰지만 모두 실패했다. 이것을 계기로 하여 사쓰마와 조슈가 동맹을 맺는 길로 나가고, 일거에 바쿠후를 쓰러뜨리는 운동에 돌입하게 된다. 역사의 대역전이었다.

메이지 유신의 디자이너 사카모토 료마

메이지 유신은 에도 바쿠후 말기부터 도쿠가와 가문의 권력을 덴노를 정점으로 하는 조정에게 되돌려 줄 때까지 20여 년에 걸쳐 계속된 정치운동을 가리킨다. 교토에는 지금도 그것을 증언하는 사적이 많다. 그 중에서도 데라다야(寺田屋), 이케다야(池田屋), 오미야(近江屋) 등의 숙사와 상점은 바쿠후를 타도하고 덴노에게 충성을 바치려다가 참살당한 근왕지사(勤王志士)의 인연이 깃든 곳으로 유명하다.

바쿠후 말기에서 메이지 유신에 이르는 시기는 기라성 같은 여러 유형의 인물이 등장하여 활약했다. 그 중에서도 일본인에게 특히 인기가 높은 인물 중의 한 사람이 사카모토 료마(坂本龍馬)다. 그는 도사번(土佐藩)*의 하급무사 출신으로서 에도에 나아가

* 지금의 시코쿠 남부, 고치현(高知縣).

무술을 배우고 국내외 정세의 변화를 깨달았다. 그리고 나가사키, 교토, 시모노세키, 에도를 전전하면서 해군과 상선회사의 모태인 가이엔타이(海援隊)를 창설하는 등 서양의 선진문물을 도입하는 데 앞장섰다. 뿐만 아니라 그는 번(藩)이 국가로서 인식되던 당시로서는 특이하게, 번을 뛰어 넘어 일본이라는 통일국가를 구상하고 그 실현을 위해 매진했다. 그는 사쓰마와 조슈를 설득하여 앙숙관계의 앙금을 털어내고 동맹을 맺게 함으로써 바쿠후를 타도하고 덴노에 정권을 양도하는 메이지 유신의 길을 열었다. 일본이 사실상 260여 개의 소국으로 분립했던 당시의 상황에서 볼 때 그는 지극히 국제적이고 개방적인 사상을 가진 인물이었다.

사카모토 료마의 파란만장한 일생에 대해서는 일본의 국민작가 시바 료타로가 쓴 《료마가 간다》를 읽어보기 바란다. 이 소설은 료마를 일본 근대 내셔널리즘의 표상으로 추앙하는 듯한 내용이 넘쳐나서 읽기 꺼림칙하지만, 바쿠후 말기부터 메이지 유신에 이르는 일본의 정치운동을 재미삼아 이해하는 데는 큰 도움이 된다.

시바의 소설을 읽으면서 항상 갑신정변과 메이지 유신을 오버랩해서 바라보곤 했다. 혁명이 성공하면 거기에 참가했던 필부(匹夫)들까지 나중에 별 같은 인물로 성장한다. 그렇지만 혁명이 실패하면 그것을 주도한 별 같은 인물들조차 나중에 필부로 전락한다. 진짜는 혁명에 가담한 사람의 능력이 그것의 성패를 좌우했다고 보는 게 옳을 테지만 말이다. 아무튼 갑신정변과 메이지 유신은 두 나라 근현대 인물사(人物史)를 정반대의 길로 가게 만든 갈림길이었다고 볼 수 있다.

사카모토 료마는 1867년 교토로 향하는 배 속에서 자신의 영주인 도사번주(土佐藩主) 야마우치 요도(山內容堂)에게 건의하기 위해 하나의 문서를 작성했다. 역사에서 흔히 '선중8책(船中八策)'이라고 칭하는 문건이다. 이 문건은 료마가 초안을 잡은 8개조의 국가 구상을 담고 있었다. 그 핵심은 바쿠후가 정권을 조정에 반납하고, 의회를 개설하여 공의정치(公議政治)를 시행하는 것 등이었다. '선중8책'은 1867년 11월 9일 도쿠가와 제15대 쇼군 요시노부(慶喜)가 정권을 조정에 반납한다고 선언한 '대정봉환(大政奉還)'의 기초가 되었다. 료마 개인의 정치 건의가 도사번주뿐만 아니라 도쿠가와 쇼군을 움직여 역사상 드물게도 권력자 스스로가 평화적으로 권력을 이양하게 만들었다.

사카모토 료마는 '무혈의 유신'을 대표하는 인물이다. 이런 료마가 최근 '일본인이 존경하는 역사 인물'에서 1등의 반열에 오른 것은 메이지유신에서 '무혈'이 그만큼 큰 위치를 차지한다는 것을 말해준다. 료마의 업적은 바로 사쓰마와 죠슈가 '삿조(薩長)동맹'을 맺도록 주선하고, 바쿠후가 권력을 왕실로 넘긴 '대정봉환'을 중개한 것이었다. 그는 '전쟁 영웅'이 아니라 '정치 거간(居間)'이었다고 말할 수 있다.

그런데 그때 료마가 흥정한 것은 일본의 역사와 시대의 정신이었다. 당시 사쓰마와 죠슈는 만나면 칼로 베어버리는 원수였다. 피로 얼룩진 이들에게 료마는 말했다. "텐노의 강성 국가를 만드는 것이 공통의 꿈이 아닌가"라고. 바쿠후를 향해선 이렇게 말했다. "지금 체제로 당신들이 꿈꾸는 부국강병이 실현될 수 있겠는가"라고.

료마가 일본에 남긴 최대의 업적은 메이지유신을 추진하는 세력의 '존왕양이(尊王攘夷)' 사상에서 '양이'를 빼고 그 자리에 바쿠후가 시도한 '근대화'를 집어넣은 '황금 결합'이었다. 그렇기 때문에 메이지 유신을 적은 비용을 들여 큰 이익을 얻은 혁명이라고 평가할 수 있다면, 그 공적의 많은 부분을 료마에게 돌려도 아깝지 않은 것이다.

그렇지만 사카모토 료마는 그의 혁신적이고 급진적인 발상과 행동으로 인해 바쿠후를 지키려는 그룹과 바쿠후를 무너트리려는 그룹의 양쪽으로부터 협공을 당하는 신세였다. 그는 '선중8책'을 올린 지 불과 일주일 후인 1867년 11월 15일 교토에서 암살당했다. 교토의 번화가인 가와라마치도리(河原町通) 구스야쿠시구다루(蛸藥師下ル)에서 된장과 간장 등을 만들어 팔던 장유옥(醬油屋) 오미야(近江屋)가 그 장소였다. 그는 이곳에서 친구 나카오카 신타로(中岡愼太郞)도 함께 살해되었다.

이들을 급습하여 칼로 베고 찔러 죽인 무리의 정체는 정확히 밝혀지지는 않았다. 그렇지만 당시의 정황으로 보아 바쿠후가 운영한 미마와리구미(見廻組)였을 것으로 추측된다. 미마와리구미는 바쿠후가 말기에 교토를 수호하기 위해 조직한 경비대였다. 비슷한 시기에 조직한 신센구미와 함께 교토 슈고직 마쓰타이라 가타

모리(松平容保)에 부속하여, 바쿠후를 반대하는 세력을 진압하는 데 힘썼다. 대원은 주로 하타모토(旗本)의 자제로 구성되었다. 하타모토란 에도 시대에 쇼군 직속의 가신 중에서 지고다카(知行高)*가 1만 석 미만인 무사를 지칭했다. 그들은 쇼군을 직접 볼 수 있는 자격을 가지고 있었다. 현재 오미야의 옛터 서쪽에 들어선 여행사 대리점의 입구 옆에는 '사카모토 료마·나카오카 신타로 조난지지(坂本龍馬 中岡愼太郎 遭難之地)'**라고 새긴 석비가 세워져 있다.

데라다야, 사쓰마번 급진파 무사의 피살

그 밖에도 교토 시내에는 바쿠후 말기부터 메이지 유신 시기에 조난을 당한 지사의 유적과 사적이 많다. 그런 유적으로서는 지금도 영업을 하고 있는 후시미(伏見)의 선숙(船宿) 데라다야(寺田屋)가 유명하다. 선숙은 항구나 포구에서 입항하는 선박의 승무원이 묵는 여관으로서, 어로 도구와 식량 등을 판매하거나 자금과 자재를 빌려주는 일을 했다. 데라다야는 사쓰마번의 급진파 무사 아리마 신시치(有馬新七) 등이 1862년에 교토 쇼시다이(京都所司代)를 암살하려고 모였다가, 사전에 이것을 탐지한 번주 시마즈 히사미쓰(島津久光, 1817~1887)의 명령으로 습격을 받고 살해당한 장소이다.

일본사에서 쇼시다이는 무로마치 시대

* 지행(知行)의 석고(石高). 지행은 상위자가 가신에게 준 영지이고, 석고는 그 영지의 생산고를 말한다. 보통 현미의 양으로 표시한다.
** 사카모토 료마와 나카오카 신타로가 암살 당한 장소라는 뜻.

이래 장관의 부하나 그 대리가 되어 사무를 본 것을 말한다. 교토 쇼시다이는 교토에 재근하면서 조정과 관리에 관한 일을 처리하고 교토, 후시미, 나라 지역의 관리를 감독했다. 또 긴키(近畿) 지방의 소송을 관장하고 사원과 신사를 관할했다. 따라서 바쿠후를 무너트리려는 무사들에게는 눈엣가시였다.

시마즈 히사미쓰는 바쿠후 말기에서 메이지 유신 시기를 산 다이묘이자 정치가로서, 조정과 바쿠후 사이를 오가며 협상을 주선했다. 유신 후에는 좌대신에 올랐으나 서구화 정책에 반대하여 가고시마로 은퇴했다. 또한 데라다야는 사카모토 료마와 연인 관계였다가 그와 결혼하여 일본에서 처음으로 가고시마로 신혼여행을 간 오료라는 여인이 일한 선숙으로서도 유명하다.

후시미는 교토와 오사카를 오갈 때 반드시 들려야 하는 중계지였다. 특히 일본 서쪽 지역의 지사들이 교토에 올라올 때 지나지 않으면 안 되었기 때문에 바쿠후 말기에는 정치무대의 하나가 되었다. 지금 후시미 항은 이미 매립되어 없어져버렸다. 현재의 데라다야는 원래의 장소에서 조금 북쪽으로 이동한 곳에 자리 잡고 있다.

이케다야, 신센구미의 존왕양이 지사 살상

교토 시내에 있는 메이지 유신의 사적으로서는, 3조도리(三條通) 기야초(木屋町) 니시하이루(西入ル) 북쪽에 세워져 있는 '유신사적

이케다야 소동지지(維新史蹟 池田屋騒動之地)'가 곧 심을 끈다. 이 부근은 당시나 지금이나 마찬가지로 환락가이다. 그리고 신센구미의 이름을 세상에 떨치게 만든 이케다야 소동이 일어난 장소이기도 하다.

조슈, 도사, 히고(肥後)의 지사는 1864년 6월 5일 이케다야에 모여 교토 슈고직 마쓰타이라 가타모리의 암살을 모의했다. 이날 각 번의 존왕양이파(尊王攘夷派) 지사 약 20명이 참석했다. 교토 시내를 물 샐 틈 없이 감시하고 있던 신센구미는 그 낌새를 알아차리고 이들을 급습하여 다수의 사상자를 냈다. 이 참살은 조슈번의 무사를 분격하게 만들어 나중에 '금문의 변'을 잉태하는 계기가 되었다.

존왕양이는 덴노의 권위를 절대적인 것으로 여기고, 서양과 수교하는 것을 반대하는 주의(主義) 주장(主張)이자 운동이었다. 이 운동의 주동자들은 바쿠후가 덴노의 칙어를 받지 않고 서양 열강과 조약을 맺었다고 비난하며 바쿠후와 대립했다. 그들은 한때 교토의 고쇼에까지 세력을 뻗혀 정국의 주도권을 장악하지만, 1863년 8월 18일의 '하마구리몬의 변' 등을 거치면서 쇠퇴했다.

바쿠후 말기에서 메이지 유신에 걸치는 시기에 지사들은 신센구미를 독사보다도 더 무서워하고 싫어했다. 언제 어디서 나타나 자신의 목을 벨지 몰랐기 때문이다. 교토에는 신센구미의 유적도 있다. 미부(壬生)의 마에가와(前川)와 야기(八木) 두 저택은 신센구미의 전신인 로시구미(浪士組)가 진을 쳤던 곳이다. 로시구미는 번주를 이탈하여 떠도는 무사로 구성된 집단을 말하는데, 이들은 존왕양이파와 토막파(討幕派)를 탄압하는 중심세력이 되었다. 명분은 교토의 치안을 유지하고 낭인을 통제한다는 것이었다.

니조조와 고쇼, 메이지 유신의 총본산

메이지 유신이 겉으로는 무사들의 활극이었지만, 그 중심에는 항상 쇼군과 덴노가 자리 잡고 있었다. 메이지 유신은 그들이 교토에서 합작으로 연출한 드라마였다. 제15대 쇼군 도쿠가와 요시노부(德川慶喜, 1838~1913)는 1867년 10월 교토 니조조(二條城)의 대응접실에 전국의 다이묘를 모아놓고 정권을 조정에 반상한다는 대정봉환을 선언했다. 이 선언을 받아 메이지덴노는 1867년 12월 교토 고쇼의 회의에서 에도 바쿠후를 폐지하고 정권을 조정으로 옮기는 왕정복고(王政復古)를 단행했다. 이리하여 숨 가쁘게 전개된 바쿠후와 덴노의 세력 다툼은 후자가 승리하는 방향으로 가닥을 잡게 되었다. 덴노가 정권에서 쫓겨나 뒷방 신세가 된 지 무려 800여 년 만에 찾아온 정변이었다.

메이지덴노는 1867년 16세에 즉위하여 1912년 60세로 사망했다. 그는 일본이 근대국민국가로 재생하여 대일본제국으로 융성하는 과정을 목도한 행운아였다. 그가 즉위한 것은 바쿠후 타도 운동이 막바지에 이른 때였다. 그는 유신이 성공의 파도를 타자 1868년 3월 교토 고쇼의 시신덴(紫宸殿)에서 구게(公家), 다이묘

(大名), 백관 등을 거느리고 천지신명에게 서약하는 형식으로 유신정권의 기본방침인 5개조의 서문(誓文)을 발표했다. 그리고 메이지로 개원(改元)하고, 덴노 한 사람에 하나의 원호를 부여하는 일세일원(一世一元)의 제도를 확립했다. 이 모든 행사는 토막파(討幕派)가 여러 정치세력을 자기 아래 결집하고 열강세력의 지지를 얻을 속셈으로 마련한 의식이었다. 그리고 우여곡절 끝에 메이지 유신이 마침내 성공했다는 것을 내외에 천명하는 이벤트였다.

근대 덴노제 국민국가의 확립

유신정부의 관료는 메이지덴노의 권위를 최대한 존중했다. 각 번주(藩主)는 자신이 다스리던 토지와 인민을 조정에 반납해야 했다(版籍奉還, 1869. 6). 그리고 번을 폐지하여 부현(府縣)으로 통일했다(廢藩置縣, 1871. 7).* 이와 같은 일련의 작업을 통해 일본은 덴노를 중심으로 삼는 중앙집권의 통일국가가 형성되었다.

유신정부의 관료는 덴노의 권위 아래 정권을 장악하고, 군인칙유(軍人勅諭, 1881), 대일본제국헌법(1889), 황실전범(皇室典範, 1889), 교육칙어(敎育勅語, 1890) 등을 잇달아 반포하여 근대 덴노제 국가의 법률 구조와 이데올로기의 지주를 확립했다. 그리고 10년 간격으로 청일전쟁(1894~1895)과 러일전쟁(1904~1905)에 승리하여 유신의 실적을

* 다이묘들의 영지를 돌려받아 부와 현으로 행정구역을 통일한 뒤, 중앙정부에서 관리를 파견했다. 그리하여 중앙집권이 확립되고, 관리들은 조세권을 가진 중앙정부로부터 월급을 받게 되었다.

▲▶ 교토 고쇼.
(위) 시신덴은 헤이안쿄 때 고쇼의 중심건물로 메이지덴노가 왕정복고를 선언한 곳이기도 하다.
(아래) 덴노가 도쿄로 이어한 뒤, 시민공원인 교토고엔이 된 고쇼의 담장.

▼▶ 메이지 유신의 사연이 얽혀 있는 이케다야 유적지. 신센구미와 토막파 무사들의 싸움으로 유명해졌다.

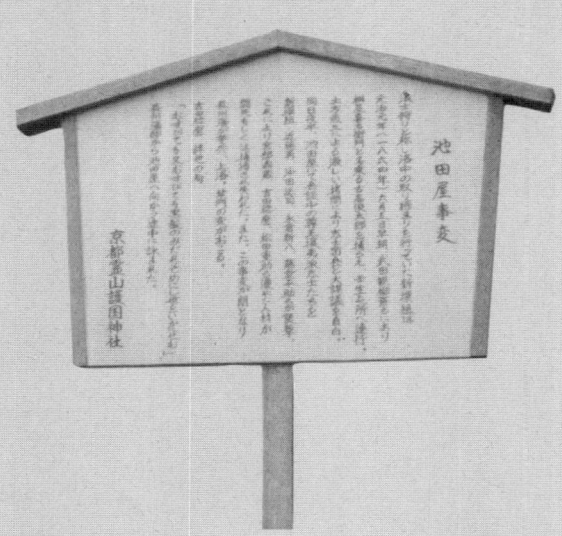

국내외에 과시하고 군국주의의 길로 매진했다. 그 후 메이지 유신 정부는 대한제국을 폐멸시키고 식민지 지배를 강행했다(1910. 8). 그의 능묘는 지금도 교토의 후시미(伏見) 모모야마(桃山)에서 위용을 자랑하고 있다.

메이지 정부는 부국강병과 식산흥업(殖産興業)*을 슬로건으로 내걸고 근대국가 건설을 추진했다. 전국 각지에 건설된 관영 공장은 후에 민간인에게 불하되어 미쓰이(三井)·미쓰비시(三菱) 등이 재벌로 성장하는 기초가 되었다. 1871년에는 토지소유권을 확정하고[地租改正],** 신분차별을 폐지했다[四民平等].** 또 국민개병(國民皆兵)을 원칙으로 한 징병제를 실시하고, 학교제도를 정비하는 등 서민생활과 관련된 근대적 시책도 밀어붙였다. 나아가 홋카이도를 개척하고, 류큐를 합병하여 오키나와현을 설치하는 등 영토를 확장했다.

이러한 변혁에 대해 신분 특권을 빼앗긴 옛 무사계급은 각지에서 반란을 일으켰다. 최대의 반란은 사쓰마의 사이고 다카모리(西鄕隆盛)가 이끈 것이었다. 이 반란이 정부군에 진압되자[西南戰爭], 이후 무력에 의한 반정부운동은 막을 내렸다. 대신에 언론을 활용하여 입헌정치를 요구하는 자유민권운동이 활발해졌다.

자유민권운동은 도시 지역에서는 신문·잡지를 발행하거나 연설회를 개최하고,

* 생산을 늘리고 산업을 일으키겠다는 주의 주장.
** 신정부가 개혁을 진행하는 데는 많은 자금이 필요했다. 따라서 세수를 일정하게 유지하기 위해 국가가 지주나 자작농에서 지권(地券)을 분배하여 토지소유권을 명확하게 한 다음, 지권을 가진 자에게 토지에 상당하는 세금을 현금 납입하게 했다.

농촌 지역에서는 학습결사나 정치결사를 결성하는 등 폭넓은 운동을 전개하여 새로운 정치문화를 만들어내는 거대한 사회운동이었다. 자유민권운동이 주장하는 헌법제정·국회개설의 요구를 받아들여 1881년 메이지 정부는 국회를 개설하기로 약속했다. 자유민권운동 세력은 정당을 결성하여, 국회개설에 대비하는 한편, 각지의 결사에서 민간 차원의 헌법 초안을 기초하였다〔私擬憲法〕.

이토 히로부미〔伊藤博文〕등은 프로이센 헌법을 모범으로 한 대일본제국헌법을 기초하고 1889년 덴노의 이름으로 공포하였다. 덴노는 이 헌법에서 주권자이고 외교권을 가지며, 사법·행정 전반에 걸친 강력한 권한과 군대의 지휘권〔統帥權〕도 지니게 되었다. 1890년에 개설된 제국의회는 황족과 옛 다이묘, 귀족〔華族〕, 유력 지주 등이 의석을 차지한 귀족원과 인구비례 1.1퍼센트에도 미치지 못하는 극소수 유권자가 선출한 의원들로 채워진 중의원으로 구성되었다. 같은 해에는 근대 일본의 도덕적·정신적 지주가 된 교육칙어가 발표되었다. 여기에는 덴노에 대한 경외의 마음을 기초로 하여 사람들이 지켜야 할 덕목을 열거하였으며, 국가에 대해 충성하고 덴노를 위해 전장으로 나가야 한다는 내용을 담고 있었다.

정부는 의회 개최 후에도 조슈번과 사쓰마번 출신자를 중심으로 내각을 구성하고 부국강병 정책을 강력히 추진하였다〔藩

∵ 덴노의 일족을 황족(皇族), 귀족과 다이묘를 화족(華族), 무사를 사족(士族), 농민·직인·상인을 평민으로 개칭하고, 네 신분이 모두 평등하다는 사민평등(四民平等)을 선언했다. 이에 따라, 평민도 성(姓)을 가지게 되고, 직업이나 주소를 자유롭게 선택할 수 있게 되었다.

閥政治).* 이 때문에 자유민권운동의 흐름을 타고 민중의 부담을 경감시킬 것을 주장하는 입헌자유당·입헌개진당과 정부 사이의 대립이 계속되었다. 그러나 청일전쟁이 발발하자 모든 정당은 정부에 대한 비판을 중지하고, 의회는 전쟁관계의 예산안·법률안을 모두 승인하였다. 후쿠자와 유키치(福澤諭吉)는 청일전쟁을 '문명을 위한 전쟁'이라고 평가하였는데, 이 전쟁에 승리함으로써 일본은 동아시아의 패자로 부상했다.

교토의 야스쿠니 신사, 료젠묘역

바쿠후 말기부터 메이지 유신에 걸친 시기의 정치운동은 교토를 중심무대로 삼아 전개되었다. 그렇기 때문에 교토 시내에는 격동의 와중에서 비명횡사한 지사(志士)를 현창(顯彰)하고 기리는 사적이 널려 있다. 이것들에 대해 한꺼번에 알고 싶은 사람은 히가시야마(東山)의 료젠역사관(靈山歷史觀)을 찾아가면 좋다. 마루야마 공원이나 도요쿠니 신사에서도 멀지 않은 곳이기 때문에 일본의 근현대사를 공부하기 위해서는 꼭 한번 가볼 것을 권한다.

* 하나 혹은 소수의 번 출신자가 정부 요직을 독점하고 그 이해관계에 따라 정치를 운영하는 것을 번벌정치라고 한다. 메이지 유신 이후, 조슈번과 사쓰마번이 중앙권력을 독점했다.

료젠역사관은 바쿠후 말기 메이지 유신에 초점을 맞춘 박물관이다. 그리고 박물관의 건너편에 있는 료젠묘역에는 유신에서 죽은 지사 약 3100여 명이 합사(合祀)되어 있다. 메이지 정부에서 국정을 총괄하는 최고 기관인 다이세이칸(太政官)은 1868년 포고(布告)를 발하여, 1853년 이래 국사(國事)로 죽은 자들의 영혼을 히가시야마에 합사하도록 명령했다. 그들의 충혼을 기리기 위한다는 명목이었다. 료젠묘역은 이에 따라 만들어진 현충사(顯忠祠)로서, 도쿄의 야스쿠니 신사(靖國神社)와 비견된다.

야스쿠니 신사는 도쿄의 치요다구(千代田區) 구단기타(九段北)에 있는 별격 관폐신사**였는데, 메이지 유신 및 그 후의 전쟁에서 국사로 인해 죽은 사람 250만여 명의 영혼을 합사했다. 원래는 초혼사(招魂社)라는 이름이었는데 1879년에는 야스쿠니 신사로 개칭했다.

료젠묘역에는 사카모토 료마를 비롯하여 나카오카 신타로, 기토 다카요시(木戸孝允), 도쿠가와 나리아키(德川齊昭) 등의 영혼이 잠들어 있다. 마루야마 공원의 한 복판에는 사카모토 료마와 나카오카 신타로가 함께 등장하는 동상도 세워져 있다. 교토 사람들이 메이지 유신에 대해 얼마나 큰 자부심을 가지고 있는가를 보여주는 생생한 사례일 것이다.

그런데 료젠묘역을 둘러보며 복잡한 상념에 젖어있던 나는 최근에 세워진 아주 색다른 비석을 보고 아연해졌다. 묘역의 입구 한가운데에 인도인 펄 판사의 공적을 기리는 비문과 그의 얼굴을 새긴 커다란 비석이 서 있었기 때문이다. 펄 판사는 누구인가? 일본이 아시

** 신사의 등급의 하나. 황실을 존숭하거나 덴노 등을 제사지내는 신사다. 궁내청에서 제사에 관련된 비용과 폐물을 제공했다. 제2차 세계대전에서 패한후 이 제도는 폐지되었다.

▲ 격동의 바쿠후 말기와 메이지 유신 시대의 근왕지사가 잠들어 있는 료젠묘역. 길을 사이로 마주한 료젠역사관에는 관련 자료가 전시되어 있다.
▼ 료젠역사관에 세워진 메이지 유신의 원동력이었던 지사의 비석들.

▲ 료젠묘역에 세워져 있는 사카모토 료마와 그의 친우 나카오카 신타로의 동상.
◀ 제2차 세계대전 후 극동 군사재판에서 끝까지 일본의 무죄를 주장했던 인도인 펄 판사의 비석.

아—태평양전쟁을 일으킨 책임을 묻기 위해 열린 도쿄의 극동 군사재판에서 끝까지 일본의 무죄를 주장했던 판사가 아닌가. 그는 나중에도 일본인에게 승자가 패자에게 억지로 덮어씌운 전쟁범죄자라는 누명에 굴하지 말고 긍지와 포부를 가지고 훌륭한 나라를 만들어가라고 격려했다. 일본의 애국자들은 그의 언동에 감격했다. 그리하여 그를 기리는 비석을 교토의 료젠묘역에 세운 것이다. 도쿄의 야스쿠니 신사에도 그를 기리는 비석이 서 있다. 두 묘역이 공통의 목적 아래 굳게 연결되어 있음을 보여주는 증거라고 할 수 있다.

하나 덧붙이면, 얼마 전에 사임한 아베 신조(安倍晋三) 총리대신이 2007년 여름 현직으로 인도를 방문했을 때, 그 바쁜 일정에도 불구하고 비행기로 몇 시간 걸리는 지방까지 찾아가 펄 판사의 유족을 만났다. 펄 판사가 '일본은 무죄'라고 주장한 것에 대해 새삼스럽게 감사를 표시하기 위해서였다. 아베는 국민의 내셔널리즘을 한껏 자극하며 '아름다운 일본'을 만들겠다고 호기를 부렸다. 그렇지만 엉터리 같은 정치 운영으로 불과 1년 만에 총리 자리에서 물러났다.

아무튼 교토를 방문하는 한국인은 반드시 료젠역사관과 료젠묘역에 들러 에도 바쿠후 말기부터 메이지 유신까지의 일본역사를 공부했으면 한다. 그리고 그 결과로 만들어진 오늘의 일본을 다시 돌아봐야 한다. 혁명의 도시 교토를 제대로 관람하기 위해서는 이렇게 발품을 팔고 머리도 굴려야 한다.

교토의 재생,
근대도시로의 변신

교토의 위기, 도쿄 천도

토사구팽(兎死狗烹)이라는 고사성어가 있다. 날쌘 토끼가 죽으니 사냥개는 소용없어져 삶아 먹는다는 뜻으로, 쓸모 있는 동안에는 부림을 당하다가 소용이 다하면 버림을 받는다는 말이다. 이것은 원래 사람에게만 적용되는 말이지만, 억지로 도시에 갖다 붙인다면 교토가 그 처지였다. 메이지 유신의 무대였던 교토는 혁명이 성공하자 그 영광을 도쿄에 양보해야 했다. 1000년 이상 덴노가 거주하는 황도로서의 전통과 권위를 유지해온 교토인데, 정작 덴노는 권력을 다시 장악하자 스스로 도쿄로 거처를 옮겼다. 천도(遷都)를 단행한 것이다. 그것도 당당한 의사 표경이나 화려한 행사도 없이 도망가듯이 은근슬쩍 이사가버렸다. 이에 따라 덴노

일족의 미야케(宮家)와 귀족관료의 구게(公家)가 즐비했던 고쇼의 주변은 시민의 공원인 교토고엔(京都御苑)으로 재편되고, 후시미 궁과 가쓰라 궁 등의 이궁(離宮)도 도쿄로 옮겨갔다. 졸지에 교토는 긍지와 활기를 잃어버릴 운명에 처했다.

에도 바쿠후가 무너진 직후부터 정치가들 사이에서 수도를 다른 곳으로 옮기자는 이야기가 터져 나왔다. 젊은 덴노를 구게와 사사(寺社) 세력이라는 오랜 구습과 폐단에서 분리시켜 인심을 일신하기 위해서는 교토에서 떠나야 한다는 논리였다. 오쿠보 도시미치(大久保利通)는 1868년 정월에 오사카로 천도할 것을 건의했으나 받아들여지지 않았다.

에토 신페이(江藤新平, 1834~1874) 등은 유신 군대가 에도에 입성한 1868년 윤4월에 덴노가 이곳에 들어와 정무를 보는 것이 좋겠다고 건의했다. 에토는 사가번사(佐賀藩士)로서 바쿠후 말기에 유신의 지사로 활약하고, 유신정부의 사법경(司法卿)이 되어 개정율례(改定律例)를 제정한 사람이다. 이후 정한론(征韓論)이 받아들여지지 않자 하야했다. 그는 민선의원 설립을 건의하고 사가의 난을 일으켰으나 실패하여 처형을 당했다. 아무튼 에토 등의 건의에 따라 그 해 7월에는 에도를 도쿄로 개칭하고, 일본의 '동방경영(東方經營)'을 위한 거점으로 삼았다. 이로써 서쪽의 서울인 교토(京都)와 동쪽의 서울인 도쿄(東京)가 생겨났다.

유신정부는 덴노가 친히 도쿄에 와서 정치를 펼친다는 방침을 마련했다. 1868년 9월 20일 덴노는 3200명의 신하를 거느리고 교토를 출발하여 10월 13일에 도쿄에 들어왔다. 에도 성이 그가 거처하는 황거(皇居, 고쿄)가 되었다. 이때는 2개월 정도 체재한 후에 바로 교토로 돌아갔다. 그렇지만 1869년 3월 7일 다시 도쿄로 행행(行幸)하고, 다이세이칸도 도쿄로 옮긴다는 조칙을 발표했다.

교토의 구게(公家)와 시민 대다수는 덴노가 그대로 도쿄에 눌러앉을까 겁이 났다. 덴노가 없는 교토는 폐허로 변하는 게 아닌가 불안했기 때문이다. 유신정부는 천도의 여부를 명확히 밝히지 않고 단순히 행행이라고 이름을 붙였지만, 이것은 실질적인 천도나 다름없었다. 같은 해 가을 황후도 도쿄로 옮겨갔다. 이것을 알게 된 교토시민 수천 명은 9월 14일 고쇼 앞에서 깃발을 세우고 황후 계행(啓行) 반대의 직소를 올리려 했다. 이 소동은 경비병에 의해 진압되었다. 교토부(京都府)는 시내의 유력자를 통해 천도하지 않는다, 내년에 다시 교토로 환행(還幸)한다고 설득하느라고 진땀을 뺐다.

1870년, 덴노의 환행은 결국 이루어지지 않았다. 유신정부는 교토시민의 동요를 막기 위해 환행을 연기한다고 발표했다. 속임수였다. 그 대신에 교토시민에게 세금을 면제하고, 교토부에는 산업기금으로 5만 냥을 내렸다. 이리하여 천도에 관한 공식적인 발표도 없는 채로 실질적인 천도가 이루어졌다. 도쿄의 시대가 열린 것이다. 교토의 다이다이리(大內裏) 주변에는 후시미 궁, 가쓰라 궁을 비롯해 미야케, 구게, 사원 등이 밀집해 있었다. 이것들도 도쿄가 황거가 됨에 따라 차차 그 주변으로 이사했다.

현재 궁내청(宮內廳)이 관할하는 좁은 의미의 교토고쇼가 과거의 황거, 곧 다이다이리다. 고쿄의 외곽은 돌담으로 둘러싸여 있는데, 현재는 미야케와 구게 등의 건물 흔적은 간데없고 잔디와 자갈이 깔려 있다. 이 지역은 교토고엔(京都御苑)이라 불리는데, 환경청이 관리하고 있다. 현재처럼 돌담이 쳐지고 공원으로 지정된 것은 1877년 이후의 일이다.

소수사업, 교토의 부활

교토는 산으로 둘러싸인 분지이다. 교토의 지리적 환경은 여기에 사람이 살기 시작한 이래 쭉 변하지 않았다. 교토가 경제적으로 발전하고 유통이 중요하게 됨에 따라 교토 사람들은 바다를 끼고 있지 않은 교토가 운수·유통의 면에서 뒤떨어지지 않을까 걱정했다. 이 때문에 교토 사람들은 일찍부터 운하를 파야 한다는 계획을 떠올렸다. 벌써 에도 시대 중엽에 교토의 여러 사람들은 히에이잔 너머 비와코(琵琶湖)의 물을 끌어들여 운하로 연결하자는 계획을 세웠다. 이것을 실행하기 위해서는 산에 터널을 뚫어야만 했다. 그 후에는 비와코와 교토 사이의 운하 개착뿐만 아니라, 호즈가와(保津川)를 이용하여 교토와 동해를 연결하는 운하를 건설해야 한다는 장대한 계획도 등장했다. 한국의 모 정당 대통령후보가 주장하는 한반도 대운하 건설과 같은 계획이 이미 200여 년 전 일본에서도 논의되었던 것이다.

대운하 계획은 자동차 교통이 발달한 오늘날의 관점에서 보면 쉽게 납득할 수 없는 일이지만, 주운(舟運)이 가장 빠르고 안전하게 대량으로 수송할 수 있는 교통수단이었던 당시로서는 결코 황당무계한 공상이 아니었다. 그렇지만 에도 시대의 계획은 토목기술과 자금조달이 어려워 실현할 수 없었다. 그런데 메이지 시대에 들어서자 교토와 비와코를 연결하는 운하 계획이 실현 가능성이 있는 현실의 과제로서 도마에 오르게 되었다.

1869년 3월 메이지덴노가 도쿄에 행행한 이후 교토는 정치 중심지로서의 지위를 잃었다. 정치적 보호와 수요를 잃어버린 경제계도 큰 타격을 입었다. 유신정부와 교토부는 회사와 기업의 설립을 지원하고 사회간접자본을 투입하여 교토를 경제도시로 전환하려고 했다. 그러나 교토의 민간자본은 약했고, 도시의 재생은 좀처럼 이루어지지 않았다.

이러한 상황에서 1881년 제2대 교토부지사가 된 기타가키 구니미치(北垣國道)는 교토 재생을 위해 가모가와 동쪽 기슭을 개발하겠다고 선언하고, 그 중심사업으로서 비와코의 소수(疏水) 공사를 내세웠다. 비와코 소수사업은 근대에 들어서 피폐에 허덕이던 교토로서는 도박이라고 할 만한 대형 프로젝트였다. 소수는 관개, 급수, 주운 또는 발전(發電)을 위해 새로 토지를 개척하여 수로를 만들고 물을 통하게 하는 것을 말한다. 대부분의 경우에는 호수와 하천으로부터 수로를 파서 물을 대는데, 지형에 따라서는 터널을 뚫기도 한다. 히에이잔을 통과하는 교토의 비와코 소수가 터널식의 대표적인 예다.

기타가키는 지사에 취임한 당초부터 비와코 소수를 실현하기 위해 중앙정계와 교섭하는 한편, 반대하는 교토시민에게 소수의 중요성을 열심히 역설했다. 그리고 1885년 드디어 정부로부터 기공 허가를 받아냈다. 기타가키는 공사를 위해 도쿄에서 신진 토목건축 기술자 다나베 사쿠로(田邊朔郞)를 초빙했다. 다나베는 도쿄 태생으로 당시 24세의 젊은이였다. 1883년 공부대학교(工部大學校, 현재의 도쿄대학 공학부)를 막 졸업했다.

기타가키가 불안을 무릅쓰고 다나베를 초빙한 이유는 그가 졸업논문으로 '비와코 소수공사 계획'을 다뤘기 때문이다. 다나베의 계획은 실제 공사의 기술적 문제를 소상하게 분석했다. 그리고 교토와 비와코를 운하로 연결하는 데만 집착한 게 아니고, 물의 다양한 이용 형태(생활용수, 관개용수, 위생대책용수 등), 특히 소수를 이용한 수력발전을 통해 안정적이고 저렴한 전기 에너지를 개발한다는 데 중점을 두고 있었다.

1885년 3월 다나베 사쿠로는 공사의 주임 기술자가 되어 비와코 소수공사에 착수했다. 조선에서 갑신정변이 실패로 끝난지 몇 개월 지난 뒤의 일이었다. 총공사비는 125만 엔, 도쿄로 행행한 덴노가 내준 산업기립금(産業基立金), 공채, 시민의 세금 등으로 충당했다. 비와코 소수공사는 당시 교토시 연간 예산의 십 수 배에 해당하는 방대한 자금을 투입해야만 하는 거대 프로젝트였다. 대학을 갓 졸업한 젊은 기술자에게 이런 대형 공사를 맡기는 것은 오늘날에는 상상할 수도 없는 일이다. 또 공사비의 20퍼센트에 해당하는 자금을 시민이 부담한 것도 놀랄 만했다.

1890년 4월, 5년간의 공사 끝에 비와코 소수는 준공되었다. 그리하여 에도 시대부터 몇 차례나 계획되었던 교토―비와코 사이의 운하가 실현되었다. 가모가와(鴨川)를 통해 게아게(蹴上)까지 거슬러 올라간 배는 일단 인클라인(incline)*의 레일 위 대차(臺車)에 실린다. 그리고 급경사에 깔린 인클라인을 이용하여 대차에 실린 배를 히에이잔에 뚫린 소수로 끌어 올린다. 이로써 해발 800미터가 넘는 히에이잔을 사이에 두고 배를 통해 교토와 비와코가 연결되었다. 비와코의 입구는 오쓰(大津)였다.

그 후 가모가와 운하가 더 개착되어 1895년에는 오쓰에서 게아게를 거쳐 후시미에 이르는 수운이 완성되었다. 이로써 배를 통해 오사카―교토―비와코 사이에 물자와 사람의 수송이 가능해졌다. 비와코에는 동해와 면한 호쿠리쿠(北陸) 지방**의 물자와 사람이 유입되었기 때문에, 소수의 완성은 단순히 교토와 시가현(滋賀縣)***이 주운으로 연결되는 데 그치지 않고, 바다에 면하지 않은 교토가 동해와 연결되었다는 점에 더 큰 의미가 있었다.

소수의 완성이 교토에 가져온 것은 물자수송의 편리함뿐이 아니었다. 메이지 초

* 비탈진 곳에 레일을 깔고 동력으로 짐이나 배를 올리거나 내리는 장치. 경사철도(傾斜鐵道)라고도 함.
** 우리나라 동해에 접한 일본 혼슈(本洲)의 중앙 지역 세 현인 후쿠이현(福井縣), 이시카와현(石川縣), 니이가타현(新潟縣)을 일컫는다.
*** 비와코를 안고 있는 지역.

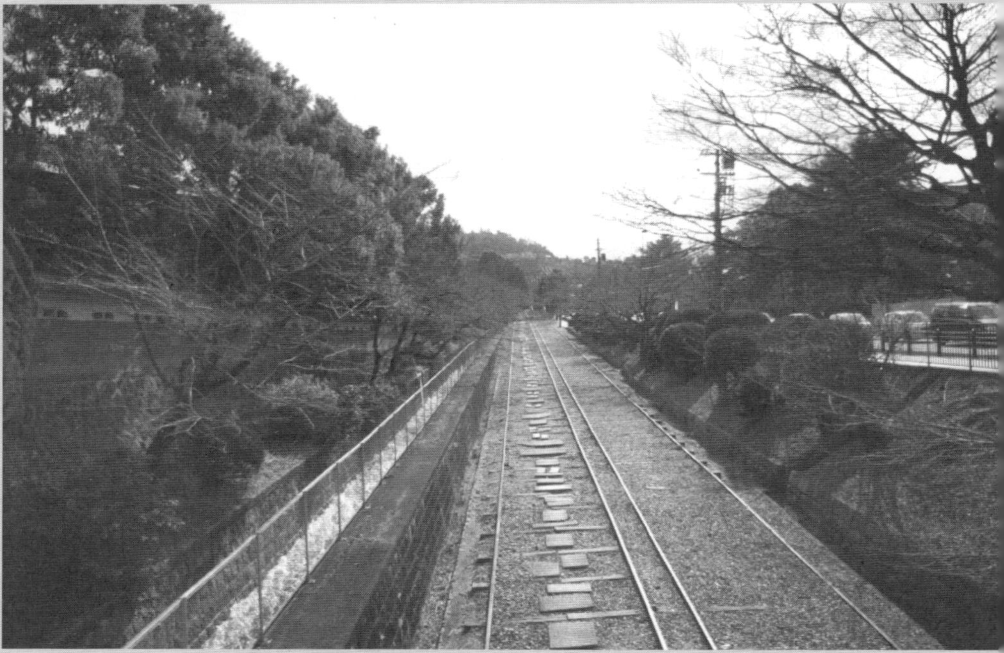

LAKE BIWA CANAL MUSEUM OF KYOTO
琵琶湖疏水記念館

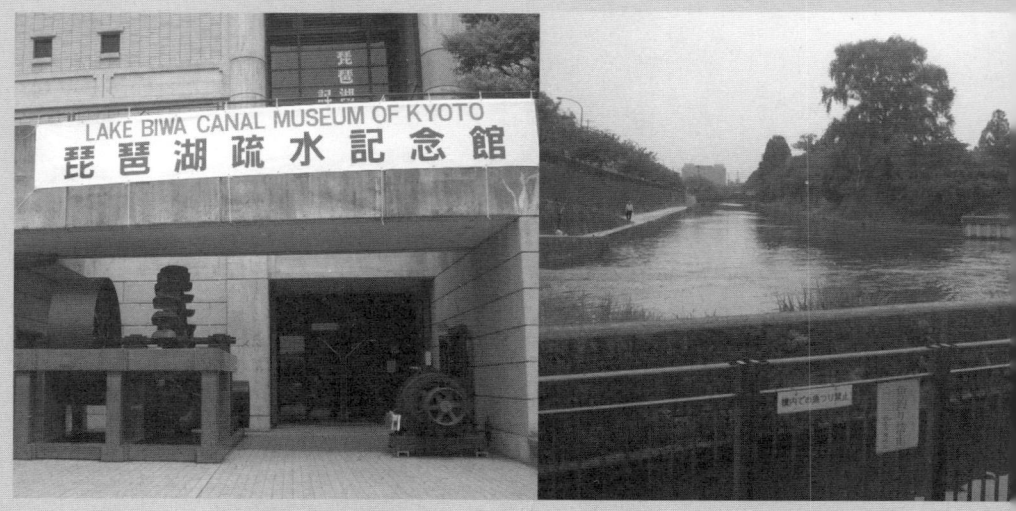

▲ 수도의 지위를 잃어버린 교토를 부활시키려는 기획의 일환으로 비와코의 물을 끌어들여 이용하는 소수사업을 추진했다.
(위) 레일 위의 대차에 배를 실어 히에이잔 소수로 끌어올리던 인클라인과 당시 소수공사의 모습을 그린 그림.
(아래) 비와코 소수기념관과 소수로 만든 운하와 분수.

기에 지어진 관영공장은 소수가 안정적으로 공급하는 공업용수를 이용하여 생산력을 높여갔다. 또 교토에서는 소수의 통수(通水)를 이용하여 전국 최초로 수력발전사업이 시작되었다. 당시 발전사업은 이미 주목을 끌고 있었는데, 그것은 모두 석탄을 원료로 하는 화력발전이었다. 화력발전은 매연과 운반이 문제였다. 소수를 이용한 수력발전은 이런 걱정과 관계없는 일이었다.

때마침 소수가 완성된 당시 교토에서는 교토전등회사(京都電燈會社), 교토도기회사(京都陶器會社), 간사이무역회사(關西貿易會社) 등이 교토에 본사를 두고 잇달아 탄생했다. 유신 후 한때 사양길을 걸었던 니시진의 직물업계(織物業界)도 살아나기 시작했다. 프랑스와 오스트리아에서 도입한 선진 직물기(織物機)를 개량하여 만든 일본산 직물기를 본격적으로 가동했기 때문이다.

서양기술을 도입하여 새로운 산업이 발달하고 전통산업이 부흥하자 전력수요는 더욱 늘어났다. 소수가 완성되고 확장됨으로써 전력의 공급도 확대되었다. 교토의 수력발전은 도시 재생의 기폭제가 되었다. 그것의 상징적인 예가 1895년에 개통한 교토전기철도(京都電氣鐵道)다. 일본의 도시에서 노면전차가 처음으로 운수영업을 개시한 것이 바로 교토였다. 이처럼 소수사업은 교토시민의 일상생활까지도 근대적으로 변화시키는 촉매 역할을 했다고 할 수 있다.

정도(定都) 1100년 기념사업

교토 사람들은 온고이지신(溫故而知新), 법고창신(法古創新)의 지혜가 탁월하다. 메이지 유신의 후폭풍으로 도시가 쇠락하게 되자 재빨리 거대한 소수 프로젝트를 벌여 부흥을 일궈냈다. 소수사업으로 하드웨어를 갖춘 교토는 그것에 활력을 불어넣는 소프트웨어를 착착 개발했다. 교토 사람 특유의 진취적인 기획력을 발휘하여 각종 이벤트를 개최한 것이다. 이런 교토 사람들이 교토가 수도로 정해진 지 1100년이 되는 1895년을 그대로 지나칠 리 없다. 우선 교토 사람들이 도시를 살리기 위해 천도 1100년을 기념하는 이벤트를 어떤 방식으로 추진했는지 살펴보자.

1895년은 간무덴노(桓武天皇)가 헤이안에 천도하고 정월에 태극전(太極殿)에서 첫 조하(朝賀)를 받은 지 1100년에 해당하는 해였다. 교토는 기다렸다는 듯 이를 기념하는 행사를 기획했다. 먼저 간무덴노를 주신(主神)으로 모시는 헤이안신궁을 창설하고, 제4회 내국권업박람회를 개최했다. 또한 일본역사를 재연하는 지다이 마쓰리(時代祭り)를 열었다. 이 모든 이벤트는 메이지 유신 후에 덴노가 도쿄로 옮겨가 제도(帝都)의 지위를 잃은 교토의 침체된 분위기를 일신하기 위해 기획되었다.

헤이안신궁은 교토시 사쿄구 오카자키(岡崎)에 자리 잡았다. 태극전과 응천문(應天門)을 모방하여 만들고, 헤이안쿄(平安京)의 다이다이리(大內裏)의 규모를 재현했다. 원래 이곳은 가모가와의 동쪽에 위치한 채소밭이었는데, 이미 개통한 비와코 소수가 이

지역 옆을 통과하기 때문에 개발하기에는 안성맞춤이었다. 교토부에서 이곳을 매수하여 헤이안신궁을 건설하기 시작한 것이 1893년, 그리고 완공한 것이 1895년 2월이었다. 마침 내국권업박람회가 개최되기 직전이었다.

오늘날 헤이안신궁의 상징이 된 참배로의 거대한 도리(鳥居)는 1928년 쇼와덴노(昭和天皇)의 즉위를 기념하여 건조했다. 그리고 1940년에는 교토의 고쇼에서 생을 마친 마지막 덴노인 고메이덴노(孝明天皇)를 이곳에 합사했다. 헤이안신궁의 창건은 수도로서의 교토의 역사를 정리하고 기억하기 위해 기획한 이벤트였던 셈이다.

헤이안신궁의 창건과 함께 내국권업박람회 행사장을 비롯하여 몇 개의 전시시설이 건립됐다. 헤이안신궁의 뒤뜰에 펼쳐진 광대한 신원(神苑)은 내국권업박람회 때는 동방미술관의 부지로 사용되었다. 이 정원은 정원설계로 이름이 높은 오가와 치베(小川治兵衛)가 꾸몄다.

일본의 내국권업박람회는 1877년부터 개최되기 시작하는데, 3회까지는 도쿄가 그 무대였다. 교토는 이 박람회가 경제와 산업을 활성화시키는 것에 착목하여 제4회 박람회를 유치하는 데 성공했다. 치열하게 경쟁한 오사카를 제친 것이 인상에 남았다. 교토의 내국권업박람회는 1895년 4월 1일부터 7월 31일까지 개최했다.

교토가 내국권업박람회를 주최할 수 있었던 것은 그럴만한 능력을 축적해왔기 때문이었다. 교토의 호상(豪商)을 비롯한 시민들은 일찍부터 제도(帝都)로서의 지위를 잃고 침체된 분위기를 쇄신하기 위해 새로운 기술을 계발하고 전통문화를 재발견하는 데 열심이었다. 그리고 이것을 기반으로 하여 산업을 흥륭시키는 작업의 일환으로서 교토박람회를 개최했다. 제1회는 1871년에 니시혼간지(西本願寺)에서 열었는데, 3일 만에 관람객이 1만 명을 돌파하는 성황이었다. 1873년에는 야크와 낙타 등을 보여주는 금수회(禽獸會)도 병행했다. 교토가 제4회 내국권업박람회를 주최할 수 있었던 것은 이런 기획력과 노하우가 쌓인 덕분이었다.

그해의 제4회 내국권업박람회장에는 농림관, 기계관, 수산관, 미술관, 동물관이 늘어섰다. 이 박람회의 개최에 맞춰 교토에서는 시가전차가 개업했다. 1895년 1월에 교토전기철도주식회사가 7조(七條)의 정차장(현재의 교토역)에서 후시미까지 전차를 개통한 것이다. 그리고 같은 해 4월에는 고조고하시(五條小橋)—기야초니조(木屋町二條)—오카자키박람회장—난젠지(南禪寺)의 노선이 개통하여 관광객을 박람회장으로 실어 날랐다. 전기는 비와코 소수의 물을 이용한 수력발전으로 이미 2년 전부터 공급되고 있었다.

내국권업박람회의 개최와 더불어 헤이안신궁의 부근에 교토시미술관도 개관했다. 이것은 일본에서 두 번째로 지어진 공립미술관으로서 간사이(關西) 지역뿐만 아니라 일본 전체의 문화를 계발하는데 지도자로서의 역할을 했다.

교토인의 긍지, 지다이마쓰리

교토 천도 1100년을 기념하여 개최된 또 하나의 색다른 이벤트를 소개하지 않을 수 없다. 바로 1895년 10월 22일에 처음 상연된 지다이마쓰리다. 10월 22일은 간무덴노가 헤이안쿄로 수도를 옮긴 날이라고 한다. 1895년 이래 매년 10월 22일 거행되는 지다이마쓰리는 오늘날 교토의 3대 마쓰리(기온마쓰리, 지다이마쓰리, 가모신사마쓰리)의 하나가 되었다.

지다이마쓰리는 역사상의 인물로 분장하고 차려입은 행렬이 장관이다. 행렬은 시대가 가까운 것부터 먼 것으로 거슬러 올라가는 형식으로 나아가는데, 마쓰리 행렬의 선두를 차지한 것은 메이지 유신 때 덴노의 편에 서서 바쿠후 군세와 싸웠던 농민용병 '야마구니다이(山國隊, 유신근왕대)'였다. 교토 사람들이 이들을 유신의 영웅으로 대접한 것은 자신들이 근왕대의 일원이었다는 긍지를 과시한 것이었다.

야마구니다이는 니시키노 미하타(錦御旗)를 선두로 검고 짧은 통소매 두루마기 차림에 허리에 검을 차고 머리에 흰 띠를 두른 이상한 군장(軍裝)을 했다. 그들이 맨 앞에서 큰 북, 작은 북, 피리 등으로 군악을 연주하면서 대열을 지어 나아간다. 니시키노 미하타는 해와 달을 금과 은으로 자수하고 그린 밝은 바탕의 비단 기인데, 가마쿠라 시대부터 조정의 적을 토벌할 때 관군의 표장(標章)으로 사용되었다. 일상에서는 비유 화법으로서 다른 사람에 대해 자기의 행위와 주장에 권위를 붙이기 위해 사용하는 말이다. 덴노를 수호하고 보필한다고 자부하는 교토 사람들의 정신을 잘 보여주는 행렬이다.

　1867년 10월 14일 쇼군 도쿠가와 요시노부는 대정봉환을 표명하고 정권을 조정에 반납했다. 그런데 그해 12월 9일 왕정복고를 선언하는 자리에서 사쓰마와 조슈 등의 토막파는 도쿠가와 쇼군에게 관직에서 물러나고 영지도 반납하라고 요구했다. 이들의 도발로 바쿠후군과 조정군은 교토의 교외 도바(鳥羽)와 후시미에서 결전을 벌이게 되었다. 이른바 보신 전쟁(戊辰戰爭, 1868.1~1869.5)이다. 이때 조정 측의 산음도진무총독(山陰道鎭撫總督)인 사이온지 긴모치(西園寺公望, 1849~1940)는 격문을 발표하여 널리 근왕의 군대를 모았다. 사이온지는 메이지 유신 때 해군에서 공을 세워 프랑스에 유학했다. 귀국 후에는 〈동양자유신문〉의 사장이 되고, 정계에 들어와서 제2차 정우회(政友會) 총재에다 두 번의 수상을 역임한다. 러일전쟁 이후 일본이 한국을 침략할 때 수상을 지냈던 정치가이니 우리와 무관한 사람도 아니다. 그는 1919년에 파리강화회의 수석전권위원이 되었다. 드 공작이라는 최고 작위를 받았다.

　교토의 북쪽 가쓰라가와 상류에 있는 야마구니무라(山國村)는 헤이안쿄를 건설할 때 목재를 공급한 곳으로서, 그 후에도 수리 사업(修理事業) 등으로 조정과 밀접한 관련을 맺어왔다. 근세에는 연공(年貢)을 납부함으로써 조정의 경제를 지탱하고, 부역과 진상 등을 통해 정신 면에서 황실과 깊은 연관을 맺어왔다. 이 야마구니무라에 사이온지의 격문이 도착한 것이 1868년 정월 5일이었다. 사이온지의 격문을 받은 당시 야마구니무라 주민은 목재업과 농업으로 생계를 꾸렸는데, 황실과 가깝다는 정신의 인연 때문에 재빨리 의용대를 편성하여 교토를 향해 발진했다. 그러나 이 때는 도바 후시미 전투에서 바쿠후군의 패배가 이미 결정된 후였다. 그리하여 그들은 일단 돌아왔다.

그런데, 야마구니다이는 1868년 2월에 도쿠가와 군대를 쫓아가 토벌하라는 덴노의 칙명을 받들어 다시 결기했다. 선봉대로 참가하여 2월 23일 교토를 출발한 야마구니다이는 나카센도(中山道)를 거쳐 일단 에도에 주류한 후, 인바번(因幡藩)과 도사번의 군세와 함께 우쓰노미야(宇都宮)에 출진하여 전사자를 내면서도 맹렬히 활약했다. 그리고 '니시키노 미하타'를 호위한다는 영예를 안고 교토로 개선했다.

야마구니다이가 고적(鼓笛)을 울리며 대열을 정비하여 야마구니무라에 돌아온 것이 1869년 2월 18일이다. 고향을 떠난 지 1년이 지난 뒤였다. 교토시민은 그들의 용맹하고 과감한 활약에 감동했다. 그리고 그 인상이 매우 진하게 남아서 오늘날에도 지다이마쓰리의 행렬에서 그들을 최선봉으로 내세우는 것이다.

영화, 미야코오도리, 시다레자쿠라
오늘날 교토 시내에서 가장 번화한 곳의 하나는 신쿄코쿠(新京極)

이다. 데라마치에서 동쪽으로 수십 미터 떨어져 3조(三條)와 4조(四條) 사이를 남북으로 통하는 길이 신쿄코쿠드리이다. 봄과 가을에는 수학여행의 학생으로 붐비는 이 거리에는 선물가게, 파친코, 영화관, 레스토랑, 쇼핑센터, 게임센터 등이 처마를 잇고 있다. 신쿄코쿠는 1872년 교토부지사(京都府知事) 다키무라 마사나오(槇村正直)의 명령으로 개설되었다. 당초부터 오락거리를 목표로 하여 만들어졌다. 이 거리는 지금도 원래의 의드대로 환락가로서의 기능을 담당하고 있다.

그런데 신쿄코쿠가 활기를 띠게 된 것은 1897년 3~6월에 활동사진을 상연한 것이 계기가 되었다. 신쿄코쿠의 스크린에 투영되는 방식의 활동사진관, 시네마토그라프가 흥행에 성공했다. 신쿄코쿠의 시사회는 영화 산업의 시작이었고, 나중에 교토를 영화의 메카로 끌어올리게 되었다.

교토의 봄은 먼저 벚꽃에서부터 시작한다. 그리고 초여름에 이르기까지 차례차례 여러 가지 꽃이 만발한다. 기온을 비롯하여 시내 각 유흥가에서 각양각색의 무기(舞妓)와 예기(藝妓)가 총출동하는 춤판이 벌어지는 것도 이때부터이다. 외지의 관광객뿐만 아니라 교토의 시민들도 꽃놀이와 춤판을 즐긴다.

원래 유흥가의 춤은 2~3인이 앉을 수 있는 방안에서 지역의 노래에 맞춰 조심스럽게 추는 것이었다. 그런데 교토의 산업진흥을 위해 열린 1872년의 제2회 교토박람회 때 미술품과 신제품 등의 전시와는 별도로 오락성이 강한 미야코오도리(都舞)가 무대에

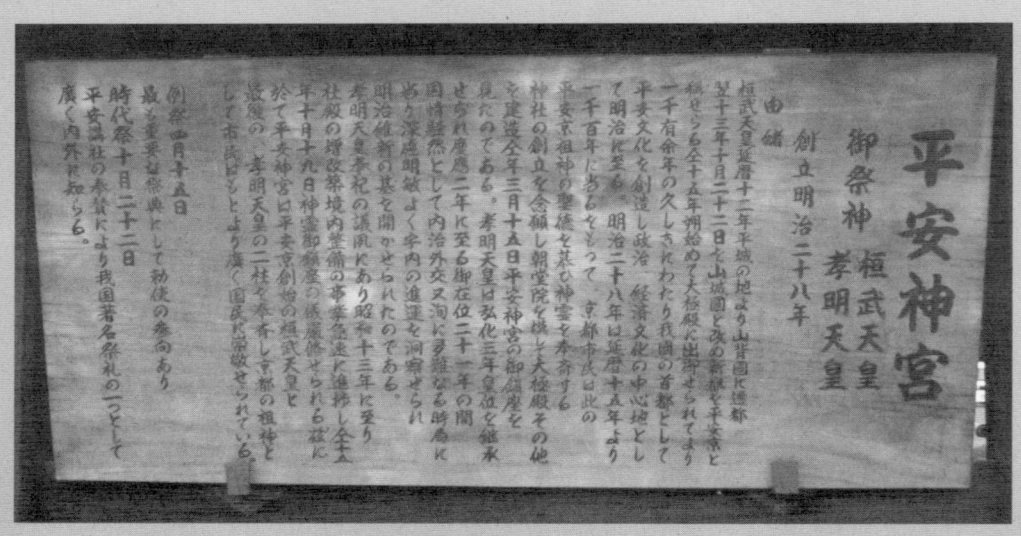

▲ 헤이안신궁. 교토를 수도로 정한 간무덴노와 교토고쇼에서 생을 마친 마지막 덴노인 고메이덴노를 합사했다.

▲ 마루야마 공원의 시다레자쿠라.
▲▲ 교토의 예기와 무기가 추는 미야코오도리.

올려지게 되었다. 미야코오도리는 관객의 동원을 노리고 기획한 쇼 프로그램이었다. 기온신바시(祇園新橋)의 '마쓰노야(松屋)'를 무대로 하여, 53인을 1조로 하여 무용단이 7조나 되는 등, 총 464명이 교대로 출연하는 대규모 쇼였다. 미야코오도리는 외국의 관광객들로부터 '체리 댄스'라는 이름으로 사랑을 받았다. 그리하여 이 대규모 춤은 박람회와는 별도의 연례행사로 정착했다. 공연장도 1873년부터 기온하나미코지(祇園花見小路)의 가무연장(歌舞練場)으로 옮겨 현재까지 상연되고 있다.

4조대교(四條大橋)의 서쪽 끄트머리 북쪽, 가모가와를 따라 숨어 있는 좁고 가는 골목길이 폰토초(先斗町)인데, 에도 시대 중기에 기온과 함께 시마바라(島原)가 지배하는 외지벌이 유곽이 이곳에 설치되었다. 이 지역은 가모가와에 제방을 쌓아 만들어졌는데, 동쪽에는 인가가 서 있고 서쪽은 아무것도 없었다. 거기에서 '끄트머리'라는 한자어인 선단(先端), 포르투갈 말로 '선단'에 해당하는 '폰토'라는 단어를 따서 '폰토초'라고 부르게 되었다고 한다. 폰토초의 동쪽에 자리 잡은 요정들은 여름에 가모가와 둔치에 평상을 내어달고 손님을 맞는다. 평상에 앉아 시원한 강바람을 쐬며 술잔을 기울이는 풍경은 교토의 여름 풍물시(風物詩)라고 할 수 있다.

교토의 벚꽃은 환상적이라는 표현 이외에는 할 말이 없다. 그 아름다움의 극치를 상징하는 것이 기온 옆 마루야마공원의 시다레자쿠라(枝垂櫻)이다. 시다레자쿠라는 능수버들처럼 가지가 척척 늘어진 벚나무를 가리킨다. 그리고 야사카 신사 동쪽 일대의 공원을 마루야마 공원이라고 부른다. 이곳은 원래 마쿠즈가하라(眞葛原)라고 불린 들판으로서, 야사카 신사의 전신인 기온지와 조라쿠지(長樂寺) 등의 경내지였기 때문에, 이 절들에 속하는 암자와 방장이 점재했다. 그러나 메이지 초기의 폐불훼석 운동 중에 기온지는 야사카 신사로 개칭되고, 조라쿠지는 쇠망했다. 폐불훼석은 불교 배척운동을 가리키는데, 1868년 신불분리령(神佛分離令)이 내린 것을 계기로 신도(神道)가 중심이 되어 사원과 불상을 파괴하고, 승려를 강제로 환속시키는 일 등이 벌어졌다. 1871년 기온지와 조라쿠지 등에 내린 토지를 상부에 반납하라는 명령에 따라 사지(寺地)는 해소되었다. 이 땅은 교토시에 불하되어, 1886년 마루야마 공원으로 정비된다. 마루야마는 공원의 뒤에 있는 산 이름이다.

현재 마루야마 공원은 시다레자쿠라, 특히 요자쿠라(夜櫻)로 유명하다. 수많은 단카(短歌)*와 그림에도 묘사되어 있는 이 벚꽃은 기온의 심벌 중의 하나이다. 초대 벚나무가 말라죽자 1949년에 2대 째의 벚나무를 심었다. 그것을 정성을 들여 가꿔온 것이 지금의 벚나무이다. 원래 이 지역은 유락지로서 문인이 시를 읊조릴 뿐만 아니라 시민이 꽃놀이와 단풍놀이를 즐기는 장소였다. 메이지 시기에 이곳을 공원으로 만들어 시민의 쉼터라는 성격을 좀 더 분명히 드러냈다. 현재와 같은 기온의 이미지가 정착한 것은 시인들이 읊은 단카 덕분이다.

* 하이쿠(俳句)와 더불어 일본의 전통 정형시를 대표하는 짧은 시 형식.

교토의 3대 문화권—니시진, 무로마치, 기온

교토는 몇 개의 독자적 문화권을 형성하고 있다. 대표적인 것이 상경(上京)을 중심으로 한 니시진, 하경(下京)의 무로마치, 히가시야마(東山)의 기온이다. 이 세 문화가 교토시민의 생활에 뿌리내린 교토다움의 전형이라고 볼 수 있다. 특히 니시진과 무로마치는 교토 사람들의 고유한 기질을 길러낸 장소라 할 수 있다.

니시진은 '오닌의 난' 때 서군 야마나 소젠(山名宗全, 1404~1473)이 진을 쳤다고 해서 붙은 이름이다. 그는 무로마치 중기의 무장으로서, '오닌의 난' 때 서군의 장수였으나 전투 중에 진중에서 죽었다. 원래 니시진 지역은 헤이안 시대에 관영공장의 원류인 직물직인(織物職人)이 밀집한 곳으로서, 그들의 고도 기술을 바탕으로 하여 고급 직물이 생산되었다. 이것이 소위 니시진오리(西陣織)다. 니시진오리의 직물공장을 중심으로 하여 이토야(絲屋), 소메야(染屋) 등의 섬유제조업이 발달했다.

무로마치는 고후쿠(吳服) 도매상 거리다. 고후쿠는 기모노 등을 만드는 직물을 뭉뚱그려 부르는 용어이다. 무로마치의 이름은 원래 남북으로 길게 뻗은 무로마치토리에서 연유한다. 이 거리에 바쿠후가 설치되었기 때문에 무로마치 바쿠후 시대라는 시대구분 명칭도 생겨났다. 교토에서 생산되는 니시진오리와 유젠조메뿐만 아니라 전국의 산지에서 생산되는 모든 직물이 일단 이곳으로 모였다가 다시 전국으로 판매된다.

기온은 요컨대 환락가로서 니시진과 무로마치와는 성격이 약간 다르다. 야사카 신사 서쪽 문 앞, 즉 가모가와 동쪽 시조도리 남북단에 발달한 음식점과 유흥장을 중심으로 발달했다.

하나 덧붙이면, 교토인의 배를 부르게 만드는 니시키이치바(錦市場)를 가보라고 권하고 싶다. 이곳은 텔레비전이 연말연시에 명절요리의 재료를 사려고 붐비는 사람들의 모습을 방영할 때 반드시 등장하는 시장이다. '교토의 부엌'이라고 할 만하다. 시조도리(四條通) 한 구간을 동서로 횡단하는 니시키코지도리(錦小路通)에는 생선, 건어, 청과를 비롯하여 짠지, 김치 등의 음식재료를 파는 가게가 150여 곳이나 꽉 들어차 있다. 니시키이치바가 오늘날의 모습을 갖춘 것은 1927년 교토 중앙도매시장이 생긴 이후부터이다. 그렇지만 그 연원은 에도 시대 초기까지 거슬러 올라간다.

학문과 학생, 재생의 심장

교토를 근대도시로 재생하는 데 기여한 또 다른 요인은 학교다. 교토 사람들은 메이지 유신 직후부터 교육도시를 목표로 내걸고, 지구 단위로 소학교를 설립하여 운영했다. 고장의 자산가와 명망가들이 모두 나서 교육사업에 기부하고 지역주민이 이에 출자했다.

일본에서는 1872년 문부성 포달(布達)로 학제가 공포되었다. 당시 급속히 근대화를 추진하고 있던 일본은 이를 짊어질 인재를 양성하기 위해 학교를 급조하려고 했다. 교토는 학제의 공포에 앞서 1869년에 소학교의 창건에 착수했다. 이 해 말에 교토에서는 벌써 64교가 개교했다. 이 소학교를 한구미소학교(番組小學校)라고 부르는데, 당시 새롭게 편성된 조구미(町組) 단위로 세웠기 때문이다. 그때 교토는 산조도리(三條通)을 경계로 하여 상경과 하경으로 나뉘었는데, 상경에 33한구미, 하경에 32한구미가 설치되었다. 이때 대부분의 한구미는 스스로 소학교를 갖게 되었다. 교토가 학제공포에 앞서 이렇게 대대적으로 소학교를 건설한 것은 교육과 문화를 중시하는 교토인의 기질을 반영한 것이라고 볼 수 있다.

소학교의 건립과 운영은 교토부에 힘입은 바도 있었지만, 고장의 자산가와 명망가가 토지와 건설비를 기부하고, 주민 각호가 출자한 것이 더 큰 도움이 되었다. 초기의 소학교는 평균 100평 정도의 부지에 불과했지만, 단순히 교육시설로서뿐만 아니라 종합적인 커뮤니케이션 센터로서의 역할도 수행했다. 교토의 소학교 역사를 알기 위해서는 교토시 학교역사박물관을 찾아가 보는 게 좋다.

교토는 대학도시다. 실제로 교토에서는 현재 서른일곱 곳의 대학에 13만 명의 학생이 다니고 있으며, 학생이 총인구의 10퍼센트 정도다. 교토에 학생이 얼마나 많은가는 밤에 번화가에 나가보면 알 수 있다. 고급 음식점가인 기온 근처에는 학생이 적지만, 가와라마치와 기야초 등에는 학생이 넘친다. 이런 풍경은 교토만의 특성이라고 할 수 있다.

학문의 수도 교토의 중심적 존재는 역시 교토대학이다. 오늘날 교토대학은 누가 뭐래도 일본을 대표하는 명문대학이다. 노벨상 수상자수는 도쿄대학을 훨씬 앞지르고 있다. 교토대학은 현재 국립대학법인의 종합대학인데, 1897년에 설립된 교토제국대학의 뒤를 잇고 있다. 교토대학을 설립할 때 사이온지 긴모치가 힘을 썼다. 그는 구게 문화와 승려 양성의 전통이 강한 교토를 다시 한 번 학문의 수도로 부활시키고 싶었다. 교토대학은 당초 이공계 대학으로 출발했으나, 1899년 법과와 의과, 1906년 문과가 증설되었다. 1919년 제국대학령에 따라 종합대학으로 승격했다. 제국 일본이 패전으로 붕괴한 이후, 1947년 교토대학으로 재편되고, 1949년 제3고등학교를 흡수하여 신제(新制) 대학이 되었다. 도쿄대학이 관료를 양성하는 기관이라는 성격이 강한 데 비해, 교토대학은 순수 학문을 연구하는 경향이 강하다. 따라서 자유주의적 학풍을 유지하고, 학문의 자유와 대학의 자치를 지키려는 움직임도 끈질겼다.

併吞哀憐

한국강점, 교토의 충혼과 애련

제국일본의 한국침략
한반도의 국제정세
제국일본의 대한계국 폐멸
한국강점을 어떻게 볼 것인가?
충혼과 애련을 증언하는 유적
메이지덴노릉 공사에 조선인도 참가했다
조선인의 메이지덴노 두덤 참배
노기 마레스케의 신사, 충혼의 화신
한국병합기념비, 일선동조의 역사인식
무린안, 침략자의 별장
조라쿠칸, 이토 히로부미와 순종황제의 자취

제국일본의
한국침략

한반도의 국제정세

청일전쟁에서 승리한 일본은 한반도에서 청의 세력을 몰아내고 주도권을 장악하는 한편, 제국주의 열강의 반열에 오르게 되었다. 그렇지만 러시아 등은 동아시아에서 일본 세력이 부상하는 것을 쉽게 용납하지 않았다. 이토 히로부미 등은 일본이 한반도에서 세력을 키우는 대신, 러시아가 만주에서 우세한 지위를 가지는 것을 서로 승인하자는 '만한교환론'을 주장했다. 반면에, 가쓰라 다로(桂太郞, 1847~1913)와 고무라 주타로 등은 일본이 한반도에서 우세한 지위를 확보하기 위해서는 만주까지 세력권에 넣어야 한다는 '만한불가분론'을 주장했다. 두 주장은 상황에 따라 일본의 외교정책에 반영되었는데, 양쪽 모두 러시아와 대결을 예상하고 군비를 대대적으로 증강하고 확장하는 데는 의견이 일치했다.

　러시아는 중국의 화북지역에서 일어난 의화단 사건(1900)을 진압한 후에도 만주에 주둔한 군대를 철수하지 않았다. 러시아의 만주 점령은 한반도를 장악하려는 일본에게는 어깨를 짓누르는 압력과 같았다. 일본은 1902년 1월 영국과 동맹을 체결하여 러시아를 견제하고, 한반도를 독점적으로 지배하고자 하였다. 그리고 이것을 발판으로 삼아 만주로 진출하는 것이 일본의 외교정책이었다. 이리하여 한국과 만주를 둘러싼 러시아와 일본의 대립은 격화되었다.

　당시 대한제국정부는 러시아와 일본이 전쟁도 불사하는 상황으로 치닫게 되자 전시중립(戰時中立)을 선언했다. 국제사회에서 중립국으로 인정받음으로써 한반도 안에서 러시아와 일본의 교전을 막고, 설령 전쟁이 발발하더라도 여기에 말려들지 않고 독립을 유지하겠다는 전략이었다. 대한제국정부는 일본정부에 중립을 보장할 것을 요구했으나 받아들여지지 않았다. 중립을 승인하면 전쟁터가 될 것이 분명한 한반도에서 일본군의 군사행동이 장애를 받게 될 것이라고 여겼기 때문이다. 서양 여러 나라에 대해서도 중립을 승인해줄 것을 요청했으나 실효는 없었다. 고종황제가 1904년 1월 대한제국의 전시중립을 선언한 것은 한반도를 둘러싼 국제정세의 변동에 어떻게든 대처하려고 발버둥친 고육지책(苦肉之策)이었다.

일본정부는 1904년 2월 육군을 인천에 상륙시켰다. 일본해군은 밤을 틈타 뤼순 항을 공격하고, 인천 연안에서 러시아 함대를 습격했다. 일본정부는 서전에서 큰 성과를 올린 후에야 러시아에 선전포고했다. 일본은 또 대한제국의 전시중립선언을 무시하고 수도 한성에 군대를 진주시켜 무력으로 제압하였다.

일본정부는 2월 23일 군사력을 배경으로 대한제국을 압박하여 한일의정서*를 체결했다. 이 협정을 빙자하여 일본군은 한반도 내에서 강제로 철도용지·군용지를 수용하고, 농번기에도 인마(人馬)와 식량을 징발했다. 이에 저항하는 한국의 민중은 각지에서 봉기하고, 전신선을 끊거나 철도 건설을 방해했다. 일본군은 이들에게 군법을 적용하여 사형에 처하거나 감금·구류·태형 등으로 가혹하게 단속했다.

일본정부는 내정에도 간섭했다. 한일의정서의 체결에 반대한 탁지부대신 이용익(1854~1907)이 일본으로 끌려갔고, 다른 반대파도 서울에서 추방되었다. 이용익은 광무개혁을 추진한 중심인물 가운데 한 사람으로, 러일전쟁 직전에는 전시중립정책을 주도했던 인물이다. 이후에는 황실재정과 정부재정을 담당하면서 일본이 파견한 메가타(目賀田) 재정고문과 대립하기도 했다. 그는 한일의정서의 체결에 반대했기 때문에 일본으로 연행되어 약 10개월 간 억류되었다. 한성에서는 한일의정서를 조인한 이지용 외무부대신의 집에 폭탄을 투척하는 등 반대운동이 고조되었다.

1904년 5월 일본정부는 한반도의 지배권을 확실히 다지고자

'대한시설강령'을 각의에서 결정하고, 군사·외교·재정·교통·통신·산업 분야에서 이권을 확대하기로 방침을 세웠다. 이 방침에 따라 러일전쟁이 한창이던 8월에 제1차 한일협약**을 승인하도록 대한제국정부를 압박했다. 그리고 일본정부가 추천한 재정고문과 외교고문을 한국정부에 보내어 두 분야의 권한을 장악하였다. 재정고문에는 대장성 주세국장(主稅局長) 메가타 다네타로(目賀田種太郞)를, 외교고문에는 주미일본공사관 고문을 지낸 미국인 스티븐스(D. W. Stevens)를 임명했다. 스티븐스는 일본이 대한제국 내정에 간섭하는 것에 대한 외국의 비난을 흐리게 하는 역할을 했고, 제2차 한일협약의 체결을 유도했다. 일본정부는 러일전쟁을 수행하면서 착실히 한국을 '보호국'으로 만드는 일을 추진해 갔다.

러일전쟁은 청일전쟁과는 비교가 되지 않을 정도의 대규모 전쟁이었다. 양 군의 승패는 좀처럼 가려지지 않았다. 일본정부는 재정상의 한계로 전쟁을 계속하기가 어려워지자 미국 대통령에게 조정을 의뢰하였다. 한편 러시아정부도 발틱함대가 패하고 국내의 혁명운동이 격화되어 곤란한 지경에 빠지자 미국의 조정을 받아들였다. 러일강화회의는 미국 포츠머스에서 개최되었다.

서양열강은 세계분할과 관련된 러일전

• 대한제국의 영토와 주권의 안전을 지킨다는 미명 아래, 일본이 한국의 영토를 전략적으로 자유롭게 사용하고, 국가통치에서 일본의 조언을 받는 것을 골자로 하고 있다.
** 공식명칭은 '외국인 용빙(傭聘) 협정'이며, 한일협정서라고도 한다. 이 협정이 체결됨으로써 외국인 고문을 통해 대한제국의 내정이 간섭받게 되었다.

쟁에 중대한 관심을 보였다. 그래서 일본은 미국과 가쓰라—태프트 협정을 맺어 미국의 필리핀 지배를 인정하고, 영국과 제2차 영일동맹을 맺어 영국의 인도 지배를 인정했다. 그 대가로 두 나라가 일본의 한국 지배를 양해하도록 만들었다. 러일강화조약(포츠머스 조약)에서는 일본의 한국 지배를 러시아가 인정했다. 러일전쟁의 결과 일본은 한국 외에도 사할린 남부, 요동반도, 만주 남부로 세력을 넓혀 제국주의 열강의 지위를 확립하였다.

제국일본의 대한제국 폐멸

일본정부는 1905년 11월 대한제국정부에 대해 외교권 박탈을 골자로 한 제2차 한일협약*의 체결을 강요했다. 그리고 다음해 2월에는 서울에 통감부를 설치하고, 초대 통감으로 이토 히로부미를 파견했다. 통감은 대한제국 황제를 자유롭게 만날 수 있었고, 일본정부를 대표하여 한국의 외교를 관리하고, 한국에 주둔하는 일본군 사령관에게 병력 사용을 명령할 권한을 가졌다. 이밖에도 통감은 일본인 고문을 지휘하고 한국의 중요 법안과 정책을 사실상 결정함으로써 내정 전반을 장악했다.

고종황제는 1907년 6월 이준 등 3명의 특사에게 전권위임장을 주어 네덜란드 헤이그에서 열린 제2회 만국평화회의에서 제2차 한일협약이 무효라는 것을 참가국에게 호소하도록 했다(헤

• 제2차 한일협약은 을사오조약(乙巳五條約) 또는 을사늑약(乙巳勒約)으로 불린다.

이그 특사사건). 이토 히로부미는 이것을 협약 위반이라고 꼬투리를 잡아 이완용 내각을 압박하여 고종황제를 물러나게 하고 순종황제를 즉위시켰다. 고종황제의 강제 퇴위에 반대하여 서울에서는 수만 명이 항의집회를 열고, 이완용의 집을 불태우는 등 반일운동이 일어났다. 대한제국 군대 중 일부도 이어 가담했다.

이토 히로부미 통감은 7월 하순 제3차 한일협약의 체결을 대한제국정부에 강요했다. 이로써 대한제국정부는 법 제정과 중요한 행정처분, 고급관료의 임면 등을 통감의 승인이나 동의 없이는 행사할 수 없게 되었다. 또 협약에 부속된 비밀각서에서 군대의 해산이 결정되었다. 통감은 정부의 각부 차관 등의 주요 관직에 일본인을 등용하고 이들을 통해 중앙과 지방의 내정을 직접 장악할 수 있는 체제를 마련하였다(차관정치).

일본정부에 의해 해산당한 군대의 일부 병사들은 항일의병투쟁에 가담했다. 일본정부는 이것을 진압하고자 한국에 주둔한 일본의 군대·헌병·경찰을 증강했다. 1909년 10월에는 헌병이 경찰 업무를 겸하게 하는 헌병경찰제도를 실시하고, 다음 해에는 한국인을 헌병보조원으로 채용했다. 또 '학회령', '사립학교령' 등을 시행하여 한국인의 애국계몽운동을 엄격히 통제했다. 일본의 탄압에 맞선 한국인의 항일투쟁도 날로 격화되어 통감정치는 목적을 달성할 수 없게 되었다.

이에 따라 일본정부 내에서 한국병합을 요구하는 강경론이 힘을 얻었다. 이토 히로부미 통감은 1909년 4월 가쓰라 다로 수상이 제시한 한국병합 방침을 받아들이고 통감직을 사임하였다.

가쓰라 다로는 누구인가? 야마가타 아리토모(山縣有朋)와 같은 계열에 속하는 조슈군벌(長州軍閥)의 후계자로, 군부와 관계(官界)에 큰 세력을 가지고 있었다. 그는 무력을 사용해서라도 한국을 빨리 병합하는 것이 상책이라고 일찍부터 주장했다. 타이완 총독, 육군대신, 그리고 수상을 3차례나 역임하기도 했다.

반면에 이토 히로부미는 일본정부가 한국인의 마음을 사로잡을 만한 문화정치를 실시함으로써 한국이 자발적으로 일본에 복속하도록 해야 한다고 주장해왔다. 결국 일본정부는 이토 히로부미의 주장을 물리치고 야마가타 아리토모와 가쓰라 다로의 주장을 받아들여, 이해 7월 한국병합을 실행에 옮기기 위해 새로운 방침을 결정했다. 통감을 사임하고 만주여행에 나선 이토 히로부미는 1909년 10월 하얼빈역에서 안중근에게 사살되었다.

일본은 한국의 군대를 해산시켜 허수아비로 만든 후 사법권마저 빼앗았다. 이로써 일본인이 한국의 재판과 감옥 등의 업무를 장악함에 따라 항일세력에 대한 감시와 탄압은 더욱 강화되었다. 이어 일본정부는 한국의 경찰권을 빼앗아 일본의 헌병경찰이 한국의 치안을 담당하도록 만들었다.

한국강점을 어떻게 볼 것인가?

1910년 8월 22일 일본정부는 한국정부에 대해 '한국병합에 관한 조약'을 체결하도록 강요했다. 이로써 대한제국은 폐멸(廢滅)되어 제국일본의 식민지가 되었다. 한국인들은 국권 상실에 분노했으며, 황현(黃玹)과 같은 애국지사들은 슬픔을 이기지 못해 자결했다. 병합조약의 체결은 마치 비상계엄 상태와 같은 삼엄한 경계 속에서 이루어졌다. 언론과 출판이 엄격히 통제되었기 때문에 많은 한국인은 그 사실조차도 잘 알지 못했다. 반면에 일본에서는 한국병합이 발표되자 각 신문이 기념호를 발행하고, 집집마다 일장기를 내걸어 축하했다. 거리에는 꽃으로 화려하게 장식한 전차가 내달리며 축제 분위기를 자아냈다.

제3대 통감으로 부임하여 한국강점을 완료한 데라우치 마사타케(寺內正毅, 초대 조선총독)는 '한국병합조약'을 조인한 날 밤 잔치를 열고, "만일 고바야카와(小早川), 가토(加藤), 고니시(小西)가 이 세상에 있다면, 오늘 밤에 뜬 저 달을 과연 어떤 마음으로 바라보았을까?"라고 읊조렸다. 고바야카와 다카카게(小早川隆景), 가토 기요마사(加藤清正), 고니시 유키나가(小西行長)는 도요토미 히데요시(豊臣秀吉)가 한국을 침략했을 때 출정한 장수들이다. 데라우치 총독은 옛날 선조들이 한국을 지배하려고 시도했지만 실현할 수 없었던 꿈을 바로 자신이 이루었다고 자랑하며 위와 같은 소회를 털어놨던 것이다.

한편, 당시 일본에서는 한국 침략에 반대한 사회주의자들이 덴노를 살해하려고 했다는 이유로 탄압을 받고 있었다(大逆事件). 그로 인해 일본의 지식인들은 감시와 탄압 속에 침묵해야 하는 상황이었다. 그렇지만 이와 같은 엄중한 상황에서도, 한국강점 이듬해에 시인 이시카와 다쿠보쿠(石川啄木)는 "지도 위 한국국에 새카만 먹을 칠하며 가을바람 소리를 듣노라"고 읊었다. 한국이 일본의 식민지가 되어 없어진 것을 '먹을 칠하는' 것으로 표현하고, 그 아쉬움과 허무함을 '가을바람 소리를 듣노라'고 읊조렸던 것이다. 이시카와는 일본인 가운데 한국의 식민지화를 비판한 보기 드문 지식인이었다.

그런데 제국일본의 대한제국 폐멸은 어떤 용어로 표기하는 것이 실태에 적합한 것일까? 한국과 일본의 역사교과서는 서로 다른 용어를 사용하고 있다. 일본에서는 주로 '일한병합' 또는 '한국병합'이라고 표기하고, 한국에서는 '국권피탈' 또는 '한국강점'이라고 표기한다. 실제로 1910년 체결된 '한국병합에 관한 조약' 역시 '병합'이라는 용어를 사용하고 있다.

이 '병합'이라는 용어에는 일본정부의 치밀한 계산이 숨어 있었다. 일본정부는 1909년 각료회의에서 한국을 식민지로 만들겠다는 방침을 결정했을 때도 이 용어를 사용했다. 당시 일본에서는 '합방'이나 '합병'이란 용어는 '일한 양국이 대등하게 합일'하는 것처럼 받아들이는 경우도 있었다. 따라서 한국이 일본제국의 일부 영토가 된다는 점을 분명히 하면서도, '식민지'와 같은 노골적인 용어를 피하기 위해 고심 끝에 사용한 용어가 바로 '병합'이었다.

그렇지만 한국인은 다르게 생각했다. 한국에서는 '한국병합에 관한 조약'이 한국인의 의사에 반하여 강제로 체결되었기 때문에 당초부터 무효라고 여겼다. 또 조약의 비준서에 순종황제의 서명이 없는 등 절차상, 형식상 결함이 많아 원천적으로 성립하지 않았다고 주장하는 경우도 있다. 따라서 제국일본의 대한제국 폐멸은 군사력에 의한 불법 점령, 곧 '강점'이었다고 보는 것이 당시부터 지금까지 한국인에게 널리 퍼진 견해다.

충혼과 애련을
증언하는 유적

조선인의 메이지덴노릉 공사

1867년 15세에 즉위하여 1912년 60세 되던 해 사망한 메이지덴노(明治天皇, 1852~1912)는 1868년 3월 교토 고쇼(御所)의 시신덴(紫宸殿)에서 구게(公家), 다이묘(大名), 백관을 거느리고 천지신명(天地神明)에게 서약하는 형식으로 유신정권의 기본방침인 5개조의 서문을 발표함으로써 메이지 유신이 마침내 성공했다는 것을 천명했다.

그 이전에 이미 15대 도쿠가와 쇼군 요시노부는 정권을 조정에 반납했고, 고쇼 회의에서는 에도 바쿠후를 폐지하고 정권을 조정에 옮기는 왕정복고가 선언됐다. 그 후 번을 폐지하고 부현(府縣)으로 통일하는 작업을 통해 덴노 중심의 중앙집권의 통일국가가 성립되었다. 이후 대일본제국헌법, 황실전범 등을 잇달아 반포하여 근대 덴노제 국가의 틀을 확립했다. 부국강병에 매진한 메이지정부는 청일전쟁과 러일전쟁에 승리함으로써 유신의 실적을 국내외에 과시하고 군국주의로 나아갔다. 그 후 일본은 대한제국을 폐멸시키고 식민지 지배를 강행했다.

이러한 연유로 한국인은 대체로 메이지덴노에 대해 대단히 부정적이거나 한쪽에 치우친 이미지를 갖고 있다. 한국인에게 메이지덴노는 '군인칙유'나 '교육칙어' 등을 반포하여 일본인을 한국 침략으로 내몬 '군국주의의 화신'으로 남아 있는 것이다. 더구나 조선총독부가 메이지덴노가 죽은 후 그의 신령을 서울 남산 조선신궁에 모셔놓고 참배를 강요하였으니 무리한 일도 아니었다.

그렇지만 미국의 저명한 일본문학 전공자 도널드 킨(Donald Keene)이 쓰고 장년의 언론인 김유동이 번역한 《메이지천황》(다락원, 2002)은 전혀 다른 메이지덴노관을 보여준다. 우리와 달리 역사의 원한에서 자유로운 도널드 킨은 메이지덴노가 국내외 정책이나 전략의 실제 입안자가 아니며 인자한 통솔자였을 뿐이라며 그 결과에 대해 책임을 묻지 않는다. 오히려 메이지덴노는 자신의 존재만으로도 그의 치세와 그 후세 사람들을 비범하고 용기 있게 만든 영웅이었을 뿐 아니라, 수많은 변혁을 이끈 공신들에게 항상 마음의 의지처가 되었던 '더 그레이트(The Great)' 곧 '대제(大帝)'였다고 추켜 세운다.

메이지덴노는 열다섯 살에 즉위했을 때만 해도 유신의 지도자들이 마음대로 가지고 놀 수 있는 '로봇(손바닥 안의 옥)'으로 보였다. 그러나 끊임없는 학습과 수련을 통해 덴노로서의 위엄과 권위를 갖춰갔다. 그는 자신에게 매우 엄격한 인간이어서, 좋고 싫음을 좀처럼 드러내는 법이 없었다. 그는 더위, 추위, 피로, 배고픔 등 보통 사람을 괴롭히는 일에 대해 불평한 적이 없었다. 교통편이나 숙박시설이 형편없던 시절에도 그는 한증막 같은 가마를 타고 전국을 순행하면서 국민에게 근대 일본의 국가 의식을 심어주었다. 그리하여 러일전쟁을 도발할 즈음, "백성을 위해 마음이 편할 때가 없네 / 몸은 구중궁궐 안에 들어 있건만"이라는 시가를 읊을 정도로 국가와 국민을 위해 노심초사하는 지도자로 군림하게 되었다.

메이지덴노는 일본이 보잘것없는 동양의 한 군주국에서 열강과 어깨를 나란히하는 근대 제국으로 발돋움할 때 그 원동력이 된 존재였다. 따라서 '메이지'는 단순한 연호가 아니라 일본의 잠재된 에너지가 한꺼번에 폭발하던 유신시대를 상징하는 역사용어라고 할 수 있다.

그런데 이 모든 것의 상징인 메이지덴노의 무덤이 교토에 있다. 그러나 이 사실을 아는 사람은 많지 않다. 도쿄에 유학했을 때 하라주쿠역(原宿驛) 근처에 있는 메이지신궁(明治神宮)이 그의 무덤인 줄 알고 뙤약볕에 땀을 뻘뻘 흘리며 멀고 먼 자갈길을 걸어서 찾아갔던 적이 있다. 그러나 실제로 메이지덴노의 무덤은 교토의 동남쪽 후시미(伏見)에 있다. 메이지덴노의 모모야마 어릉(桃

山御陵) 묘역은 그 자체가 큰 산이다. 도요토미 히데요시가 쌓은 후시미 성이 그 근처에 복원되어 있고, 교토에 처음으로 수도를 정했던 간무덴노의 무덤도 그 옆에 있다. 일본문화사의 시대 구분에서 도요토미 히데요시가 정권을 잡았던 때를 모모야마 시기로 부르는 경우도 있는 것을 보면, 이곳은 일찍부터 일본의 역사를 대표할 만한 명당이었던 것 같다.

메이지 무덤은 한국식의 봉분이다. 덴노는 화장하지 않고 매장하기 때문에 그렇게 만들 수밖에 없을 것이다. 다만 잔디로 덮은 게 아니고 시멘트로 포장했다. 동산만 한 봉분에 잔디를 심고 관리하는 것은 결코 쉽지 않다. 고대 덴노의 무덤은 지금은 숲으로 변해 봉분인지 산림인지 알 수 없다. 그 전철을 밟고 싶지 않아서 살벌하게 시멘트로 봉한 것일까.

무덤의 앞은 서북쪽으로 탁 트여서 멀리 고쇼를 바라다볼 수 있다. 무덤에 오르는 정면 참도(參道)는 수백 개의 계단으로 되어 있는데, 운동 삼아 뛰어오르는 사람이 몇 있을 뿐 참배객은 별로 없는 것 같다. 불과 60여 년 만에 덴노릉이 체력단련의 시설로 변한 것이다. 격세지감이다.

수구초심(首丘初心), 사람은 죽을 때가 되면 고향을 그리게 마련이다. 메이지덴노도 죽음을 앞두고는 나서 자라고 덴노에 즉위하여 메이지 유신을 지켜본 교토를 그리워했다. 그리고 고향에 묻히기를 바랐다. 그의 희망에 따라 메이지의 무덤은 모모야마에 쓰기로 결정되었다. 능묘공사는 그가 죽은 때(1912. 7. 30)부터 매장 때(1912. 9. 14)까지 두 달 반 동안 계속되었다. 메이지 능묘조성공사에는 매일 6000여 명의 인부가 동원되었다.

그들 중에는 애꿎게도 한국인 노동자도 수십 명 포함되어 있었다. 한국인 노동자는 한국이 일본에 강점되기 이전에 이미 오사카와 교토 일원에 상당수 진출해 있었다. 그들은 하루 벌어 하루 사는 날품팔이꾼이었기 때문에, 임금을 받을 수 있는 공사장이면 덴노의 능묘조영이건 철도부설이건 가릴 바가 아니었다. 그러니 한국인이 조국을 강점한 장본인의 무덤조성공사에 참여했다고 욕하거나, 반대로 '덴노의 적자(赤子, 어린아이)'로서 결초보은의 마음으로 참가했다는 식으로 과장할 필요는 없다. 다만 아무리 호구지책이었다고 하나, 2년 전에 조국을 폐멸한 원수의 무덤을 만드는 일에 조력할 수밖에 없었던 그들의 딱한 처지만큼은 헤아려야 할 것이다.

일본 경찰은 처음에 '덴노의 적자'가 된 한국인 노동자가 흙한 덩이 모래 한 삽이라도 거들어 적성(赤誠)을 표시하겠다고 나선 것으로 받아들이고 기특히 여겼다. 그렇지만 점차 그들의 언동이 심상치 않다는 것을 눈치채고 감시와 단속의 눈길을 떼지 않았다. 사실 한국인 노동자가 공사장에서 일본인 감독자나 노동자와 싸움을 벌이는 일도 자주 일어났다. 일본 경찰은 그것이 폭발하여 불경행위로 이어지지나 않을까 노심초사했다. 그리고 마침내 한국인의 불경행위를 방지한다는 명목으로 그들을 공사에서 배제하는 쪽으로 선회했다. 그리하여 공사가 진척됨에 따라 한국인 노동자는 한 자리수 이하로 감소했다. 당시의 신문은 후시미 경찰서장이 한국인 노동자를 엄중히 단속하라는 명령을 내려 나중에는 공사장에서 거의 사라졌다는 기사를 싣고 있다.

조선인의 메이지덴노 무덤 참배

능묘가 완성된 이후 메이지의 모모야마 어릉은 일제강점기 내내 교토를 찾는 한국인의 단골 방문지가 된다. 아니, 일본여행 일정을 짤 때 아예 이곳을 참배하도록 강제하는 경우가 많았다. 1910년대에 매일신보사, 동양척식주식회사*, 조선총독부 등은 전국에서 각종 명목으로 한국인을 모아 수차례 일본에 파견했다. 이름은 '귀족관광단', '전북관광단', '동척시찰단', '유림시찰단', '조선 진신(縉紳) 내지시찰단', '교육시찰단', '불교시찰단', '잠업시찰단' 등등으로 각양각색이었으나, 식민지 지배의 동조자 혹은 협조자를 만들기 위한 작업의 일환이었던 것은 명목이 무엇이건 마찬가지였다. 1920~1923년에는 시찰단의 수가 무려 300여 개를 넘었다.

이렇듯 갖은 명목의 시찰단이 일본에서 둘러본 곳은 어떤 곳일까? 1913년 가을에 동양척식주식회사가 파견한 시찰단은 교사, 관리, 군인 등을 역임한 사람들로 구성되었는데, 10월 6일에 메이지 무덤을 참배했다. 그들은 교토에서 다른 곳도 들렀는

* 1908년에 한국에 설립된 일본의 국책회사로, 농업척식과 식민통치를 지원했다.

데, 뒤에서 설명하게 될 아라시야마(嵐山) 국유림, 니시진(西陣) 동업조합, 시마즈(島津) 교육제품제작소, 소수사업, 상품진열관 등이었다. 1921년 매일신보가 파견한 일본관광단은 4월 9일에 메이지 무덤을 참배하고, 기요미즈데라, 지온인(知恩院), 야사카 신사, 소수 인클라인, 동물원 등을 둘러봤다. 다른 시찰단은 메이지 무덤 옆에 있는 노기 신사(乃木神社)를 참배하기도 했다.

한국인의 단체 일본여행은 1920년대 후반에 점차 감소했다가 1930년대 후반이 되면 다시 증가한다. 1938년 10월 10일에는 조선총독부 육군 지원병훈련소 생도 202명이, 1943년 6월 6일부터 8일 사이에는 조선농민도장 직원연성대 20명이 메이지 무덤을 참배했다.

그런데 일제강점기 한국인의 메이지 무덤 참배에서 가장 쓰라린 사실은 1917년 6월 대한제국의 마지막 황제였던 순종이 이곳을 방문한 일이다. 이에 대해서는 나중에 조라쿠칸을 설명하는 부분에서 부연하겠다.

시기에 따라 강약의 차이는 있었지만, 일본은 '일시동인(一視同仁)'*을 슬로건으로 내세우고 한국인을 일본인으로 동화시키는 정책을 일관되게 추진했다. 바꿔 말하면, 한국인에게 일본인처럼 사고하고 행동하도록 강요했다. 일본정부는 한국인이 '한국병합'

* 모든 사람을 하나로 평등하게 보아 똑같이 사랑한다는 뜻으로, 당나라 한유(韓愈)의 시 〈원인(原人)〉에 나오는 말이다.
** '내(內)'는 일본을, '선(鮮)'은 한국을 가리킨다. 일본은 그들의 해외식민지를 '외지'라 부른 데 대해 일본 본토를 가리키는 말로 '내지'라는 말을 썼다. 1937년 일본이 중국을 침공하는 데 한국을 손쉽게 동원, 이용하기 위한 강압정책이자 한민족의 저항을 초기부터 차단하려는 철저한 민족말살 정책이었다.

을 실현한 메이지의 무덤을 참배하는 것이야말로 덴노의 자애에 감복하여 충성을 맹세하는 증거라고 선전하는 데 안성맞춤이라고 여겼다. 후기로 갈수록 '내선일체(內鮮一體)'**가 식민통치의 최고 목표가 되었으니, 한국인의 메이지 무덤 참배는 한국인이 진짜 일본인이 되었다는 것을 보여주는 좋은 아이콘이 아니었겠는가.

오늘날 한일관계는 그때의 상황과는 완전히 다르게 변했다. 메이지의 무덤을 찾아가는 한국인 여행객이 있다면, 그 앞에 서서 이역만리 타국에 흘러와 나라를 침탈한 장본인의 무덤을 만들었던 한국인 노동자들과 일제강점기에 억지로 그 무덤에 참배해야 했던 사람들의 착잡한 심정을 헤아려보는 것은 어떨까. 역사를 추체험(追體驗)하는 좋은 방법이 될 것이라 생각한다.

또한 메이지의 무덤 앞에서 대한제국의 고종황제를 떠올렸다. 비슷한 시기를 살았지만 메이지와는 대조적인 삶을 산 군주다. 메이지는 유신의 기세를 몰아 일본을 세계 5대 강국의 반열에 올려놓고 죽음으로써 대제(大帝)라는 칭송을 받은 반면, 고종은 몇 번에 걸친 개혁의 기회를 놓침으로써 500년 사직을 지키지 못한 암우(暗愚)한 황제라는 혐의를 받고 있다. 고종을 그런 궁지에 몰아넣은 것이 바로 메이지가 아닌가. 최근 고종의 이미지를 개선하려고 분투하는 한국사학계의 새로운 연구를 반추하면서 메이지무덤에서 발을 돌렸다.

노기 마레스케의 신사, 충혼의 화신

메이지덴노의 모모야마 어릉 바로 옆에는 노기 마레스케(乃木希典, 1849~1912)의 신사가 있다. 그는 조슈번 출신의 군인으로서, 메이지 유신 과정에서 일어난 여러 내전에 정부군으로 출정하여 진압하는 전공을 세웠다. 1886년에는 독일에 가서 군제와 전술을 연구했다. 그 후 청일전쟁에 출전하여 승리를 거두어 타이완 총독(臺灣總督)이 되고, 러일전쟁에서는 제3군사령관으로 출진하여 뤼순(旅順)과 펑톈(奉天) 전투를 지휘했다. 노기는 뤼순 전투에서 러시아군에 육탄공격을 되풀이한 끝에 난공불락의 요새라던 203고지를 함락했다. 그는 3차에 걸친 총공격에 13만 병력을 투입했는데, 사상자가 무려 5만 9000명이나 되었다. 두 아들도 그 전투에서 전사했다. 그 덕택인지, 일본은 러시아에 승리하여 한반도에서 지배권을 독점할 수 있는 지위를 확보하고, 뤼순·다롄과 남만주철도 등을 조차하여 만주에 진출할 수 있는 교두보를 구축할 수 있었다. 노기 마레스케는 그 후 군사참의관(軍事參議官), 학습원(學習院) 원장을 역임했다.

노기 마레스케는 메이지덴노가 죽었다는 소식을 듣고, 아내인 시즈코(靜子)를 베어 죽인 후 자신도 할복하여 순사(殉死)함으로써 세상을 다시 한번 놀라게 만들었다. 주군(主君)을 위해 몸과 마음을 다 바치는 사무라이의 모범을 보였다고나 할까. 그리하여 그의 죽음은 나쓰메 소세키(夏目漱石) 등의 작가에 의해 충신의 전형으로 형상화되고, 뤼순 전투에서 무모한 작전으로 부하를 무수히 희생시켰음에도 불구하고 군신(軍神)으로 떠받들어지게 되었다.

그의 장절한(?) 자결 소식을 들은 간사이(關西)의 게이한(京阪) 전기철도회사의 무라노 야마토(村野山人) 사장은 사재를 털어 1915년에 노기 신사를 지었다. 메이지 묘역 옆에 신사를 지은 까닭은 그의 인생과 죽음이 오직 덴노를 위한 충성행위였음을 현창하기 위함일 터다. 이 마지막 '사무라이'의 극적인 할복자살은 그 상징성으로 인해 이렇게 충군애국의 귀감으로서 활용되었다. 역사교과서도 노기 이야기를 감동적으로 기술했다. 그리하여 노기의 자결은 학교교육에서 충성스런 황국국민을 기르는 데도 위력을 발휘했다.

노기 신사의 경내에는 러일전쟁과 관련된 군사유물이 많이 진열되어 있다. 203고지 함락 후에 노기가 항복한 러시아 사령관 스텟셀 중장을 접견했던 어수영도 이축되어 있고, 노기가 엄격한 교육을 받으며 검소하게 자랐던 고향집도 복원되어 있다.

그중에서도 눈에 띄는 것은 육군대장 미나미 지로(南次郎, 1874~1955)의 휘호 '충혼(忠魂)'을 진하게 새긴 큰 비석이다. 오이타현(大分縣) 출신으로 조선군사령관과 관동군사령관을 역임한 그는, 1936년부터 1941년까지 조선총독으로 재직하면서 한반도의 병참기지화 정책과 황국신민화 정책을 가혹하게 밀어붙였다. 일본어 상용, 창씨개명, 지원병제도 등은 그 정책의 일부에 지나지 않았다. 미나미의 행적으로 보건대, 그는 노기를 육군 군벌(軍閥)

의 선배로서뿐 아니라 성품이나 정책 면에서도 존경했을 것이다. 그가 무모하리만치 과감하게 추진했던 내선일체의 정책과 노기가 시체를 방패삼아 돌격하여 203고지를 탈취한 작전은 어딘가 닮지 않았는가.

노기 마레스케가 왜 부인과 동반자살을 하면서까지 그토록 메이지에게 충성을 바쳤을까? 우선 분위기만 띄워지면 물불을 가리지 않는 시골 사무라이 출신의 특별한 의리라고도 볼 수 있을 것이다. 그렇다면 수많은 시골 출신 사무라이 중에서 왜 그일까? 이런저런 궁리 끝에 퍼뜩 그가 한국인의 후예라는 사실이 떠올랐다. 최근에 밝혀진 사실에 의하면, 노기는 임진왜란 때 일본으로 끌려간 피로인의 자손이다. 그의 윗대는 몇 대에 걸쳐 조슈에 살면서 일본에 뿌리를 내렸다.

그는 한국인의 후예도 일본인 이상으로 덴노와 '대일본제국'에 충성을 바칠 수 있다는 본때를 보여주고 싶었던 것은 아닐까? 손가락질 당하며 형성된 일말의 부(負)의 의식이 그를 순사(殉死)로 몰고 간 것은 아닐까? 노기가 메이지덴노를 끔찍하게 섬긴 것은 태생적으로 붙어 다니는 한국인에 대한 편견의 굴레에서 벗어나려는 몸부림이 아니었을까? 덴노제 국민국가 건설의 광풍 속에서 이방인 출신이 살아남기 위해서는 그렇게 할 수밖에 없었을지도 모른다.

메이지와 노기는 죽은 뒤 얼마 자나지 않아 한국에서도 신으로 등극했다. 경성 한복판의 남산 중턱에 조선신궁과 노기 신사가 건립된 것이다. 지금의 남산식물원 근처에 자리 잡은 조선신궁은, 전설상의 일본 건국시조인 아마테라스오미카미(天照大神)와 한국강점의 장본인인 메이지를 모시는 관폐대사(官弊大社)다. 조선총독부가 이 신사를 건립하기 시작한 것이 1918년, 두 신을 진좌(鎭坐)한 것이 1922년, 신궁을 완성한 것이 1925년이니, 메이지는 죽은 지 10년 만에 한국에서 신으로 부활한 것이다.

지금의 리라초등학교 교정 부근에 자리 잡은 노기 신사는 1934년 9월에 건립되었다. 일본이 만주국을 수립하여 대륙으로 뻗어가는 기상이 한창 고조될 때였으니, 그 교두보를 닦아준 노기를 신으로 모시고 싶은 열망이 대단했을 것이다. 메이지와 노기는 교토와 경성에서 서로 붙어 있으면서 대일본제국의 무궁한 번영을 기원했을 것이다. 그렇지만 그 후 한 세대가 못 가서 대일본제국이 패망하고 대한민국이 탄생하여 경성이 서울로 바뀐 것을 보면, 그들의 바람도 신통하지는 않았던 모양이다. 오늘날 남산에는 두 신사의 흔적만 겨우 남아 있다.

한국병합기념비, 일선동조의 역사인식

교토 시내의 고쇼 좌측의 유서 깊은 지역 좌경구(左京區)에는 한국병합과 그 전후의 한일관계를 보여주는 유적유물이 몇 개 더 있다. 미야케하치만 궁(三宅八幡宮)에 있는 '한국합병봉고제비(韓國合併奉告祭碑)'는 미야케하치만 신사가 메이지덴노의 생일(1910. 11.

3)에 맞추어 한국을 '병합'한 위업을 내외에 포고하고 기리기 위해 건립한 것이다. 비문을 보면, 성대한 잔치를 벌이고 나서 제막했다고 쓰여 있다. 원래 하치만 신사는 사무라이 미나모토(源)를 모시는 곳인데, 그런 연유로 해서 사무라이의 수호신으로서 기능해왔다. 미야케하치만 신사가 고쇼의 동북쪽에 자리 잡은 것은 황성에 잡귀가 들어오는 것을 막는 진호신(鎭護神)으로서의 성격도 가졌기 때문일 것이다.

공교롭게도 미야케하치만 궁의 근처에는 신라명신(新羅明神)을 모시는 다이운지(大雲寺), 적산명신(赤山明神)을 모시는 세키잔선원(赤山禪院) 등이 산재한다. 모두 신라인이 동아시아의 해양을 주름잡던 9세기경에 중국의 산동반도 등에 진출한 신라인이 받들어 모셨던 신이다. 최인호는 유명한 소설 《해신》에서 적산명신을 장보고로 비정(比定)했다. 세키잔선원과 다이운지는 장보고선단의 도움을 받아 당에 유학했던 일본의 저명한 승려 엔닌과 엔친이 그의 은혜에 보답하기 위해 세운 절들이다. 미국 하버드대학의 저명한 동양학자 에드윈 라이샤워는 1950년대에 이미 이들의 이야기를 논문으로 써서 박사학위를 받은 바 있다.

그렇다면 미야케하치만 신사는 한일교류의 역사적 전통이 강하게 남아 있는 이 지역에 왜 한국합병봉고제비를 세웠을까? 비문의 내용을 보면 짐작할 수 있다.

한국합병봉고제비는 그다지 단단하지 않은 편무암으로 되어 있어 비문을 모두 정확히 읽을 수는 없다. 대충 그 뜻을 요약하면, "한국은 신대(神代) 이래 일본에 조공을 바쳐왔고, 신라왕자 아마노히보코(天日槍)는 일본에 귀화하여 충성을 다했다. 임나(任那)가 내조(來朝)하고, 진구황후(神功皇后)가 삼한을 정벌하고, 도요토미 히데요시가 한국을 정벌했다. 메이지는 인교(隣交)의 정신으로 한국을 부약(扶弱)하고 보호(保護)하여 합병의 성덕대업(盛德大業)을 이룩했다. 그것을 만세(万世)에 전하기 위해 이 비석을 세운다"는 것이다.

원래 미야케하치만 궁은 진구황후와 그 아들인 오진덴노(應神天皇)를 모시는 곳이다. 오진은 4세기 후반의 덴노로, 그 시기에 한반도에서 건너간 사람들이 일본열도에 문화를 활발히 전수했다. 그는 가와치(河地) 신왕조를 연 사람으로서 덴노가의 조신(祖神)으로 떠받들어지고 있다. 이렇게 보면 이곳에 한국합병봉고제 비를 세운 의도는 명백하다. 일본은 신대 이래로 한국을 지배해 왔는데, 어느 때부터인가 일본에서 떨어져나가 독립한 것을 정벌하기 위해 몇 차례 원정을 하고, 마침내 메이지가 그 대업을 마무리 지었다. 그 공덕을 기리고 만세에 전하기 위해 이 비석을 세운 것이다. 일본의 한국병합은 역사적으로 보나 실제적으로 보나 지극히 순리적 귀결이라는 것을 후세에게 가르치려는 속셈이다. 한국병합 조약은 1910년 8월 22일에 조인되고 8월 29일 발표되었다. 그날을 축하하기 위해 교토에는 꽃전차가 다니고, 두 달 후에는 이런 비석이 세워진 것이다.

미야케하치만 궁의 경내에는 러일전쟁의 유물인 포탄 껍데기

▲ 메이지덴노의 무덤. 시멘트로 봉분을 덮었다.

▲ (왼쪽) 노기 신사에 세워진 조선총독 미나미 지로의 '충혼' 석비.
(오른쪽) 미야케하치만 궁에 세워진 한국합병봉고제비.

를 비석에 박아 세워놓았다. 그리고 일본 남북조(南北朝) 시기에 고다이고덴노의 친정(親政)에 충성을 바쳤던 무장 구스노기 마사시게(楠木正成, 1294~1336)의 말 탄 동상도 있다. 모두 전쟁에서의 승리와 덴노에 바치는 충성을 상징하는 것들이다. 신사를 참배하는 사람들은 이것들을 보면서 어떤 생각을 할까? 전쟁과 충성이 신앙이라는 모습으로 침전되었다가 어떤 계기가 있으면 무서운 힘으로 폭발하지는 않을까?

    이런 유적·유물을 둘러보다 보면, 일본의 내셔널리즘이 신앙과 결합해 있음을 절감하게 된다. 한국에는 이런 곳이 왜 없을까? 이와 비슷한 곳이라면, 기껏해야 왜구가 훼손한 유적을 복원했다든가 임진왜란 때 불탄 것을 다시 세웠다는 것을 알리는 간판이나, 식민지 지배에 맞서 얼마나 처절하게 싸웠는가를 보여주는 독립기념관과 서대문형무소의 전시물 정도일 것이다. 이 정도로는 신앙에 물든 역사관이 형성되지 않는다. 무미건조한 반일감정이 몸에 밸 수는 있을지 몰라도. 일본의 내셔널리즘이 신앙과 결합하여 공기처럼 자연스럽게 배였다면, 한국의 내셔널리즘은 억지로 주입해 형성됐다고 하겠다.

무린안, 침략자의 별장

교토 좌경구의 큰 절 난젠지(南禪寺) 건너편 큰길가에는 무린안(無隣菴)이라는 정원이 있다. 한국인이 거의 찾지 않는 곳이다. 무린안은 유명한 정원사 오가와 치베(小川治兵衛)가 1396년에 만든, 메이지 시기를 대표하는 정원이다. 히가시야마(東山)를 차경(借景)하여 산에 이어진 듯이 정원을 꾸미고, 비와코에서 끌어온 소수를 받아들여 잔디밭에 흘러들게 만들었다. 도랑, 폭포, 연못, 이끼 등으로 어우러진 이 정원은 단풍의 명소이기도 하다. 한국인이 한번쯤 들러볼 만한 것은, 메이지와 다이쇼(大正) 시기의 원로이자 한국을 침략하고 지배하는 데 항상 앞장섰던 야마카타 아리토모(山縣有朋, 1838~1922)의 별장이었기 때문이다.

무린안의 중심 건물인 양관(洋館)은 러일전쟁 직전 메이지정부의 대(對) 러시아 정책을 결정한 '무린안회의(無隣菴會議, 1903. 4. 21)'가 열린 곳이다. 사료에도 나오는 이 회의에는 야마카타 아리토모, 수상 가쓰라 다로(桂太郎), 외상 고무라 주타로(小村壽太郎), 입헌정우회(政友會)* 총재 이토 히로부미(伊藤博文)가 출석하여, 러시아에게 만주에서 철퇴하고 일본이 한국에서 우위를 차지한다는 것을 인정하도록 요구하자는 방침을 결정했다. 그들은 같은 해 6월 23일의 어전회의에서 이 취지를 살려, 일본이 건설 중인 한국철도를 만주로까지 확장하고 한반도에서 일본이 벌이는 군사행동을 승인할 것 등을 러시아에 요구하기로 결정했다. 무린안은 러일전쟁으로 치닫는 일본의 러시아 정책을 결정한 역사적 장소인 셈이다. 따라서 대한제국의 운명과도 깊은 관련이 있는 곳이다.

* 1900년에 이토 히로부미가 헌정당과 일부 관료 등을 모태로 하여 만든 정당으로서, 거의 항상 제1당의 지위를 유지했다.

야마카타 아리토모는 조슈 출신의 군인이자 정치가였다. 기병대의 군감(軍監)으로 막부군을 쳐부수는 데 큰 공을 세우고, 유신 후에는 유럽을 시찰하고 와서 육군경과 내상을 역임하면서 징병령 반포(1872), 군제 확립, 지방제도 개혁 등을 추진했다. 그는 전형적인 번벌(藩閥) 정치가로서 한국병합을 강력하게 추진했던 사람이다. 그는 《외교정략론》(1890. 3)을 써서 일본열도는 주권선(主權線), 한반도는 이익선(利益線)이기 때문에 이를 보전하기 위해 군비를 대규모 확충해야 한다고 주장했다. 주권선은 일본의 국가권력이 배타적으로 미치는 지역, 이익선은 일본의 국가이익이 타국보다 우월하게 관철되는 지역을 의미한다. 따라서 두 선은 일본의 세력이 강대해짐에 따라 한반도와 만주 등으로 끝없이 확장되어 갔다.

야마카타 아리토모는 청일전쟁 때 제1군사령관 및 육상(陸相)으로 참전했다. 그때의 체험을 바탕으로 하여 그는 〈한국방책〉(1894. 9)과 〈조선정책상주〉(1894. 11)를 수상 이토 히로부미에게 제출했다. 그는 이 문서에서 부산으로부터 의주까지 철도를 건설할 것을 주장했다. 야마가타 아리토모는 러일전쟁에서는 참모총장, 그 후에는 원로 등을 역임하며 2회에 걸쳐 수상을 지냈다.

야마카타 아리토모는 한국을 군사력으로 침략하고 지배하려는 정책을 구상하고 실천했다. 반면에 그의 정치적 라이벌이었던 이토 히로부미는 대한제국을 어르고 달래는 정책을 구사했다. 두 사람의 노선 중에서 결국 야마카타의 주장이 일본의 외교정책으로 채택되었다. 통감으로서 실패를 맛본 이토 히로부미는 야마카타의 노선에 따를 수밖에 없었다.

야마카타는 농촌의 미천한 무사 출신으로 권력의 정점에 오른 사람이었다. 그는 교토의 요지에 아름다운 별장을 갖고 우아하게 풍류를 즐기고 싶은 욕구가 강했다. 그가 별장의 이름을 무린안이라고 지은 것은 고향 조슈에 가지고 있던 초암(草庵)이 인가가 없던 한가한 곳에 있었다는 뜻에서 따온 것이라고 한다. 그는 한편으로는 고향을 그리기 위해, 다른 한편으로는 출세를 자랑하기 위해 황도 교토에 별장을 짓고 싶었을 것이다. 무린안은 1941년 교토시에 기증되고, 1951년 메이지 시대의 명원(名園)으로서 국가의 명승(名勝)으로 지정되었다.

야마가타는 이 무린안을 짓기 이전에 이미 다카세가와(高瀬川) 시발지에 다른 별장을 가지고 있었다. 지금은 간코다카세가와니조엔(がんこ高瀬川二條苑)이라는 요정이 되어 있는데, 다카세가와 등의 하천교통을 개발하여 호상(豪商) 무역가로 입신출세한 스미노쿠라 료이가 에도 시대 초기에 별저로 지은 것이었다. 제2의 무린안이라 불리는 이곳은 야마카타에게서 아베 노부유키(阿部信行, 1875~1953)로 그 소유권이 이전되었다가 지금은 요정이 되었다.

그렇다면 아베 노부유키는 누구인가? 다름 아닌 마지막 조선총독이다. 그는 이시카와현(石川縣) 출신의 군인이자 정치가였다. 1920년대 군축 시대에 군무국장을 역임하고, 예비역 대장으로서 수상에 취임했다(1939. 8~1940. 1). 그는 중일전쟁 조기해결, 유럽

전쟁 불개입, 가격통제 등의 정책으로 국민의 불만을 사고, 정당과 육군의 반대에 부딪쳐 사임했다. 조선총독(1944. 7. 24~1945. 9. 28)으로서는 한국인 노동자를 일본으로 동원하고, 한국인을 귀족원의원에 7명이나 천거하고, 전시교육령을 발포하는(1945. 5) 등 단말마적인 황국신민 연성정책과 전쟁동원정책을 추진했다. 1945년 9월에 한국에 진주한 미군에 항복하고 식민통치를 마무리 지은 것도 아베 노부유키였다.

조선총독 아베가 교토에 별장을 가지고 있었다는 게 신기했다. 그리하여 일부러 몇 번이나 그 집에 가서 안팎을 감상하고 저녁을 먹었다. 정원은 아름답고 음식 값도 그다지 비싸지 않다. 그 집에서 역사의 회한을 짓씹으며 취할 때까지 마시다 보면, 어느새 가모가와 중천(中天)에 달이 걸렸다. 아베의 독려로 전장에 끌려 나가 개죽음을 당한 한국인 청년, 노무자, '위안부'가 얼마나 많은가! 식자우환(識字憂患)이라고, 도깨비도 죽일 정도로 맛있다는 일본술 설중매(雪中梅)를 혀도 적시지 않은 채 그냥 목에 털어 넣곤 했다.

교토에 이름난 정원은 수도 없이 많지만, 한국과 관련된 곳을 하나 더 소개하라면 세이후소(淸風莊)를 들 수 있다. 사이온지 긴모치(西園寺公望, 1849~1940)의 부탁으로 오가와 치베가 만든 이 별장은 스미토모가(住友家)에 넘어갔다가 교토대학에 기증되었다(1945. 6). 그가 1898년에 교토제국대학을 창립하는 데 공을 세웠기 때문일 것이다. 사이온지 긴모치는 공경(公卿)이자 정치가로서 몇 차례 내각을 조직했는데, 1차 내각 때(1906. 1~1908. 7)는 군비 확장과 철도국유화를 단행하고 남만주철도와 관동도독부를 설치했다. 헤이그 특사사건을 구실로 고종을 퇴위시키고 한일신협약 체결을 강요하는 등 한국의 식민지화를 추진한 사람이기도 하다.

　　세이후소를 찾아갔을 때는 단풍이 아름다움을 뽐내고 있었다. 나무는 별장 주인의 행적과는 무관하게 꽃을 피우고 잎을 물들인다. 이렇게 꼬치꼬치 따지고 들자니 경승(景勝)을 경승답게 구경할 수 없었다. 교토에 홍엽(紅葉)이 절정인데도 마음은 추래불사추(秋來不似秋)이다. 이제 과거에 얽매여 마음이 아플 나이는 훨씬 지났음에도 역사를 조금 안다는 업보 때문에 다시 울적해졌다. 한국인이면 일본에서 겪을 수밖에 없는 트라우마가 또 도진 셈이다.

조라쿠칸, 이토 히로부미와 순종황제의 자취

마루야마 공원(圓山公園)에서 고다이지(高臺寺)로 가는 어귀, 곧 '네네의 길'이 시작되는 길모퉁이에 우아하고 장엄한 양식 건물이 자태를 뽐내고 있다. 조라쿠칸(長樂館)이다. 일본 정계의 최대 거물 이토 히로부미는 교토에 오면 이곳에 체류했다. 그는 초대 한국통감으로서 안중근에게 사살당한 전력 때문에 한국인에게 널리 알려진 일본인 가운데 한 사람이다. 그는 이곳에서 조망한 마루야마 공원 주변의 경치가 너무 아름다워 칠언시(七言詩)를 읊었다. 그

◀ (위) 메이지 시기의 원로 정치가인 야마가타 아리토모의 별장으로 러일전쟁에 이르는 외교정책을 결정했던 무린안.
(아래) 러일전쟁의 정책이 결정된 역사적 장소 무린안 응접실.
▲ 초대 조선통감 이토 히로부미와 순종황제가 묵었던 조라쿠칸.

구절 중에 '장락(長樂)'라는 단어가 들어 있어 이 건물의 이름을 '조라쿠칸'이라고 지었다 한다. 지금은 호텔이자 레스토랑이다.

조라쿠칸의 원래 창건자는 무라이 기치베(村井吉兵衛)이다. 그는 메이지 시대에 담배공장을 경영하여 떼돈을 벌고, 무라이은행 등을 설립했다. 한국에 건너와 경상남도에서 무라이농장도 경영했다. 이 건물은 그가 미국인 건축가 가디너(Gardiner)에게 의뢰하여 세운 별장이다. 릿쿄대학 학장이었던 가디너는 도쿄의 아카사카(赤坂)와 아오야마(青山) 고쇼를 설계했다. 조라쿠칸은 1904년 기공하여 1909년 5월에 완공했다. 르네상스 양식의 건물인데, 내부는 루이 15~16세 시대의 취미가 풍성하게 담겨 교토의 영빈관 노릇을 했다.

조라쿠칸에서는 화려한 집회가 자주 열렸고, 유명인사들이 숙소로 이용했다. 영국의 웰즈 경, 미국의 부통령 페어뱅크, 록펠러 재단 설립자, 일본의 사이온지 긴몬치, 야마가타 아리토모, 오쿠마 시게노부, 이노우에 가오루, 기요우라 게이고(清浦奎吾), 다나카 기이치, 마쓰가타 마사요시(松方正義) 등의 수상 급 정치가가 다수 체재했다. 이토 히로부미도 료젠묘역에 있는 기토 다카요시(木戶孝允)의 묘소를 참배하러 왔을 때 막 준공된 이 건물에 묵었다. 그때 조라쿠칸이라는 이름의 연원이 된 칠언시를 읊었다. 그리고 편액에 '長樂館'이라는 휘호를 써 주었다.

약간 장황하게 조라쿠칸을 소개한 진짜 이유는 대한제국의 마지막 황제였던 순종이 이곳에 묵었다는 사실을 알리고 싶기 때문이다. 이미 나라를 빼앗겨 '이왕(李王)'으로 격하된 순종은 1917년 6월 8일에 일본을 방문하여 28일에 귀국했다. 그는 귀로(歸路) 중인 22일에 교토에 들렀다. 그날 오후 4시 10분 교토역에 내려 조라쿠칸에 여장을 풀었다. 교토에 머무는 동안 후시미 모모야마에 있는 메이지덴노의 묘를 참배했다. 대한제국을 폐멸시키고, 또 자신을 황제자리에서 쫓아낸 장본인인 메이지덴노의 묘를 참배하는 순종의 심정은 어떠했을까? 지금의 내가 조라쿠칸의 레스토랑에 앉아 그 정경을 떠올리며 가슴을 치고 있을진대, 순종의 마음은 아마 쓰리고 아파 찢어질 것 같았으리라.

    내가 조라쿠칸을 찾았을 때, 마루야마 공원의 시다레자쿠라가 흐드러지게 피어 있었다. 그렇지만 벚꽃이 무색할 정도로 마음은 춘래불사춘(春來不似春)이었다.

苦闘摸索

한국지배, 교토 한국인의 생활

일본에 온 한국인, 그들의 삶
재일 한국인의 증가 추세
재일 한국인의 생활과 민족운동
간토대진재와 한국인 학살
일본의 한국인 관리와 전시동원
재일 한국인의 귀환
한국인 노동자의 생활과 저항
니시진 염색업과 한국인 노동자
비와코 소수공사, 한국인 노동자의 참여
한국인 건설노동자와 민족운동
한국인 유학생의 애환과 민족운동
한국인의 일본유학과 교토
한국인 유학생의 조직과 활동
한국인 유학생과 교토의 대학
윤동주, 한 점 부끄럼 없이 산 청년시인
송몽규, 민족을 끌어안고 죽은 청년지사
정지용, 민요의 가락을 신시로 살려낸 민족시인

일본에 온 한국인, 그들의 삶

재일 한국인의 증가 추세

일본이 대한제국을 강점할 때까지 일본에 살고 있던 한국인은 그리 많지 않았는데, 그 대부분은 유학생이거나 단기노동자였다. 재일 한국인 수는 1910년대부터 늘어나기 시작해 1930년대 중엽에는 재한 일본인 수를 초과하였다. 계절노동자로 도일했던 사람 중에는 서서히 일본으로 가족을 불러들여 일본에서 눌러 살게 되는 이도 늘어났다.

    재일 한국인의 증가는 일본의 식민지 지배와 밀접한 관련이 있다. 1910년대에 조선총독부는 토지조사사업을 실시하였다. 그 영향으로 농촌을 떠나지 않을 수 없었던 농민들이 급격히 증가하였다. 같은 무렵, 조선총독부는 회사령을 제정하여 한국 내의 상공업의 발전을 억제하는 정책을 취하였다. 그 때문에 노동력을 흡수할 만한 곳이 없는 한국에서 생활난에 허덕이던 사람들이 일을 찾아 일본으로 대거 건너갔다. 제1차 세계대전을 거치면서 일본 경제는 급성장했고, 오사카, 도쿄 등에 대규모 공장이 건설되어 노동력 부족 현상이 초래되었다. 이러한 사정은 자연히 한국인의 일본 이주를 자극하여 1920년에는 재일 한국인이 약 3~4만 명에 달하였다.

산미증식계획도 재일 한국인이 급증하는 원인의 하나가 되었다. 일본은 산미증식계획을 실시하여 한국에서 쌀을 증산하고, 그것을 값싸게 사들여 일본의 식량부족을 메우고 외화 유출을 줄이려고 하였다. 그러나 일본은 증산된 쌀보다도 훨씬 많은 쌀을 한국에서 반출해 가지고 갔기 때문에 한국에서는 쌀 부족으로 쌀값이 등귀(騰貴)하여 서민 생활은 한층 더 어려워졌다. 일본에 건너가는 한국인은 더욱 증가하여 1930년 말 재일 한국인의 수가 90만 명을 넘어섰다.

재일 한국인의 생활과 민족운동

재일 한국인이 익숙하지 않은 일본 땅에서 적응하는 일은 쉽지 않았다. 말이 잘 통하지 않는 데다가, 한국인에게는 취업 차별, 거주 차별 등 일본인에 의한 많은 민족차별이 있었다. 1920년대까지 한국인은 공사 현장의 육체 노동자, 방적공장의 직공이 되는 경우가 많았다.

1920년대에는 오사카 등 대도시에서는 한국인이 집거하는 지역이 형성되기 시작하였다. 그런데 그 환경은 열악하였고, 하천부지(河川敷地)·임해부(臨海部)를 비롯하여, 일본인이 거의 살지 않는 지역이 많았다. 이러한 집거지에는 한국요리점이나 식재점(食材店), 한국 의류나 잡화 등을 취급하는 가게가 들어서고, 또 볼트나 나사 등의 금속제조, 고무가공 등, 가내수공업에 가까운 제조업에 종사하는 자도 생겨났다. 그러나 1930년대에도 한국인 가운데 압도적인 다수는 하루벌이 육체노동자나 직공이었고, 일본인과의 임금격차는 매우 컸다. 폐품회수업 등에 종사하는 사람도 많았다.

재일 한국인은 열악한 환경 속에서도 독립을 실현하기 위한 민족운동을 전개하였다. 재일 한국인 유학생은 다양한 단체를 결성하였는데, 1919년 2월 8일에는 도쿄의 유학생이 중심이 되어 '독립선언서'를 발표하였다. 이것은 한국에서 3·1독립운동이 일어나게 된 도화선이 되었다. 또 재일 한국인은 일본인 노동자와 함께 노동운동을 전개했다. 전쟁 중에 일본정부가 추진하는 동원정책에 적극적으로 협력하지 않거나 침략전쟁에 반대하는 일본인과 함께 운동을 전개하기도 했다.

간토대진재와 한국인 학살

그러던 중, 재일 한국인에게 엄청난 시련이 닥친다. 1923년 9월 1

일 낮, 일본의 간토 지방에서 진도 7.9의 대지진이 발생하였다. 대지진은 도쿄와 요코하마 일대를 거의 폐허로 만들었고 그 여파는 주변 지역까지 넓게 퍼졌다. 전소된 가옥이 약 57만 호, 사망자 및 행방불명자가 약 14만 명, 피해 총액은 60억 엔에 달했다. 대혼란 속에서 '한국인이 폭동을 일으켰다', '한국인이 우물에 독약을 넣었다'는 등의 근거도 없는 유언비어가 퍼져 군대, 경찰과 민중이 약 6700명의 한국인을 학살했던 것이다.

당시 도쿄에 있던 재일 한국인은 약 1만 2000명, 가나가와에는 약 3000명이 거주하고 있었다. 정부는 '한국인 폭동'이라는 유언비어를 이용하여 계엄령을 공포하고 청년단·재향군인회·소방단 등의 자경단을 조직하여 무고한 한국인을 살해하였다. 그 배경에는 한국을 식민지로 지배하며 지니게 된 한국인을 멸시하는 감정과 한국 민중이 3·1독립운동 등을 통해 보여준 일본 식민지배에 대한 저항에 대한 공포심이 있었다. 많은 일본인이 한국인에 대한 차별의식과 편견으로 인해 한국인 폭동이라는 악선전을 그대로 믿고 공포와 증오에 사로잡혀 한국인 살해에 가담하였다. 반면에 학살 위기에 처한 한국인을 보호한 소수의 일본인도 있었다.

일본정부와 매스컴은 진상을 규명하려 하지 않았고 피해자를 방치하였다. 일부 중의원 의원 등이 정부의 책임을 묻고 '인도적으로 서글픈 대사건'의 진상을 밝히고 사죄할 것을 호소하였으나 정부는 이를 무시하였다. 다만 정부는 이 사건으로 국제적인 비판을 받는 것에는 두려움을 느꼈고, 조선총독부는 만약 이것이 한국 내에 널리 알려지면 재차 3·1독립운동 같은 일이 일어나지 않을까 긴장할 뿐이었다.

일본의 한국인 관리와 전시동원

관동대지진 후 한국인 대책을 협의하는 가운데 한국인의 보호 및 구제를 명목으로 한국인 교화를 꾀하려고 한국인 집거지에 내선협화회, 내선협회가 만들어졌다. 그러나 일본사회 일반의 뿌리 깊은 한국인 차별로 '내선융화' 정책에 대한 비판도 강했다. 주거 개선이나 임금 격차의 시정은 진행되지 못하고 각지에서 계속 분쟁이 일어났다.

또 이전부터 일본정부는 '내선융화'를 실현한다는 명목 하에 일정한도의 재산을 가진 재일 한국인에게 참정권을 부여하였다. 그런데 1925년 보통선거법의 제정과 함께 납세 요건이 없어짐으로써 사실상 재일한국인도 참정권을 행사할 수 있게 되었다. 그러나 거주 요건에 의해서 실제로 한국인 중에서 투표가 가능한 사람의 비율은 대단히 적었다. 선거에 입후보한 한국인도 노동자를 관리하는 입장에 선 사람이나 지식인 계층의 사람이 많았다. 이들은 일본정부의 의도대로 재일 한국인의 이익을 대변하기보다는 일본인과 융화친목을 주장하는 경향이 강했다.

그 후 일본의 중국 침략이 진행되는 가운데 '내선융화' 사업은, 한국인의 교화를 좀 더 강화하고, 한국인 조직을 관리·통제하는 방향으로 나아가게 되었다. 먼저 경찰서를 단위로 재일 한국인을 동화하기 위해 관제단체인 협화회가 만들어졌다. 그리고 1939년에는 중앙협화회가 설립되어 재일 한국인의 황민화와 전시동원을 한꺼번에 담당하는 기관이 되었다.

중일전쟁이 시작되고 국가총동원법이 제정되는 가운데, 한국인도 전시동원의 대상이 되었다. 이로 인해 도일자의 수는 급증하여, 1945년 재일 한국인의 수는 약 200만 명에 달하였다. 또 출병으로 인한 일본 본토의 노동력 부족을 해소하기 위하여 한국인 노동자의 일본 이입이 국가 정책의 일환으로 모집 또는 징용이라는 이름으로 추진되었다. 그리고 많은 사람이 징병제·여자근로정신령 등에 따라 일본으로 동원되었다. 전시 동원이 강제된 사람의 수를 정확하게 파악하기는 어렵지만, 적어도 150만 명 이상일 것으로 추정된다.

이러한 전시 동원정책에 따라 일본으로 건너간 한국인은 일본 각지의 광산, 토목공사장, 공장 등에서 중노동을 강요받았다. 이들 직장에 배치된 사람들은 열악한 시설에 수용되어 집단생활을 하는 것이 보통이었다. 노동현장에서 한국인의 생명은 매우 경시되었다. 한국인 중에는 산악지대 댐건설이나 철도부설 현장에서 목숨을 잃거나 부상당하는 자도 많았다. 강제노동에서 벗어나고자 도망하는 자도 있었는데, 익숙지 않은 타지에서 일본인의 감시망을 뚫기란 여간 어려운 일이 아니었다.

아시아—태평양전쟁 말기 미군의 공습이 시작되자, 재일 한국인 역시 많은 피해를 입었다. 전후 일본 후생성은, 한국인 전재자(戰災者)를 약 24만 명으로 추산하였다. 원자폭탄 투하로 희생된 한국인도 많다. 원자폭탄의 희생자는 히로시마에서 13~15만 명, 나가사키에서는 6~8만 명이었는데, 그중에는 수만 명의 한국인도 포함되어 있었다. 겨우 살아남아 대한민국이나 북한으로 귀국한 피폭자도 있었으나 그들 역시 적절한 치료를 받지 못하여 여전히 많은 사람이 육체적·정신적 고통에 시달린다.

재일 한국인의 귀환

일본이 항복하자 재일 한국인 사이에서는 한반도로의 귀환 열기가 폭발하였다. 그중에서도 앞장섰던 사람들은 강제연행되어 일본에 온 이들이었다. 8·15광복 직후에도 일본에서는 여전히 강압적인 통치체제가 유지되고 있었다. 그 속에서 재일 한국인에게 다양한 위협이 가해질지도 모른다는 불온한 분위기가 형성되어 있었다. 그러한 상황 속에서 드러내놓고 광복을 기뻐할 수도 없었던 한국인은 한시라도 빨리 일본에서의 생활을 청산하고 귀환하기를 바랐다. 해방 당시 약 200만 명이었던 재일 한국인은 일본정부의 귀환정책을 통해 140여 만 명이 귀환하였다. 물론 강제연행자뿐 아니라 1938년 이전에 자발적으로 일본으로 건너가 정주했던 사람들도 포함되어 있었다.

    귀국하려는 한국인들이 하카타(博多), 사세보(佐世保), 마이즈루

(舞鶴), 센자키(仙崎) 등 일본 내 각 항구로 쇄도했다. 특히 한국으로 통하는 시모노세키(下關), 하카타, 센자키 등의 항구에는 일본의 각지에서 몰려든 수십만의 한국인들로 붐볐다. 그들은 언제 승선할 수 있을지 확실한 전망도 갖지 못한 채 항구 주변의 숙소들을 채우거나 급조한 판잣집 혹은 창고나 마구간을 임시 숙소로 사용하기도 하였으며 심지어 며칠씩 야숙(野宿)하는 사람도 있었다. 그중에는 여비가 없어서 귀국을 단념하는 사람도 있었다. 8·15광복 직후 연락선 통행을 금지시켰던 연합군 사령부가 9월 1일부터 이를 해제하여 연락선 흥안호(興安丸)와 덕수호(德壽丸)가 하카타—부산 혹은 센자키—부산 간의 왕래를 시작하였다.

일본 각지 항구에서 조국을 향해 출발했던 사람들 가운데서는 어뢰나 해적 또는 풍랑을 만나 피해를 입는 사례도 적지 않았다. 그중에 가장 큰 피해가 발생한 것은 우키시마 호(浮島丸)의 침몰이었다. 8월 22일 해군특별수송선 우키시마 호(4730톤)는 한국인 노동자와 가족 3735명, 그리고 해군 승무원 255명을 태우고 아오모리현(靑森縣)의 오쓰 항(大湊港)을 출항하여 부산항을 향해 항진할 예정이었다. 그런데 기항지에 입항하기 직전 교토부(京都府)의 마이즈루 만(舞鶴灣)에서 어뢰 폭발로 침몰하여 한국인 524명과 일본인 승무원 25명이 사망했다. 이때 일본인이 고의로 배를 자폭시켜 한국인 노동자 7000여 명을 죽였으며, 일본인 승무원은 모두 도망쳤다는 소문이 나돌았다. 이로 인해 일본인에 대한 한국인의 적개심은 한층 증폭되었다.

일본에서만이 아니라 중국에서도 100만 이상의 한국인이 8·15광복 직후 한반도로 귀환하였다. 또 중국이나 미국, 소련 등 해외 각지에서 활동했던 독립운동가들도 새 나라 건설을 위해 속속 귀환했다.

한국인 노동자의
생활과 저항

니시진 염색업과 한국인 노동자

교토의 곳곳에서는 지금도 한국인 노동자의 피땀이 배어 있는 유적·유물을 만날 수 있다. 교토여행에서 그 현장을 찾아가보는 것도 역사공부다. 물론 그에 얽힌 역사를 알아야만 보이는 신기루 같은 것이지만.

먼저 해방 이전 교토에 거주한 한국인 수가 어떻게 증가했는지 살펴보기로 하자. 교토에 수십 명의 한국인 노동자가 등장한 것은 한국강점 직전이었다. 그 후 한국인 수는 점차 늘어나서, 1920년에는 1068명(남자 823명, 여자 245명)이었다. 단신 외지벌이가 대부분이었다. 파악할 수 있는 범위 안에서 그들의 직업을 산업별로 나누어 보면, 섬유산업 460명, 토목건설업 165명, 상업

53명, 교통업 33명, 농업 22명, 공무·자유업 11명, 기타 77명, 무직 55명이었다. 토목건설자는 공사판의 막노동꾼이 대부분이었고, 섬유산업자는 기모노를 만드는 교토 서부 니시진의 영세공장에서 옷감을 짜거나 물감을 들이는 직공이었다.

니시진은 지금도 수공으로 화려한 기모노를 만드는 지역으로 유명한데, 17~18세기에는 한국 상인이 이곳의 업자에게 중국산의 비단과 생사를 공급했다. 그 대가로 한국 상인은 은을 받아 중국에 가서 다시 생사와 비단을 구입하는 중계무역을 했다. 동북아시아에서 한·중·일을 잇는 실크로드와 실버로드가 형성되어 있었던 셈이다. 한때는 한국 인삼이 더 비싼 상품으로 삼국을 오갔기 때문에 인삼로드라고 불러도 좋을 듯하다.

오늘날도 니시진에서는 하루에 몇 차례씩 예쁜 모델들이 패션쇼를 벌인다. 그녀들은 손으로 짠 형형색색의 기모노를 입고 미모를 뽐낸다. 그렇지만 아리따운 자태에 홀려 그 이면에 한국인 노동자의 손길이 숨어 있다는 사실을 잊어서는 안 된다. 한국이 식민지로 전락한 이후 한국인은 교토에 흘러들어와 토목공사장이나 니시진에서 육체를 혹사하며 중노동과 저임금에 시달렸다. 이들이 결국 교토의 인프라를 건설하고 전통산업을 일으키는 데 기여한 것이다.

교토의 한국인은 1927년 1만 1000명, 1933년 3만 2000명, 1937년 5만 명, 1941년 8만 명으로 가파르게 증가했다. 그들은 하천부지와 교외에 토막집을 짓고 집단으로 거주했다. 토목공사의 현장이나 도산한 방적공장 부지에서도 살았다. 일본인이 한국인에게 집을 빌려주지 않았기 때문이다. 그들의 집은 돼지우리 같고 마을은 슬럼이었지만, 그곳으로 돌아가기만 하면 마음껏 마시고 떠들 수 있었다. 한국인의 해방구였기 때문이다. 그들은 자식을 학교에 보낼 만큼 여유가 없어서 유학생의 도움을 받아 서당이나 야학을 운영했다. 유치원, 보육원, 소비조합도 경영했다. 경찰은 한국인이 민족운동을 벌일 것을 염려하여 감시의 눈길을 멈추지 않았고, 탄압의 칼날을 들이대기도 했다.

비와코 소수공사, 한국인 노동자의 참여

한국인 노동자가 많이 참여한 건설사업으로는 2차 소수공사(1908~1912)를 들 수 있다. 소수공사의 전모에 대해서는 난젠지 앞의 비와코 소수기념관(琵琶湖疏水記念館)에 가면 잘 알 수 있다. 입장료도 없는 이 기념관은 비와코 소수 준공 100주년을 기념하여 건립되었다(1989).

교토는 도쿄 천도로 침체된 경제를 부흥하기 위해 비와코의 물을 끌어들여 수력발전을 하고 공장을 일으킬 것을 기획했다. 또 그 물길을 연장하여 가모가와에 이르는 운하를 파서 주운(舟運)을 활성화시키려는 프로젝트를 추진했다. 이를 위해서는 높고 험한 히에이잔에 인력으로 터널을 뚫어 물을 끌어와야만 했다. 이 꿈같은 일을 당시의 교토부지사 기타카키 구니미치와 토목기사 다나베 사쿠로가 밀고나가 성공시켰다. 영국과 미국의 관계자는 일본인의 이런 능력을 대단히 높게 평가하고 곧 자신들의 경쟁자로 부상할 것이라고 예상했다. 한국이 개화정책을 추진할까 말까 주저하고 있을 때 일본은 이미 자력으로 최첨단의 기술을 구사하여 소수공사를 해냈으니 대단히 가상한 일이다. 소수의 창조적 인간이 사회를 어떻게 바꿔놓는가를 보여준 사례라고 할 수 있다.

제1소수는 125만 엔의 예산으로 1885년에 착공하여 1890년에 완성되었다. 그 물로 가모가와 운하를 건설하고(1892~1894), 게아게(蹴上) 발전소를 만들었으며(1891), 교토에 전기철도가 달리게 되었다(1895). 그 후의 2차 소수공사에는 한국인 노동자가 참여했다. 공사 과정에서 한국인과 일본인의 마찰도 심했다. 난젠지 경내의 장엄한 수로각(水路閣)과 게아게의 인클라인은 교토시의 문화재로 지정되었다.

그런데 소수와 관련된 어느 곳에도 한국인 노동자의 이야기는 쓰여 있지 않다. 한국인 노동자는 소수사업의 조연이기 때문이다. 그렇다고 해서 이곳을 찾는 한국인까지 그들의 희생을 잊어서는 안 된다. 머리가 나쁘면 손발이 괴로운 것처럼 나라의 지도자가 우둔하면 백성이 괴롭고, 나라의 운영이 부실하면 백성이 곤궁해진다. 그런 때에 이국에서 피땀을 흘린 한국인 노동자의 아픈 사연만이라도 기억해주어야 하지 않겠는가.

한 가지 사족을 달아두겠다. 제1소수의 완성과 거의 같은 시기에 대한제국의 황도 한성에서도 전차가 개통되었다(1898년 말).

교토에 이어 동양에서 두 번째였다. 그때 교토에서 불러온 운전사가 전차를 몰았다. 서울과 교토의 묘한 인연이다.

한국인 건설노동자와 민족운동

한국인 노동자는 1920년대 후반 히에이잔의 케이블카와 로프웨이 공사에도 참가했다. 오늘날 명승 중의 명승으로 손꼽히는 곳이다. 이곳을 여행하는 한국인은 그 아름다움에 취하기 전에 험한 이곳을 깎고 닦아 전선을 깔고 전차를 운행할 수 있게 만든 한국인 노동자의 피땀을 생각해야 할 것이다. 당시 도시샤대학 영문과에 다니면서 시작(詩作)에 열중했던 정지용(鄭芝溶)이나 교토제국대학에 다니면서 민족운동을 모의했던 송몽규(宋夢奎) 등은 이곳에서 한국인 노동자들이 위험한 노동에 종사하는 것을 보고 안타까워했다. 정지용이 쓴 수필 〈압천상류(鴨川上流)〉 중에는 아가씨와 산책을 하다가 그 광경을 목격하고 울적해진 심정이 잘 묘사되어 있다.

한국인 노동자는 교토와 오사카를 잇는 한큐 전철공사(阪急電鐵工事, 西院, 向日市, 1920년대), 우지 화약제조소(宇治火藥製造所), 우지 수력발전소(宇治水力發電所), JR 산인센(山陰線), 마이즈루(舞鶴) 제3해군화약창조제공장 등에서도 일했다.

노동자 수가 많아지면 자연히 조직이 생기고, 그를 바탕으로 노동운동이 일어나게 마련이다. '선인노동총동맹'이 결성되어 활약한 것이 그 예이다. 한국인 노동자들은 가끔 임금인상과 차

▲ 니시진의 비단 짜기(위), 유젠 염색 작업(아래).

▲◀ 많은 한국인 노동자가 건설에 참여했던 히에이잔 케이블카.

별대우를 철폐하라며 파업을 했다. 한국인 유학생이 이들의 활동을 원호했다. 경찰이 감시의 눈을 번득인 것은 말할 것도 없다. 한국인 노동자가 활약한 곳들은 대부분 교토부에 속하는 지역으로서 교통의 요지이거나 관광의 명소이다. 이곳들을 지나면서 한 번쯤은 한국인 노동자의 숨결을 느껴보는 것도 좋을 것이다.

교토의 한국인은 일본인 속에 섞여 살지 못하고 집단부락을 이루었다. 교토 동남부의 히가시구조(東九條)가 대표적인 곳이다. 지금은 대한기독교 교토남부교회(1995년 신축)를 중심으로 신앙과 휴식, 생활과 문화의 거점을 이루고 있다. 그렇지만 식민지 백성으로서 차별을 받을 때는 천민과 같은 취급을 받았다. 인프라도 없었다. 오죽하면 일본인들이 돈구조(豚九條, 한국인 노동자가 모여 살던 지역인 히가시구조와 한자 음독의 발음이 같다)라고 멸시했겠는가. 돈구조란 돼지우리 같다는 의미다.

1941년에는 이 교회의 장로와 신도가 치안유지법 위반으로 검거되었다. 한국어로 찬송가를 부르고 설교를 했다는 혐의였다. 목사 황선이(黃善伊)는 "한국이 일본에 예속하는 한 한국은 멸망할 수밖에 없다. 한국 기독교도는 복음 전도에 임하여 한국 동포의 민족의식을 높이고 민족 전통의 문화를 유지하고, 민족성을 지속하여 단결을 꾀하고, 한국의 독립을 위해 헌신할 사명을 띠고 있다"고 설교했다고 한다. 황 목사와 장로 김재술(金在述)은 이후 집행유예로 석방된다. 교토에 한국인 신자가 등장한 것은 1920년대부터였다. 그리고 일시 폐지되었던 예배당이 다시 설치된 것은 1976년이었다.

한국인 유학생의
애환과 민족운동

한국인의 일본유학과 교토

교토의 한국인 유학생 수를 시간의 흐름에 따라 개관해 보자. 한국강점 이전의 유학생으로서는 이동인(李東仁, 1879~1880년 유학)을 들 수 있다. 그는 니시혼간지(西本願寺)에서 학습한 것 같다. 개화승(開化僧)으로서 갑신정변에 참가했다가 행방이 묘연해졌다고 알려졌다. 한국인이 일본의 근대적 학교에 처음 유학한 것은 도쿄에서 후쿠자와 유키치(福澤諭吉)가 세운 게이오기주쿠(慶應義塾, 1881)에 들어간 것이지만, 교토에서는 법정전문학교(法政專門學校)에 입학한 것이 최초이다(1905). 물론 그들은 일본에서 중학교를 다녔으므로 실제 유학한 연도는 좀 더 거슬러 올라갈 터이다.

교토의 한국인 유학생 수(중학생 이상)는 한국강점 이후 급증한다. 그것을 다른 지역과 비교하면서 살펴보자. 1915년 말 교토 28명, 도쿄 362명, 전체 481명이었던 것이 1920년 말에는 교토 47명, 도쿄 682명, 전체 828명로 늘어난다. 1926년 6월에 교토 214명, 도쿄 1420명, 전체 2204명이었는데, 1930년 10월은 교토 494명, 도쿄 3483명, 전체 5285명이다. 1940년의 교토 유학생 수는 1700명, 1942년은 2096명으로서 정점을 이루었다. 대체적으로 보아 유학생 수는 후기로 갈수록 가파르게 늘어나고 도쿄로 집중되는 경향이다. 교토는 전국 유학생의 약 10퍼센트, 도쿄가 80퍼센트이다. 오사카는 1930년대에 급증하여 교토를 제치고 2위를 차지한다.

그러면 교토에 유학한 한국인은 어떤 학교에 다녔을까? 학교 종류별로 그 수를 기록하면 다음과 같다. 1925년 10월에는 관공립대학 32명, 사립대학 20명, 고등학교 13명, 전문학교 8명, 중등학교 48명, 실업학교 7명, 기타 52명, 합계 180명이었다. 1930년 10월에는 관공립대학 64명, 사립대학 44명(여자 13명), 고등학교 전문학교 29명(여자 13명), 중등학교 344명(여자 12명), 합계 481명(여자 38명)으로 늘어났다. 1935년 12월에는 관공립대학과 사립대학을 합해 100명(여자 2명), 고등학교와 전문학교를 합해 148명(여자 33명), 중등학교과 실업학교를 합해 345명(여자 12명), 합계 593명(여자 47명)이었다. 1939년 9월의 통계는 관공립대학과 사립대학 146명, 고등학교 12명, 전문학교 51명, 중등학교 987명, 각종 152명, 합계 1348명이다. 1942년 말에는 관공립대학 69명, 사립대학 112명, 고등학교 179명(여자 15명), 중등학교 1597명(여자 124명), 합계 1957명(여자 139명)이었다.

1930년대 이후 중학생(오늘날의 고등학생) 수가 급증하는 것은 한국에서 상급학교에 진학하기를 희망하는 자가 격증한 반면에 그 자격을 취득할 수 있는 고등보통학교 수가 턱없이 부족했기 때문이다. 그들은 아예 일본에서 중학교부터 다니는 것이 대학에 진학하는 데 유리하다고 생각했다. 또 대학에 유학한 이유는 한국에는 경성제국대학 하나밖에 없어서 입학기회가 적은 데다 목적하는 학과가 없는 경우도 있었다. 경성제대의 교수 가운데 식민지배의 앞잡이가 많아 진정한 학문을 배울 수 없다고 여기는 학생도 많았다. 또한 한국보다 일본이 사상과 학문의 자유가 풍부하여, 한국에서는 학적을 가질 수 없는 경우에도 일본에서는 가능했다. 고학의 기회도 일본이 많았다.

유학생의 생활은 처지에 따라 각양각색이었다. 대한제국 때는 매년 50여명을 관비유학생으로 일본에 파견했다. 나라가 망한 후에도 후 1920년대 중반까지는 수십 명을 보냈으나 장학금의 지급액은 크게 감소했다. 반면에 사비유학생이 1905년부터 증가했다. 그 중 고학생이 30~40퍼센트나 된 것을 보면 사비유학이라고 하더라도 반드시 돈 많은 집의 자녀만이 간 것은 아닌 듯하다. 그들은 주로 신문이나 우유를 배달하여 학비를 벌었다. 1920년대 중반에 고학생공제회 등이 조직되고, 그들 중에는 사회주의 사상에 빠지는 경우도 많았다. 교토 유학생 중에는 한국의 사찰로부터 일본의 사찰 학교에 파견된 불교학생도 많았다. 절이 많은 교토의 특성을 반영하는 현상이었다.

한국인 유학생의 조직과 활동

교토의 한국인 유학생은 '경도조선유학생친목회'를 조직했다 (1915). 교토제국대학 법과생 김우영(金雨英)이 주동이 되어 교토제국대학의 기독교청년회관(地鹽寮)에서 개최한 창립총회에는 20명이 참가했다. 경찰은 이들 중에 요시찰자가 많아 이 단체가 장래 위험사상을 고취하는 기관이 될 것이라고 보고 감시의 눈초리를 번득였다. 친목회는 1920년대에 '조선인유학생학우회'로 개칭하여 종전까지 존속했다. 김우영은 도쿄제국대학의 교수이자 정치평론가였던 요시노 사쿠조(吉野作造)와 교류하고, 졸업 후 일본정부의 관리가 되어 중국 단둥의 일본영사관 부영사로 근무했다. 광복 후에는 친일파로 몰려 불우한 생애를 보냈다.

조선인유학생학우회는 《학조(學潮)》라는 기관지를 발행했다. 발행인은 교토제국대학의 송을수(宋乙秀)였고, 연락처도 그의 기숙사인 요시다료(吉田寮)였다. 그는 민족운동과 공산주의운동 분야에서 활약했다. 학우회는 테니스 대회 등을 통해 친목을 도모하고, 한국 각지를 순회하며 강연을 했다. 강사의 한 사람이었던 최현배(崔鉉培, 한글학자)는 교토제국대학에서 교육철학을 전공하고, 졸업 후 연희전문학교의 교수가 되었다. 한글의 연구와 보급에서 독특한 업적을 쌓은 학자가 바로 이 사람이다. 리쓰메이칸 대학의 기관지 《건설(建設)》을 발행했다(1926). 도쿄의 한국인 유학생들이 발행한 《학지광(學之光)》과 《학조》, 《건설》을 대비해 보면 재미있을 것이다. 교토제대의 기독교청년회관과 요시다료는 지금도 교토대학의 요시다 캠퍼스 부근에 남아 있다. 이곳을 찾아가 식민지 청년의 고뇌와 낭만을 더듬어 보는 것도 좋겠다.

교토의 한국인 유학생은 공부만 하지 않았다. 민족운동, 사회운동, 공산주의운동에 열심히 참여했다. 1921년 11월 17일 한국인 학생 20여 명이 시모가모 신사(下鴨神社)에 몰래 모여 워싱턴회의에 조선 독립을 청원하자는 취지를 협의했다. 1926년 2월 2일에는 미에현(三重縣) 구마노(熊野) 기모토초(木本町) 도로공사에서 한국인 노동자 2명이 소방단과 재향군인에게 학살당한 것을 항의하는 집회를 열었다. 1927년 6월 25일에는 신간회경도지회가 교토제국대학 기독교청년회관에서 열렸다. 여기에는 도시샤대학과 교토제국대학 유학생 십 수 명과 노동자가 참가했다. 신간회가 해산된 1930년대 이후 이 지회는 일본공산당이 흡수되었다. 신간회가 일본에서 교토 이외에 지부를 둔 곳은 도쿄, 오사카, 나고야였다.

유학생들은 한국인 보육원과 야학을 지원했다. 1930~1940년대의 한국인 사회에는 향상관(向上館)이 존재하여 이 사업들을 운영했다. 이사 중에는 교토제국대학의 조교수 이태규(李泰圭)도 보인다. 조선인소비조합도 있었다. 보육원은 지금도 재일 대한기독교회 향상사보육원으로 존속한다.

경찰은 1936년부터 유학생이 한국어로 집회하는 것을 금지했다. 때로는 유학생, 소비조합, 신문기자단 등이 강연회, 음악회 등을 개최하는 것도 금지했다. 당시 교토에는 〈조선일보〉의 지국이 있었다. 경찰은 1939년에 '조선인유학생학우회'에 대해 '유학생'이라는 말을 삭제하라고 압력을 가해, '조선인학우회'로 개칭하도록 했다. 내선일체와 황국신민화 정책이 유학생에게까지 미친 것이다.

일제는 전쟁이 막바지로 치닫자 한국인 유학생을 특별지원병이라는 이름 아래 학도병으로 끌어갔다. 교토대학악우회관(京都大學樂友會館, 1925년 건립)에서는 1943년 11월 11일 오후 6시 30분부터 조선장학회가 '반도동포출진(半島同胞出陣)의 밤'을 개최하여 특별지원병에 지원하라고 격려했다. 조선장학회에서 이사장 가와기시 후미사부로(川岸文三郞) 중장, 이사 고야마 미쓰로(香山光郞, 소설가 이광수가 창씨개명한 이름), 학도 측에서는 교토제국대학, 리쓰메이칸과 도시샤대학에 재학 중인 한국인 유학생 100여 명이 출석했다. 가와기시와 고야마의 격려 결의에 따라 교토제국대학생 15명이 즉석에서 특별지원을 했다.

이에 앞서 1943년 6월 20일에는 조선장학회 총재 미나미 지로(南次郞) 대장, 가와기시 이사장을 비롯하여 전 건국대학 교수 최남선(崔南善), 고야마 미쓰로, 김연수(金秊洙, 삼양사 창업자) 등이 미야코호텔에서 교토제국대학의 하네다(羽田) 총장과 각 대학의 책임자와 간담회를 가졌다. 미나미 총재와 가와기시 이사장은 한 사람도 빠짐없이 특별지원병에 지원하도록 요청하고 하네다 총장 등은 협력을 다짐했다. 조선총독부는 이에 지원하지 않는 자에 대해서는 휴학 조치를 하고 징용으로 끌어가겠다고 겁을 주었다.

교토의 한국인 유학생은 학도동원에 저항하는 움직임을 보였다. 가미교구(上京區) 공원의 화장실에서 '끝까지 이루자, 한국의 독립국 번영의 나라'라는 낙서가 발견되었고, 경찰은 불온언동에 촉각을 곤두세웠다. 물론 대일협력자(對日協力者)도 있었다. 박석윤(朴錫胤)은 교토에서 명문 제3고등학교를 나와 도쿄제국대학를 졸업하고 영국에 유학했다. 귀국하여 〈매일신보〉 부사장을 역임하고 1939년에는 만주국의 바르샤바 주재 총영사에 취임했다. 해방 후에 북한에서 처형당했다.

한국인 유학생과 교토의 대학

교토의 한국인 유학생은 보통 교토제국대학이나 도시샤대학에 다녔다. 요시다(吉田)에 자리잡은 교토제국대학은 1897에 설립되었다. 도쿄제국대학이 관료양성기관의 경향이 강한 데 비해 교토제국대학은 순수 학문연구를 표방했다. 그리하여 학문의 자유와 대학의 자치를 지키려는 움직임이 강했다. 그리하여 이 대학 출신의 한국인 중에는 뛰어난 학자가 많았다. 시계탑이 확 눈에 띄는 100주년 기념건물 주변에 옛 제국대학의 자취가 남아 있다.

교토제국대학의 한국인 유학생으로서 두각을 나타낸 과학자는 이태규(李泰圭, 1902~1992)와 이승기(李升基)였다. 이태규는 1924~1931년까지 교토제국대학에서 수학하고, 1931년 9월에 한국인 최초의 이학박사학위(화학)를 받아 교토제국대학의 조교수가 되었다. 1944년 교토제국대학의 교수로 승진한 그는 해방 후 서울대학교 문리과대학 초대 학장이 되었다. 그는 화학과 물리학에서 세계적으로 인정받는 과학자였다. 도시샤대학에 다니던 정지용과는 절친한 사이였다. 정지용의 인도로 천주교에 입문한 그는 식민지 백성으로서의 정신적 갈등을 신앙을 통해 극복했다. 정지용이 공부에만 몰입하는 이태규에게 교토의 여자 유학생 박인근(朴仁根)을 소개하기도 했다. 두 사람은 결혼했다.

이승기는 1939년 1월에 교토제국대학에서 응용화학으로 공학박사학위를 받고 조교수가 되었다. 일제강점기에 발표한 논문 편수를 보면 이태규 37편, 이승기 66편으로 일본의 저명한 과학자에 비해서 손색이 없었다. 그 수준도 탁월하여 나중에 이태규는 물리학에서 리—아이링 이론을, 이승기는 섬유화학에서 나일론에 이어 새로운 합성섬유 비날론을 개발하여 세계를 놀라게 했다. 교토제국대학 출신으로서 경성방직을 경영했던 김연수는 이태규와 이승기를 후원했다.

이승기는 해방 이후 서울대학교 공과대학 초대 학장에 취임하기도 했다. 그는 한국전쟁 때 북한에 끌려갔다. 김일성은 1960년대에 '전국토의 요쇄화'를 강령으로 내걸고 지하군사시설을 대대적으로 건설했는데, 일제 말기와 한국전쟁 때의 유산을 활용하기도 했다. 그 일환으로 카바이트 공장이 있던 청수(靑水)에도 가까운 산 중턱에 큰 동굴을 파고 화학연구소를 설치했다. 이승기는 그 책임자로 있었다. 그가 좀 더 나은 여건에서 세계의 과학계와 호흡하며 연구했더라면 노벨상을 탔을지도 모른다.

그밖에 교토제국대학의 졸업생으로서 우리의 기억에 남아 있는 사람은 박재철(朴哲在, 물리학), 최현배, 이양하(李敭河, 영문학자), 이순탁(李順鐸, 경제학자), 김연수(경제인), 민관식(閔寬植, 정치인) 등이다. 이순탁은 사회운동에 열심이었는데, 해방 이후 북한에 가서 토지개혁을 단행하는 데 주도적 역할을 했다. 윤동주와 함께 민족운동 혐의로 체포되어 후쿠오카 감옥에서 옥사한 송몽규도 반드시 기억해두어야 할 인물이다. 그에 대해서는 도시샤대학의 윤동주를 이야기할 때 언급하겠다.

교토제국대학의 한국인 유학생이 기거하며 공부하고 활동한 교토제국대학 기독교청년회관(地鹽寮, 1913년 건립, 신간회경도지회 창립), 교토제국대학 학생집회소(吉田寮, 《학조》 창간호의 연락처), 교토대학 악우회관(조선장학회의 '반도동포출진의 밤' 개최)은 일본의 국가 등록 유형문화재다. 이 건물들을 돌아보면서 얼마나 회한에 잠겼는지 모른다. 식민지 청춘의 고뇌가 머리를 어지럽히고, 남북분단의 비애가 가슴을 아프게 만들었다.

도시샤대학은 1875년에 니지마 조(新島襄)가 설립한 기독교계 사립학교였다. 미국에서 모은 기부금과 미국인 선교사 데이비스의 도움을 받았다. 처음에는 도시샤 영학교(同志社英學校)로 출발하여, 여학교, 병원, 간호학교, 법정학교, 해리스 이과학교 등을 증설하여 전문학교, 대학으로 발전했다. 제2차 세계대전 패전 후에 신제 대학으로 개편된 이후에도 기독교 이상주의의 건학이념을 계속 표방했다. 그 영향을 받아 패전 전에는 도쿠토미 소호(德富蘇峰, 1863~1957), 에비나 단조(海老名彈正) 등의 많은 인재를 배출했다. 한국인 유학생으로는 정지용(鄭芝溶, 1902~1950), 윤동주(尹東柱, 1917~1945), 김말봉(金末峰) 등이 유명하다. 교토제국대학에 비해 문인이 많은 것에 유의할 필요가 있다. 사랑과 자유를 표방하는 기독교 이상주의의 건학이념에 끌렸을까, 아니면 그나마 한국인의 처지를 이해해주는 교수가 있다고 판단했기 때문일까? 사족을 달자면 도쿠토미 소호는 굴지의 평론가로서, 《근세일본국민사(近世日本國民史)》를 저술했으며, 조선총독 데라우치 마사타케(寺內正毅)의 요청으로 조선총독부 기관지 〈경성일보(京城日報)〉의 편집감독을 맡아 식민지 언론을 확립하는 데 수완을 발휘했다(1910~1918).

윤동주, 한 점 부끄럼 없이 산 청년시인

도시샤대학의 이마데가와 캠퍼스는 아담하고 아름답다. 고쇼의 광활한 공원이 길 하나를 사이에 두고 앞에 펼쳐 있고, 통신사가 묵었던 유서 깊은 사찰 쇼코쿠지(相國寺)가 담 하나 사이로 뒤에 놓여 있다. 이 캠퍼스에 들어서면 반드시 윤동주와 정지용의 시비(詩碑) 앞에 고개를 숙여야 한다. 교문의 수위는 언제든지 친절하게 윤동주시비에 관한 자료를 무료로 나누어 준다. 두 사람의 비석은 캠퍼스 한가운데, 가장 좋은 곳에 자리 잡고 있어 쉽게 찾을 수 있다. 그 주변의 창영관(彰榮館), 유종관(有終館), 예배당(禮拜堂), 클라크 기념관, 해리스 이화학관 등은 역사가 오래고 의미가 깊어 모두 일본의 중요문화재다.* 정지용과 윤동주는 이 건물을 드나들면서 때로는 낭만을 즐기고, 때로는 민족의 현실을 안타까워했을 것이다.

윤동주의 생애와 그의 시에 대해서는 잘 알려져 있으니, 여기서는 도시샤대학 시절에 관한 이야기만 간단히 살펴보겠다. 그는 1943년 7월 14일 교토에서 사상탄압을 전문으로 하는 특별고등경찰 형사에 체포되어 시모가모 경찰서(下鴨警察署) 유치장에 감금되었다. 독립운동을 했다는 죄목이었다. 송몽규가 중심이었고 윤동주와 고희욱(당시 제3고등학교 3년생)은 그에 동조한 것으로 되어 있었다. 백인준(白仁俊), 마쓰야마(松山龍漢), 마쓰바라(宋原輝忠), 장성언(張聖彦) 등도 함께 체포되었으나 검사국으로 넘겨진 사람은 송몽규, 윤동주, 고희욱이었고, 기소되어 실형을 선고받고 복역한 것은 송몽규와 윤동주뿐이었다.

둘은 북간도 용정의 윤동주 집에서 함께 태어나서 자란 고종사촌 사이였다. 윤

* 창영관은 1884년 완공된 교토 시내에서 가장 오래된 벽돌 건물이다. 유종관은 1887년 완공되어 도서관·교실·사무실 등으로 사용됐다. 예배당은 1886년 완공됐으며 일본 최고(最古)의 프로테스탄트 교회 건물이다.

동주가 도쿄의 릿쿄대학에 입학해 1학기만 다니고 1942년 10월 1일에 도시샤대학 문학부 문화학과 영어영문학 전공에 입학한 것은 교토제국대학에 송몽규가 재학하고 있었기 때문인지도 모른다. 윤동주는 교토에 간 지 10개월 만에 체포됐다.

윤동주는 1944년 3월 31일 교토지방재판소에서 미결구류일수 120일을 산입한 징역 2년을 선고받고(치안유지법 제5조 적용) 후쿠오카 형무소에 수감되었다. 이 형무소는 일본형무소 중에서 한반도와 가장 가까운 곳으로서, 주로 한국독립운동 관계자를 수용했다. 윤동주는 독방에서 투망 뜨기, 봉투 붙이기, 목장갑 코 꿰기 등의 노역을 하는 한편, 한 달에 한 번 일본어로 엽서를 쓰거나 영일 대역 성서를 읽는 것으로 소일했다.

건장한 청년이었던 윤동주는 이름 모를 주사를 계속 맞은 끝에 1945년 2월 16일 외마디 비명을 지르고 운명했다. 광복을 6개월, 만기 출소를 9개월 반 앞둔 시점이었다. 향년 스물아홉, 너무나 젊고 아까운 나이가 아닌가! 그를 죽음으로 이끈 주사액은 당시 규슈제국대학에서 실험하고 있던 혈장 대용 생리식염수였다는 설이 있다.

윤동주의 장례식은 1945년 3월 6일 용정 집의 앞뜰에서 거행되었다. 아버지가 신경(新京, 오늘날 중국 창춘), 안동(安東, 단둥)을 경유하여 후쿠오카에 가서 시체를 인수하고 화장하여 납골했다. 장례식은 용정중앙장로교회 문재린 목사(문익환 목사의 부친)가 주관하고, 연희전문학교 시절의 동인지 《문우》에 실린 그의 시 〈자화상〉, 〈새로운 길〉을 낭독했다. 1945년 6월 14일 고향의 뒷동산에 '시인윤동주지비(詩人尹東柱之碑)'가 건립되었다.

윤동주의 하숙〔사쿄쿠(左京區) 다나카다카하라초(田中高原町) 27 다케다(武田) 아파트〕은 1936년에 지어졌는데, 교토제국대학과 도시샤대학 학생 70명이 입주하고 있던 목조 2층 건물이었다. 1945년 전후에 불에 타 없어지고, 지금은 그 자리에 교토예술단기대학 교사가 세워졌다. 철골조의 창고 같은 건물이어서 황량한 분위기다. 그곳에서 도시샤대학까지는 약 3.5킬로미터. 그는 매일 걸어서 가모오하시(加茂大橋)를 건너 학교에 갔을 것이다. 가모가와, 고쇼, 쇼코쿠지 등이 어우러진 절경을 보면서 그는 얼마나 많은 시상(詩想)을 떠올렸을까? 윤동주가 정지용의 시 〈압천(鴨川)〉을 걸작이라고 평한 것을 보면 오리 한 마리 풀 한 포기도 그냥 지나치지 않았을 것이다.

도시샤대학의 학사 처리는 엉성하고 느슨하다. 윤동주가 체포된 후에도 계속 강의를 들은 것으로 되어 있고, 1948년 12월 24일에야 교수회의에서 장기 결석과 학비 미납으로 제명한다고 결의했다. 그렇지만 학교의 명당에 윤동주 시비를 세운 것도 도시샤대학이다. 그가 옥사한 지 50년 만의 일이다. '윤동주시비건립취지서'는 이렇게 쓰고 있다.

전쟁과 침략이라는 입에 담기조차 무서운 말이, 성전(聖戰) 혹은 협화(協和)라는 이름으로 미화되어, 헤아릴 수 없을 만큼 많

▲ 일제강점기 많은 한국 유학생이 수학했던 교토제국대학. 패전 후 교토대학으로 개편되었다.
▶ 교토의 한국 유학생은 스스로 조직을 만들고 잡지 발행 등의 활동을 했다. 잡지에 기재된 연락처이며, 많은 한국 유학생이 살았던 교토제국대학 기숙사 요시다료는 아직도 남아 있다.

▲ 도시샤대학에 세워진 윤동주 시비(위)와 정지용 시비(아래).

은 무고한 사람들을 죽음으로 내몰았고, 빛나는 미래를 꿈꾸고 있던 수많은 청년들의 귀중한 생명을 앗아 갔습니다.

"하늘을 우러러 한 점 부끄럼 없기를" 하고 읊었던 시인 윤동주도 그 가운데 한 사람이었습니다. 시인이 배웠던 도시샤의 설립자 니지마 조(新島襄)가 "양심이 전신에 충만한 대장부들이 궐기할 것"을 말했듯, 시인의 생전 모습이 바로 그러했습니다. "별을 노래하는 마음으로, 모든 죽어 가는 것을 사랑해야지"라고 하면서 양심이 명하는 바에 따라 그는 살았습니다. 그 치열한 삶의 모습을 우리는 흉내조차 낼 수 없습니다만, 그럼에도 불구하고 잘못을 부끄러워하는 것이 아니라, 같은 잘못을 반복하는 어리석음을 저지르지 않는, 혹은 저지르지 않게 하기 위해서도, 시인의 말을 가슴에 새기고 싶은 것입니다.

일본정치의 우경화에 대한 이웃나라의 우려가 높아지는 요즈음 위의 취지문은 새삼스럽게 우리의 가슴을 뭉클하게 만든다.

송몽규, 민족을 끌어안고 죽은 청년지사

송몽규는 1942년에 교토제국대학 문학부 사학과 선과생(選科生)으로 입학했다. 1935년 4월 중국 남경(南京)에 잠입하여 김구(金九) 계열의 낙양군관학교에 입교하고(왕위지(王偉志), 송한범(宋韓範), 고문해(高文海) 등 가명을 사용했다), 1936년 4월 10일 제남(濟南) 주재

일본영사관 경찰부에 체포되어 웅기경찰서로 이송되었다가 석방된 경력으로 봐도 그가 민족의식이 투철했다는 것을 알 수 있다. 그는 교토제국대학에 다니면서 유학생을 충동하여 한국의 고유문화를 유지·향상시키고, 한국의 독립성취를 위해 궐기할 것을 촉구했다. 특히 조선에서 징병제를 실시하는 것을 비판하면서도, 이것을 기회로 무장하게 되는 한국인이 일본의 패전을 틈타 무력봉기를 결행하여 독립을 쟁취해야 한다고 주장했다.

그가 자주 만난 유학생은 윤동주, 고희욱, 백인준(릿쿄대학) 등이었고, 그들의 하숙이나 야세(八瀨) 유원지 등에서 회합했다. 송몽규의 하숙(左京區 北白川 東平井町 60番地 淸水榮一方)은 윤동주의 하숙에서 걸어서 5분 거리에 있었다. 그리고 야세 유원지는 정지용이 산책하고 한국인 노동자가 전철 공사에 참여한 곳이기도 했다.

송몽규는 1944년 4월 13일 교토지방재판소에서 미결구류일수의 산입 없이 징역 2년을 선고받았다(치안유지법 제5조 적용). 1946년 4월 12일이 출소 예정일이었다. 그렇지간 그 날이 오기 1년여 전에 윤동주와 마찬가지로 후쿠오카 형무소에서 이상한 주사를 계속 맞은 끝에 1945년 3월 7일 운명했다. 그의 부친은 북간도 장재촌에 그의 유해를 안장하고 그의 무덤 앞에 '청년문사 송몽규지비(靑年文士宋夢奎之碑)'를 세웠다. 윤동주의 묘비보다 앞서 세운 것이다. 송몽규의 무덤은 1992년에 윤동주와 같은 묘역으로 이장되었다. 생전에 고락(苦樂)을 같이 하며 조국의 독립을 위해 분투하던 죽마고우가 저승에서도 길동무가 되어 영원히 여행을 함께 하고 있는 것이다.

교토제국대학의 학사 처리는 재빠르고 가차 없었다. 1944년 2월 22일 송몽규가 기소되자 곧 무기정학에 처하고 징역 2년이 확정되자 1944년 5월 18일자로 퇴학 처분했다. 도시샤대학과는 차원이 달랐다. '대일본제국'을 이끌어간 관립대학다운 학사행정이었다.

그렇지만 세월이 흐르고 시대가 바뀌어 제국도 붕괴하고 한일의 우호협력을 부르짖는 상황을 맞았다. 교토대학은 이제 제국대학이 보여주었던 신속한 학사행정의 솜씨를 발휘하여 요시다 교정에 송몽규의 기념비라도 하나 세우면 좋지 않을까? 내가 그곳을 거닐면서 울적한 마음을 달래려고 떠올린 생각이다.

정지용, 민요의 가락을 신시로 살려낸 민족시인

교토, 특히 도시샤대학의 한국인 유학생 중에 정지용을 그냥 지나칠 수는 없다. 그는 충북 옥천군 옥천면 하계리 40번지에서 출생했다. 휘문고등보통학교를 거쳐 도시샤대학을 졸업한 후 휘문고등보통학교의 영어 교사, 이화여자전문학교 교수, 〈경향신문〉 주간, 이화여대 교수를 역임했다. 그가 한국전쟁 때 북한에 끌려갔고, 지금은 국민적 시인으로 칭송을 받는다는 점은 새삼스럽게 언급할 필요조차 없기 때문에 교토에 관련된 이야기만 조금 소개하겠다.

정지용이 도시샤대학에 재학한 것은 1923년(22세)부터 1929년(28세)까지였다. 고향에 처를 놔두고 교토에서 보내는 유학생활은 경제적으로 풍요롭지 못했다. 휘문고보가 교사로 근무할 것을 조건으로 그의 학비를 대주었다. 그가 도시샤대학에 간 이유는 기독교에 대한 관심도 있었겠지만, 그 대학의 영문과가 간사이에서 가장 이름 높고, 고도(古都) 교토의 자유로운 학풍에 끌렸기 때문일 것이다. 그는 야나기 무네요시(柳宗悅)가 출강하여 휘트먼과 블레이크를 강독한 영문과에서 〈윌리엄 블레이크 시에서의 상상〉이란 주제로 논문을 쓰고 졸업했다. 그의 졸업논문은 그다지 높은 평가를 받지는 못한 것 같다.

정지용은 기타하라 하쿠슈(北原白秋, 1885~1942)의 작품을 탐독하고 본뜨면서 시작(詩作)에 매진했다. 기타하라는 일본 근대 시사(詩史)에서 광범위한 영역을 개척하고 운문학(韻文學)의 모든 부문에서 불세출의 천재를 발휘한 시인이었다. 일본어에 새 생명, 새 숨결을 불어넣은 시인으로서, 일본 국민의 어느 누구도 그의 혜택을 조금이라도 입지 않은 사람은 없었다. 한국의 김소운(金素雲, 1907~1981)도 그의 추천을 받아 일본문단에 등장했다.

정지용은 기타하라 하쿠슈에게 직접 지도를 받은 일은 없었지만 그의 작품을 열심히 베끼고 흉내 내며 사사했다. 그것도 일본어로. 오죽하면 "레오나르도 다 빈치가 되라면 어떻게 해서 흉내는 내질 것 같애. 하지만 기타하라 하쿠슈 노릇은 어림도 없어"라고 김소운에게 털어놓았을까. 정지용이 전통 민요의 가락을 살리면서 새로운 시의 경지를 개척한 것이나, 초기에 수식이 화려한 시를 많이 쓰다가 중간에 종교적 법열(法悅)을 노래한 시를 쓰고, 후기에 자연에 몰입한 취향의 시를 쓰게 된 것은 기타하라로부터 영향을 받은 것이었다.

정지용은 1920년대에 교토에 살면서 도회지 풍경과 도회지에 사는 사람의 정서를 시로 표현했다. 당시 일본에서는 소위 다이쇼(大正) 데모크라시의 파도를 타고 대중문화가 꽃을 피우고 있었다. 정지용은 가와라마치의 번화가, 가모가와의 풀섶, 히에이잔 산록를 거닐면서 〈카페 프란스〉, 〈황마차〉, 〈압천〉, 〈슬픈 인상화〉, 〈다리 위〉 등을 시로 읊었다. 이 작품들은 한국 모더니즘의 기점이 될 것이다. 그의 체취를 느끼기 위해 카페 프란스를 찾아 헤맸으나 뜻을 이루지 못했다. 그 대신에 그가 깊이 빠졌던 가와라마치교회(성 프란시스코 사비엘 천주당)는 쉽게 찾을 수 있었다.

이 교회는 1967년에 철근 콘크리트로 개축했는데*, 내부는 옛 모습 그대로였다. 정지용은 1928년 7월 22일 이 교회에서 세례를 받았다. 세례명은 프란시스코다. 1928년 12월에 이 성당에서 열린 재일본 한국공교신우회 경도지부 창립총회에서 정지용은 서기로 선출되었다. 그는 졸업도 늦출 만큼 종교활동에 열심이었다.

정지용의 업적 중에서 또 하나 기릴만한 것은 해방 이듬해 윤동주의 시를 자신이 주간으로 있던(1946. 10. 1~1947. 7. 9) 〈경향신문〉에 게재하여 일반인에게 소개하고 그의

* 1890년에 완공된 고딕 양식의 호화로운 원래 성당은 아이치현의 야외박물관 메이지무라로 이전하여 보존했다.

시집 초간본 《하늘과 바람과 별과 시》를 발행한 일이다 (1948.1.30). 그는 서문에서 윤동주의 순결한 생애를 평가하여, "冬 섣달의 꽃, 얼음 아래 다시 한 마리 잉어"라고 칭송했다. 이것은 도시샤대학 선배로서의 예찬이 아니라 그의 시인됨이 탁월함을 알아본 감회였다. 이리하여 윤동주는 불멸의 민족시인으로 부활했다. 공교롭게도 당시 〈경향신문〉의 편집국장 염상섭(廉尙燮)은 교토부립중학교 유학생이었다. 교토의 인맥은 이렇게 끈끈한 것일까.

2005년 도시샤대학 이마데가와 캠퍼스의 윤동주 시비 곁에 정지용의 시비가 건립되었다. 옥천을 비롯하여 그와 연고가 있거나 그를 기리는 단체가 세운 것이다. 따지고 보면 윤동주가 한 학기 정도 도시샤대학에 다녔다면 정지용은 12학기나 다닌 셈이다. 도시샤대학과의 인연은 윤동주보다 정지용이 훨씬 길고 깊은 셈이다. 화강암의 속살이 아직 희게 빛나는 비석 앞에 서서 선후배가 서로 끌고 당기며 저승에서나마 마음껏 교토와 조국을 노래하라고 기원했다.

相生共榮

상생공영, 한일연대의 교토

제국일본의 붕괴와 미국일본의 전개
연합군 최고사령부의 일본점령정책
한국전쟁과 미일안보동맹
일본의 경제성장과 국교회복
55년 체제의 동요와 사회운동의 확산
일본사회의 보수화와 한일관계의 변화
상생공생을 촉구하는 한일연대의 사적
공산주의 운동과 해방천사비
한국인 유골이 안치된 만주지
마이즈루 항의 우키시마호 순난자 추도비
한일연대로 지켜낸 우토로의 한국인 거주지
한민족의 마음을 전하는 고려미술관

제국일본의 붕괴와
민국일본의 전개

연합군 최고사령부의 일본점령정책

1945년 8월 제국일본은 전쟁에 패하여 미국을 중심으로 한 연합군 점령 하에 놓였다. 점령정책을 실시한 것은 연합군 최고사령관총사령부(GHQ)이다. 최고사령관에는 미국 육군원수 맥아더가 임명되었다. 연합군이 일본 본토에 상륙하고, 일본정부가 항복문서에 조인을 마친 것은 1945년 9월 2일이었다. 이로써 만주사변 이래 15년간 계속된 아시아·태평양 전쟁은 끝이 났다. 포츠담 선언으로 일본의 영토는 4개의 큰 섬과 그 주변으로 축소되었다. 오키나와를 제외한 본토에서는 GHQ가 일본정부에 지령하는 간접통치가 실시되었다.

　미군이 일본의 점령을 서둔 목적은 군국주의를 일소하고 민주화를 추진하기 위해서였다. 이를 위해 GHQ는 자유와 권리를 억압하는 일련의 법제도를 폐지하고 정치적 이유나 사상적 이유로 구류·투옥된 사람들을 석방하도록 명령하였다. 또 여성의 참정권, 노동조합 결성, 자유주의 교육, 경제기구 민주화 등을 촉진하는 지령을 내렸다. 그리고 1945년 9월부터 전시의 각료와 관리 등 39명을 전범용의자로 체포하였다. 1946년에는 군국주의에 가담한 각료와 고급관료, 귀족원과 중의원 의원 등을 포함해 1000명 이상의 공직자를 추방하였다.

1947년 5월 3일 일본에서 새 헌법이 시행되었다. 이 헌법은 '주권재민'과 '인권존중'이라는 민주주의 이념뿐 아니라, 군대 보유를 금지하고 전쟁을 포기하도록 규정하는 등 진보적인 내용을 담았다.

그러나 쇼와덴노의 전쟁 책임은 미국정부와 맥아더 사령관 등의 의향에 따라 면책되고, 덴노제는 새 헌법에서 '국민통합의 상징'으로 자리매김되었다. 이는 식민지 지배와 침략전쟁에 관한 일본의 가해책임을 은폐하여 일본사회에 커다란 화근을 남겼다. 일본정부는 패전 이후에도 일본에 거류하는 옛 식민지 출신자들의 민족교육을 억압하는 등 차별정책을 고수하고, 참정권 등의 보장을 회피했다.

패전 후 일본경제는 극도로 혼란하였다. 사람들의 생활은 패전 직전의 최저수준에도 미치지 못할 정도로 악화되어 도시에서 굶어죽는 자가 속출하였다. 정부의 모든 기능도 마비되었으며 사람들은 자력으로 생활을 유지하지 않으면 안 되었다.

　그러한 가운데 GHQ가 정치활동의 자유를 보장하고 노동조합운동의 장려정책을 계기로 다양한 정치단체와 민중운동이 조직되었다. 노동단체에 의한 시위와 집회가 전국 각지에서 행해졌다. 식량위기가 심각해지는 가운데 도쿄 도내 곳곳에서는 '쌀을 달라'는 시위가 발생했다. 1946년 5월 19일에는 덴노가 사는 황거 앞 광장에 '식량 데모(식량 메이데이)'가 일어나 25만 명이 모여들었다. 그러나 1947년 2월 1일 노동단체가 연대하여 총파업을 강행하려던 계획은 혼란을 방지하려는 GHQ의 방침에 따라 미수에 그치게 되었다. 이것은 일본이 점령 하에 놓인 현실을 생생히 보여준 사건이었다.

　한편 극도로 혼란한 경제를 부흥시키고자 일본정부는 석탄과 철강 등의 기간산업에 자금과 원료를 중점적으로 투입하였다. 그 결과 1947년에는 전쟁 전의 3할에 불과하던 광공업 생산이 1948년 말에는 거의 70퍼센트 정도까지 회복되었고 인플레이션도 안정되어 갔다.

　1948년에 들어 중국에 공산주의정권이 수립될 가능성이 높아지자, 미국은 동아시아에서 소련과 중국이라는 공산주의세력에 대한 방위의 거점을 일본열도로 이동시켰다. 그리고 일본의 민주화와 비군사화를 촉구하던 기존의 정책에서 기업 활동을 지키고, 군비를 보유시키는 정책으로 전환하였다, 소위 '역코스'라 불리는 정책이다. '약육강식'의 경쟁원리가 중시되었고 대기업과 은행 등의 활력이 회복되는 가운데 중소기업의 도산과 인원 해고가 줄을 이었다.

이에 대해 각지에서 미국의 점령정책과 그것에 종속된 일본정부를 비판하는 운동이 전개되었다. 그러나 GHQ와 일본정부는 1949년에는 사회운동을 단속하는 법령을 공포하고 반정부 단체들을 해산시켰다. 또 1950년에는 여러 기관에서 일본공산당 관계자를 포함해 많은 사람들을 해고하였다. 그리고 법 개정에 따라 노동자의 쟁의권을 제한하는 한편, 경영자 측의 권리를 강화하였고, 기업관계자와 정치가의 공직추방도 해제하였다. 한국전쟁이 한창일 때는 자위대의 전신이라고 할 수 있는 경찰예비대를 창설하고 재군비를 개시하였다.

한국전쟁과 미일안보동맹

GHQ의 점령정책 전환은 점차 회복되어 가던 일본경제를 다시 혼란에 빠트렸다. 그러나 1950년에 시작된 한국전쟁으로 인해 미국으로부터 대량의 군수물자 주문이 이어져 일본경제는 고도성장의 파도를 타게 되었다.

이런 상황에서 미국정부는 일본을 자본주의진영의 동맹국으로 독립시키기 위해 강화조약 체결을 서둘렀다. 그리하여 1951년 샌프란시스코에서 강화조약이 조인되고, 동시에 일본과 미국을 군사적 동맹관계로 재편하는 미일안전보장조약이 체결되었다.

그러나 강화조약은 사회주의 국가인 소련이 조인을 거부한 외에도, 중국과 남·북한 등 전쟁과 식민지배의 참화를 입은 나라들이 조인대상에서 제외된 극히 불완전한 것이었다. 또 미일 안전보장조약과 부속협정은 미국이 일본의 시설과 토지를 군사적으로 자유롭게 사용하는 것을 보장함으로써 독립된 일본은 이후 미국의 군사전략에 가담하면서 미일 간 경제협력을 추진하여 갔다.

그리고 미국의 중요한 전략 거점으로서 직접통치가 행해진 오키나와는 일본에서 분리되어 미군기지를 건설하기 위해 많은 농지가 강제적으로 접수되었다. 오키나와 주민은 일본본토의 경제발전과는 대조적으로 방대한 미군기지 하에서 곤란한 생활을 강요당했다.

일본의 정계는 1955년에 보수정당이 합동하여 자유민주당(자민당)을 결성했다. 자민당은 의회의 과반수를 유지하면서 1990년대에 이르기까지 정권을 독점하였다. 자유민주당은 점령 하에 제정된 일본국헌법을 군대보유를 가능하게 하는 헌법으로 개정하고자 하였다. 한편 야당 측에서도 같은 해 좌우로 분열되었던 사회당이 재통합되어 일본사회당(사회당)을 결성하였다. 사회당을 중심으로 한 야당은 헌법 개정을 저지할 수 있는 3분의 1 이상의 의석을 유지함으로써 자유민주당의 책동을 방지하는 역할을 하였다. 이처럼 자유민주당(보수)과 사회당(혁신)을 중심으로 양 세력이 대치하는 구도는 이후 40년간 이상 지속되었다, 이것을 55년 체제라고 부른다.

한편 중국과의 긴장관계가 강화되는 가운데 미국정부는 일본의 국제적 지위 상승을 바라는 일본정부와 1950년대 말부터 미일안보조약을 개정하기 위한 교섭을 시작하여 1960년 1월에 신안보조약을 조인하였다. 이것은 양국의 군사적 관계를 보다 강화한 것이었다.

이에 대해 일본 국내에서는 국회의 조약비준을 저지하기 위해 야당과 노동조합, 시민, 학생 등에 의한 전후 최대 규모의 반대운동이 전개되었다(안보투쟁). 신안보조약은 6월에 참의원에서 심의도 거치지 않고 '자연승인'이라는 이례적 형식으로 비준되었다. 그러나 반대운동은 예정된 미국 대통령의 방일을 저지하는 외에도, 당시 내각을 퇴진시키고, 헌법을 개정하려는 자민당의 계획을 단념시키는 등의 결과를 남겼다.

일본의 경제성장과 국교회복

미일안보조약이 강화된 가운데 미국의 동아시아 전략 속에서 미군기지가 집중된 오키나와를 비롯해, 한국과 타이완·동남아시아의 여러 나라는 주로 군사적 역할을 담당하게 되었다. 한편 일본은 경제적 역할을 담당하게 되었는데, 군대보유를 금지하는 헌법에 따라 군사비가 적게 책정되었기 때문에 경제를 발전시킬 수 있었다. 동남아시아와 타이완 등 근린 제국과의 경제관계를 이용하면서 일본은 1955년경부터 호경기를 맞이해 경제규모도 커져갔다.

그 사이 일본은 강화조약을 맺지 않은 나라들과 국교를 회복해 갔다. 1956년에는 홋카이도 동쪽의 4개 섬을 둘러싼 영토문제를 남겨둔 채로 소련과 국교를 회복하고 UN에 가입하였다. 또 1965년에는 한국과 한일기본조약을 맺었고, 1972년에는 오키나와를 일본 본토로 복귀시켰으며, 동시에 중화인민공화국과도 국교를 수립하였다. 그러나 전후 보상과 일본인 잔류고아 문제, 그리고 역사인식의 문제 등, 상호 이해를 심화하기에는 여전히 격차가 있었다.

전후 경제가 혼란스러운 가운데 농촌에 식량을 구하러 가는 사람들의 모습이나 점령군 지프차를 쫓아가며 과자를 달라고 모여드는 어린이들의 모습을 흔히 볼 수 있었다. 전시 중에 금지되었던 영어가 붐을 이루어 《일미회화수첩》은 1945년에 베스트셀러가 되기도 했다.

도시 지역의 학교에서는 공습으로 인해 교사가 소실되어 옥외에서 수업을 하였다. 또 전시의 교과서는 군국주의적인 부분을 검게 지워 사용하였으며 주요 도시의 소학교에서는 1947년부터 물자원조로 주 2회 학교급식이 실시되었다. 이러한 가운데 일본인이 수영 국제 경기대회에서 세계신기록을 수립(후루하시 히로노신, 1947)하거나, 노벨 물리학상(유카와 히데키, 1949)이나 베니스영화제에서 황금사자상을 수상(구로사와 아키라 감독의 〈라쇼몽〉, 1951)하는 등 각 방면에서 활약함으로써 사람들에게 용기를 주었다.

한편 한국전쟁 특수를 계기로 공업화가 진전되어 1950년에는 리코가 카메라 생산을 개시하였으며, 1956년에는 도요타 자동차가 대중차 제1호를 완성하였다. 또 이 시기에는 고가였던 세탁기, 냉장고, 흑백 텔레비전 등의 전자제품이 각광을 받았다. 1950년대에는 프로레슬러 역도산(力道山)이 외국인 레슬러의 공격에 괴로워하면서도 거구의 선수를 쓰러뜨리는 활약을 보임으로써 일본인의 자긍심을 한껏 드높였다. 그가 재일 한국인이었다는 사실이 알려진 것은 그 후의 일이다.

55년 체제의 동요와 사회운동의 확산

1960년대부터 70년대에 걸쳐 자민당 주도의 55년 체제에 동요가 일어났다. 1963년 지방선거에서는 오사카·요코하마·기타큐슈·센다이 등의 시장에 사회당 추천 후보가 선출되고, 1967년에는 도쿄도지사에 민주단체가 지원하는 혁신계 후보가 선출되었다. 이후 오키나와를 비롯해 6대 도시에 혁신자치체가 탄생하고, 1977년에는 총인구의 40퍼센트에 달하는 주민이 혁신자치체 하에서 생활하게 되었다. 그리고 1974년 총선거에서는 보수와 혁신이 우열을 가리기 힘든 '보혁백중'의 상황이 벌어졌으며, 1979년 중의원 총선거에서는 자민당 의석이 과반수를 밑돌게 되었다.

55년 체제를 동요케 만든 배경에는 이 시기 크게 고양된 사회운동의 존재가 있었다. 일본의 경제성장과 함께 사람들의 생활이 유복해지고 반체제적 운동의 결집력이 감퇴한 반면, 인권의식과

시민적 권리 등 급격한 경제발전에 따른 모순을 비판하는 관점이 육성되었다. 그 때문에 환경파괴에 반대하는 운동과 베트남 반전 운동, 대학운영의 민주화를 요구하는 대학분쟁, 안보조약의 지속에 반대하는 70년 안보투쟁 등이 확산되었다. 또 가사·육아·노인봉양 등이 여성에게 강요되었고, 그에 대한 불만이 여성해방운동으로 이어졌다. 그리고 미국의 직접통치 아래 있던 오키나와에서는 반미운동과 함께 일본 복귀를 요구하는 운동이 크게 고양되었다. 운동이 일본 본토와 연합하는 가운데 1972년 5월 오키나와는 일본에 반환되었다.

고도 경제성장 아래서 기업을 우선시하는 사회로 변모하여 생활과 인간관계가 곳곳에서 파괴되었다. 경제발전의 이면에서는 환경파괴에 따른 공해문제나 공장·원자력발전소 등의 유치를 둘러싼 지역사회 내부의 대립, 혹은 수험 경쟁과 과도한 업무로 인한 과로사 등이 사회문제로 대두하였다. 또 고도성장의 진행과정에서 일본에서는 남성 중심의 기업사회가 정착되어 갔다. 많은 여성은 사회진출의 길을 봉쇄당하였고 기업에서 일하는 여성들도 낮은 지위에 머물러야 했다. 한편 '기업전사'로서 일하게 된 남성은 전업주부가 존재하는 가정에서 위안을 찾았다. 그러한 가운데 1970년대 이후 일본사회에서는 남편이 가정에서 폭력을 휘두르는 현상이 증가하는 동시에 성매매업이 번창하였다.

한편 고도 경제성장을 거치면서 국민의 생활양식도 크게 변화하였다. 텔레비전·전기세탁기·냉장고 등의 가전제품이 도시를 중심으로 보급되었다. 또 부모와 자식만이 함께 생활하는 핵가족화가 진전되었고 여가생활을 즐기는 가정도 늘어갔다. 그 사이 1964년에는 아시아에서 처음으로 올림픽이 도쿄에서 개최되었고, 이에 맞추어 도카이도 신칸센이 개통되었다. 그 결과 도쿄—신 오사카 구간 550킬로미터를 4시간에 연결하게 되었다. 또 1970년에는 세계 각국의 문화와 산업을 전시하는 만국박람회가 오사카에서 개최되었는데, 77개국이 참가하였고 6422만 명이 입장하였다. 이 무렵 냉동식품과 인스턴트 식품이 개발되고 맥도날드나 패밀리레스토랑 등의 외식산업도 생활 속에 침투하여 갔다.

    1973년 제4차 중동전쟁 때 아랍의 여러 나라들이 석유가격을 대폭 인상하였기 때문에 에너지원을 석유에 의존하던 선진공업국 경제는 큰 타격을 입었다(오일쇼크). 그 후 일본을 포함한 선진공업 제국의 경제성장은 둔화되었다. 그 때문에 1980년대에는 경제를 부흥시키기 위해 신자유주의라 불리는 경제정책이 도입되었다. 이것은 시장의 경쟁원리를 중시하고, 국민복지를 억제함으로써 경제의 활력을 회복하려는 정책이었다.

일본사회의 보수화와 한일관계의 변화

일본에서는 1980년대 이후 기업활동을 우대하고 경쟁원리를 강화하고자 하는 움직임이 강화돼갔다. 대기업의 노동조합이 고용안정에 안주하는 가운데 자민당과 손을 잡으려는 야당도 나타나 보수와 혁신이 호각을 다투는 '보혁백중'의 상황은 다시 자민당 우위의 상황으로 바뀌었다. 그러한 가운데 1982년에 탄생한 나카소네(中根) 내각은 미국과의 동맹관계를 강화하고 방위비를 증가시키는 등 드러내놓고 군사대국을 지향하는 움직임을 보였다. 그리고 전범을 합사한 야스쿠니 신사를 공식 참배하여 전쟁을 정당화하곤 하였다. 또 사회보장제도의 축소와 국유철도(국철)와 일본전신전화공사(NTT)의 민영화 등이 추진되어 그때까지 국민생활을 유지하는 데 사용된 재정 지출이 대폭 줄어들었다.

1980년대 후반 일본에서는 물자 생산이나 서비스업의 성장과 관계없이 금융시장에서 자금이 유통되는 버블(거품) 경기가 형성되었다. 수도 도쿄를 중심으로 땅값이 치솟는가 하면 고급차나 해외여행, 유명 브랜드 상품이 유행하였다. 그러나 그 이면에서는 경제성장이 정체되고 은행이나 기업의 불건전한 경영이 드러나, 일본은 일시에 장기 불황의 시대를 맞이하게 되었다.

그 와중에서도 일본의 만화와 애니메이션은 일본문화를 대표하는 장르로서 각광 받았다. 미야자키 하야오(宮崎駿)의 작품 〈이웃집의 토토로〉(1988), 〈원령공주〉(1997), 〈센과 치히로의 행방불명〉(2001) 등은 국제적으로 호평을 받았다.

1980년대에는 한국과 일본의 대통령과 수상이 서로 상대국을 방문하는 등 정부 간의 관계가 현저히 접근하였다. 그러나 한국의 민주화운동과의 연계나 민간차원의 교류는 그다지 진전을 보지 못하였다. 그러한 가운데 1982년 일본의 역사교과서 기술을 둘러싸고 중국·한국을 비롯한 아시아 각국으로부터 엄중한 비판의 목소리가 고조된 것은 양국 간의 현격한 역사인식의 차이를 부각시켰고, 양국의 관계를 되돌아보게 만든 계기가 되었다.

그런데 일본과 북한의 관계는 개선되지 못하였다. 일본과의 국교정상화 교섭은 1990년대에 착수되었지만 납치문제와 핵문제를 둘러싸고 난항을 거듭했다. 2002년 9월에 겨우 북일 수뇌회담이 실현되었으나, 수교문제는 여전히 해결을 보지 못하고 있다.

1980년대 말 냉전이 종결되고 국제관계의 틀이 변화하면서 일본의 정치상황도 달라졌다. 자민당에서 야당으로 정권 교체되는 한편, 헌법 개정을 요구하는 세력이 힘을 얻었다. 한편으로는 미국에 의한 세계질서 재편에 가담하여 일본의 군대 보유를 당연시하는 풍조가 강해졌으며, 다른 한편으로는 국가의 틀을 넘어 더욱 넓은 연대와 네트워크로 21세기의 전망을 찾아보려는 움직임도 나타났다.

예를 들어 1995년 1월 17일 사망자 6308명, 부상자 약 4만 명을 넘어선 한신·아와지 대지진이 발생하였을 때 정부의 대응은 늦었다. 그런 와중에서 피해지역 주민이 평상시에 구축한 협력관계와 국내외에서 모여 든 연 130만 명에 달하는 민간인 자원봉사자의 힘이 구호활동에 큰 보탬이 되었다.

2000년대에 들어서 일본은 전후 최장기간 지속된 불황에서 탈피했지만, 그 앞날이 어떻게 될 것인가에 대해서는 명암이 교차하고 있다.

상생공생을 촉구하는
한일연대의 사적

공산주의운동과 해방전사비

일본에서 제일 크다는 지온인(知恩院) 삼문의 북측 경내 숲속에 '경도해방운동무명전사의 비'가 있다. 일반인은 좀처럼 찾아갈 수 없는 곳이다. 이 비석은 일본공산당이 1958년 건립했는데, 아카하다(赤旗)가 관을 덮은 형태이다. 1983년 제28회 추도제까지 898명이 합사(合祀)되었는데, 그 중에 한국인 11명(해방 전 5명, 해방 후 6명)이 포함되어 있다. 새겨진 명단 중에 정휘세(鄭輝世)는 재일 조선노동총동맹 교토본부 위원장이자 조선공산청년회 회원으로 1930년 교토 야마시나 형무소에서 옥사했다. 황주승(黃周承)은 공산주의청년동맹에서 활약하다 1931년 체포되어 마쓰바라(松原) 경찰서에서 고문으로 죽었다. 박진(朴震) 역시 황주승과 함께 활동하다 옥사했다. 안윤익(安允益)은 재일 조선통일민주전선 마이즈루시 위원회 상임위원을 지냈으며, 1952년 7월 8일 교토 남산성반기지(京都南山城反基地) 투쟁에서 경찰에 사살됐다. 교토는 다른 지역에 비해 지금도 부락해방운동이 성하고 공산당의 명맥이 살아있다. 이 비석은 험난했던 시절에 실낱같았던 한일연대의 역사를 증언하고 있는 셈이다.

한국인 유골이 안치된 만주지

교토에서 단풍으로 유명한 도후쿠지(東福寺) 근처에 만주지(萬壽寺)가 자리잡고 있다. 최근에 한일 청소년의 우정을 그린 영화 〈박치기〉의 촬영 장소이기도 하다. 한국인 노동자가 건설공사에 참여한 구조오하시(九條大橋)가 그 앞에 있고, 지금도 한국인이 가장 많이 거주하는 히가시구조(東九條)가 그 건너에 있는 것을 보면, 이 절이 해방 전후부터 한국인의 마음의 고향 역할을 했다는 게 이상하지 않다. 히가시구조에는 1995년 대한기독교 교토남부교회가 신축되어 신앙과 휴게, 생활과 문화의 거점 역할을 하고 있다. 사찰과 교회가 공존하는 것이다.

교토5산의 하나인 만주지는 선종(禪宗)으로서 아미타불을 모신다. 해방 전에는 월정사(月精寺)에서 수행한 스님이 있어서 한국인이 모여 들고 유학생도 기숙했다. 박정희 전 대통령도 일본육군사관학교에 다닐 때 하루 묵어갔다고 한다. 지금의 주지도 한국인

윤청안(尹靑眼) 스님이다. 그는 절을 둘러보는 나에게 남북한을 통틀어 '아리랑인'으로 부르자고 역설했다. 민족의식이 강한 분이었다. 이 절에는 약 1000기의 한국인 유골이 안치되어 있는데, 청안스님은 모두 연고가 확실한 유골이라고 말했다. 절 입구에 북송 조선인불교신자 기념비, 본존불 옆에 우키시마 호(浮島丸) 희생자 위패가 세워져 있다.

마이즈루 항의 우키시마 호 순난자 추도비

우키시마 호 침몰 사건이 발생한 마이즈루(舞鶴)는 교토시가 아닌 교토부에 속한다. 고대에는 한반도와 통하는 주요 창구이자 도래인의 상륙지였다. 1880년대 이후에는 병풍처럼 산으로 둘러싸인 지형을 살려 천혜의 군항이 되었다. 그리고 1903년에 러일전쟁 때 동해해전의 영웅 도고 헤이하치로(東鄕平八郎)를 초대 사령장관으로 하여 진수부(鎭水府)가 설치되었다. 이곳의 해군기념관과 붉은 벽돌의 박물관 등에는 도고 헤이하치로와 야마모토 이소로쿠(山本五十六, 태평양전쟁 당시의 해군제독)의 자부심이 넘쳐난다. 거리의 이름도 러일전쟁 때의 함선명인 시키시마(도고의 기함), 아사히 등으로 붙여져 있다.

일본이 패한 뒤 1950년대 말까지 13년간 도합 66만 명의 일본인이 마이즈루 항구를 통해 귀환했다. 한국인의 귀환을 노래한 〈귀국선〉과 비슷한 〈안벽(岸壁)의 어머니〉라는 가요의 무대가 된 곳이다. 인양기념관(引揚記念館)과 인양기념공원(引揚記念公園)에서 그 실태를 살필 수 있다. 지금도 해상자위대 본부, 일립조선소(日立造船所), 이지스함 기지 등이 자리 잡은 해군의 요충지다.

광복 직후 이 항구에서 한국인의 마음을 아프게 하는 사건이 발생했다. 우키시마 호 침몰 사건이다. 1945년 8월 24일 일본에 강제 연행된 한국인 귀국자를 가득 실은 해군 수송선 우키시마 호가 오쓰 항을 떠나 부산항으로 향하던 중 이 항구에 기착하게 되었다. 그런데 항구에 들어서자마자 폭발, 침몰하여 약 4000명 승객 중 한국인 524명, 일본인 25명이 사망했다. 일본 측은 미군이 부설한 어뢰에 접촉해서 폭발했다고 주장하고, 한국 측은 일본 측이 일부러 폭파했다고 주장했다.

한국인 유족과 생존자 80명은 1992년 8월 교토지방법에 일본 정부의 공식 사죄와 28억 엔의 배상을 요구하는 소송을 제기했다. 1심 법원은 전후보상 소송에서는 처음으로 국가가 안전 수송의 의무를 이행하지 않았다며, 당시 배에 탄 사실이 확인된 15명에게 4500만 엔을 배상하라고 명령했다. 그러나 2심 법원은 행정(군사)상 조처이므로 의무 위반이 아니며, 국가배상법 시행 이전의 국가 불법행위에는 배상을 요구할 수 없다며 1심 판결을 뒤집었다. 3심의 일본 최고재판소는 2004년 11월 원고들의 상고를 기각하고, 원고 패소를 결정한 2심 판결을 확정했다.

일본의 여론은 강제로 끌려간 군인·군무원과 일본군 위안부의 배상소송에 이어 이 소송에서도 원고 패소가 확정됨에 따라 전후

보상 소송의 두터운 벽을 다시 한번 확인시켜줬다고 지적했다.

　마이즈루 항구의 끄트머리 산록에는 사망한 사람들의 넋을 기리는 '우키시마 호 순난자추도비(浮島丸殉難者追悼碑)'가 지금까지의 재판과정을 아는지 모르는지 쓸쓸하게 서 있을 뿐이다.

한일연대로 지켜낸 우토로의 한국인 거주지

교토의 현대 한일관계를 이야기할 때 또 하나 짚고 넘어가야 할 것은 우토로(교토부 우지시)의 한국인 거주문제다. 일제강점기, 일본정부는 1940년 4월 2000명의 한국인 노동자를 동원하여 교토 비행장을 건설했다. 일본 군부의 요청에 따라 설립된 국책 공업주식회사(1941년 '일본 국제공항공업주식회사'로 변경)가 추진했다. 약 100만 평의 땅에 군용비행장, 비행사양성소, 비행기제조공장 등을 세우는 대규모 공사였다. 노동자들은 '모집'이라는 형식을 빌려 일본에 건너갔다. 광복 직전 우토로의 '함바(飯場)'에는 1300여 명의 노동자와 그 가족이 살았다. 광복 직후 많은 사람이 귀국했으나, 한국에서 생활근거를 잃은 사람들은 일본에 잔류했다.

　현재 우토로에 살고 있는 사람들은 이런 노동자들의 가족이나 친척이고, 나중에 한국인 집단거주지를 찾아든 사람들도 섞여 있다. 그들은 건설현장에서 날품을 팔거나 폐품·고철 따위를 주워 파는 육체노동에 종사했다. 한글을 가르치기 위해 학교를 세웠으나 1949년에 강제로 폐쇄되었다. 한국전쟁 때는 '간첩용의'로 경찰의 강제수색을 받기도 했다.

우토로의 토지는 당초 교토부의 것이었으나, 1961년 토지 소유권이 일산차체주식회사로 넘어갔다. 1987~1989년에는 재일한국인이 경영하는 서일본식산주식회사 등으로 전매된다. 그 후 주민에게 퇴거를 요구함으로써 분쟁이 발생했다. 주민은 2000년 최고재판소에서 패소하여 거주권을 상실했다. 그리하여 현재도 갈등과 대립이 첨예하다. 일본 제국주의가 남긴 상처가 합병증을 일으키며 아직도 곪아터지고 있는 사례의 하나이다.

다행스러운 것은, 대한민국정부가 2008년도 예산안에 우토로의 토지매입 지원비로서 15억원을 책정했다. 그리하여 오랜 현안이 해결될 가능성이 높아졌다는 점이다. 우토로의 주민들로 구성된 '우토로 만들기 협의회'는 토지의 법적 소유주인 서일본식산주식회사와 2008년 6월까지 3200평을 5억 엔에 매입하기로 계약을 맺은 상태이다. 한국정부의 예산은 그 중의 약 3분의 1을 구입할 수 있는 금액이다. 한국정부의 지원을 계기로 재일동포들도 십시일반으로 성금을 모으고 있다니 우토로 문제는 해결될 것으로 보인다. 이것은 한국정부가 재일동포와 연대하여 현안을 해결한 좋은 사례가 될 것이다.

한민족의 마음을 전하는 고려미술관

끝으로 좀 밝은 이야기를 소개하겠다. 교토의 북동쪽 가모가와

▲ 교토 거주 한국인이 마음의 고향으로 여기는 사찰 만주지. 현재의 주지 스님도 재일 한국인이다.
▶ 교토해방전사비. 일본 공산당연맹에서 세운 비석으로 합사된 88명 가운데 11명이 한국인이다.

◀ 재일 한국인 정조문 씨의 희사로 운영하고 있는 고려미술관의 정원 모습. 낯익은 탑과 석수의 모습이 정겹다.

▼ 광복 직후, 한국으로 돌아가는 귀국자를 가득 태우고 부산으로 향하던 연락선 우키시마 호가 침몰했다. 사진은 당시의 우키시마 호의 침몰 장면이다.

근처에 고려미술관이 있다. 재일동포 정조문(鄭詔文)이 기증한 건물과 유물을 바탕으로 하여 1988년 10월 25일 개관했다. 주택을 개조하여 박물관으로 꾸미고 고려와 한국의 미술공예품을 모아 전시하고 있다. 한국의 유구한 풍토에서 만들어진 아름다운 미술공예품이 언어·사상·주의를 넘어 일본인의 공감을 얻고 있는 현장을 확인하고 가슴이 뿌듯했다.

주요 소장품은 백자호(白磁壺, 17세기 말~18세기 초), 청자상감국화보상당초문고배(靑瓷象嵌菊花寶箱唐草紋高杯, 13세기), 금동팔각사리함(金銅八角舍利盒, 1323년), 권돈인(權敦仁)과 김정희(金正喜)의 그림과 글씨(19세기), 화각3층장(花刻三層藏, 19세기), 백자청화나비문합(白磁靑華蝶紋盒, 19세기), 청자상감모란문편병(靑瓷象嵌木蘭紋扁瓶, 13세기 초), 나전장생문반(螺鈿長生紋盤, 19세기 후반), 백자철화어문호(白磁鐵花魚紋壺, 현대) 등이다. '한국의 미술—신라의 와당을 중심으로', '한국도자기의 세계' 등의 기획전을 계절마다 개최한다.

정조문 씨는 독립운동을 하다가 몰락한 아버지를 따라 1925년에 교토에 왔다. 어머니는 직물을 배우고, 조문은 니시진(西陣)의 직물집에 입주하여 직공이 되었다. 통신사가 묵었던 다이도쿠지(大德寺) 근처의 소학교에 다닐 때는 '진구황후의 삼한정벌, 도요토미 히데요시의 조선정벌' 등을 흉내 내는 일본 아이들에게 많이 두드려 맞았다고 한다. 그러나 그는 곧 주먹으로 그들을 제압하고 반장이 되었다. 그리고 졸업 때는 졸업생 대표로 답사를 읽었다.

정조문 씨는 소학교를 졸업한 후 노동자로 전전하다가 파친코를 경영하여 큰 돈을 벌었다. 그는 어느 날 게이한 산죠에키 미나미의 고미술상 장식장에 놓인 백자 항아리를 보고 눈이 번쩍 뜨였다. 1949년경이다. '이조(李朝)'라고 적혀 있는데, 그것이 무엇인지 알 수 없었다. 눈이 튀어나올 만큼 비싼 가격이었지만 월부로 구입했다. 운명적 만남이었다. 어머니와 할머니가 입고 있던 치마저고리의 친숙함이라 해야 할까? 그는 이 백자가 자신의 뿌리인 한국과 지금 삶의 기반인 일본을 연결해 주는 상징이라고 생각했다.

그 뒤로 정조문 씨는 일본에서 거래되는 한국의 미술공예품을 닥치는 대로 수집했다. 한국백자, 고려청자, 민속자료 등, 귀국할 때는 한국의 찻잔 하나라도 가지고 가겠다는 일념으로 사들였다. 그는 일본인이 한국 찻잔을 일품이라고 사랑하면서도 한국인은 멸시하는 것을 보고 가슴이 아팠다. 그는 또 국보급의 한국 고미술품이 눈앞에서 일본인에게 넘어가는 게 안타까웠다. 정조문 씨는 2000여 점의 미술공예품을 수집하는 과정에서 심미안과 지식도 깊어졌다.

그는 작가인 형과 함께 《일본 속의 조선문화》라는 계간지도 간행했다(1969년 3월부터 1981년 10월까지 50호). 저명한 문화인인 시바 료타로, 김달수(金達壽), 우에다 마사아키(上田正昭) 등이 그를 후원했다. 중국학자 다케우치 요시미(竹内好)는 위의 잡지를 '일본에서 가장 혁명적 잡지'라고 평가했다. 1972년 3월 다카마쓰 고분(高松塚古墳)에서 극채색의 벽화가 발견됨으로써 정조문 씨의 활동은 현실로 증명되었다. 그 벽화는 고구려 벽화와 똑같은 게 아닌가!

정조문 씨는 분단된 조국에는 돌아가지 않겠다고 마음먹었다. 그는 재일동포는 조국의 평화통일을 거리낌 없이 주장할 수 있는 특권을 가지고 있다고 생각한다. 절망의 통곡 대신에 민족의 마음을 맞아들여 환희의 목소리를 내고 싶었다. 정조문 씨는 그런 자리가 되기를 바라며 고려미술관을 만들었다.

미술관의 이름이 왜 '고려'인가? 그에 따르면 남과 북 어느 쪽에도 치우치지 않고 민족의 마음을 표현할 수 있기 때문이란다. 고려는 한국 최초의 통일 왕조이자 문화도 발달하여 세계에 코리아로 알려졌다. 오늘날 일본에서 한류가 넘실대고 있다. 그 원조가 바로 정조문 씨 같은 분이 아닐까 생각하고 고려미술관 현관에 고개를 숙였다.

교토대학의 북쪽에 햐쿠만벤(百萬遍)이라는 사거리가 있다. 그 사거리에 모나코라는 이름의 큰 파친코점이 있다. 정조문 씨의 아들이 경영한다고 한다. 교토를 여행하는 한국인은 한번쯤 들릴 일이다. 고려미술관의 모태가 된 놀이방이다. 점수도 잘 나온다고 하니 돈도 따고 미술관도 돕고 일석이조가 아닌가!

마치며

나는 1979년 4월부터 1982년 3월까지 일본에 유학한 경험이 있다. 3년 동안의 유학생활은 심신 모두 대단히 고달팠다. 한국에서 대학원에 진학할 형편이 되지 못해 어쩔 수 없이 선택한 일본 유학이었지만, 당시 주변에는 역사를 연구하러 일본에 가면 식민주의사관에 물들거나 친일파가 될지도 모른다고 우려하는 사람이 많았다.

설상가상으로 일본에 가서 6개월쯤 지나 말문이 틔기 시작했을 무렵 박정희 대통령이 사살당하는 사건이 발생했다. 그렇지 않아도 한국의 유신독재 정권에 비판의 칼날을 세우고 있던 일본 언론은 온통 한국의 암울한 정치상황을 보도하는 데 열을 올렸다. 이듬해 5월 광주민주화운동이 공수특전단의 무자비한 탄압으로 막을 내리자 한국에 대한 비난은 절정에 달했다. 일본 매스컴의 논조는, 한국이 마치 이디 아민(Idi Amin)의 포악한 통치 아래 신음하고 있던 아프리카의 우간다와 비슷한 처지인 양 묘사했다. 한국인도 일본인처럼 커피를 마시고 영화를 보며 사랑을 속삭인다는 엄연한 사실은 전혀 보도하지 않았다. 수치감과 모멸감 때문에 나는 두문불출했다.

어쩌다 동네의 선술집에 가서 이웃 사람과 이야기를 나눠보면, 그들은 우리나라에 대해 아는 게 거의 없었다. 더구나 한일관계의 역사에 대해서는, 대부분 근대에 일본이 한국을 침략하고 지배한 사실조차 몰랐다. 그런데도 내가 유학하던 대학의 학생들은 한국의 군부독재를 규탄하고 민주정치를 촉구하기 위해 가끔 수업 거부·동맹 휴업을 감행했다. 이래저래 나는 씁쓸한 기분을 짓씹었다.

한국에 돌아와 잠시 모교에서 학과 일을 맡아보던 1982년 여름, 유학할 때 함께 공부한 일본인 친구들이 서울에 놀러왔다. 그 중에는 이미 촉망받는 학자로 자리 잡은 이도 있었다. 마침 그때 '일본 역사교과서 왜곡사건'이 터졌다. 문부성이 검정과정에서 한국 관련 내용 가운데 '침략'을 '진출'로, '3·1운동'을 '폭동' 등으로 표기하도록 출판사에 압력을 가했다는 보도가 나오자, 한국인의 대일감정은 순식간에 나빠졌다.

당시 서울 시내에서는 택시기사가 일본인의 승차를 거부하거나, 음식점 창문에 일본인은 들어오지 말라는 경고문이 붙기도 했다. 일본인 친구들을 모교로 안내하자, 선생님은 그들을 앉혀놓고 일본인의 잘못된 역사인식에 대해 한 시간이고 두 시간이고 꾸지람 섞인 강의(?)를 계속했다. 지금도 곤혹스러워하던 일본인 친구들의 표정을 잊을 수 없다.

그때는 일본이나 한국 모두 정치일변도의 편협한 역사관(歷史觀)과 상대관(相對觀)이 횡행하던 시절이었다. 오늘날 누구나 입만 열면 떠드는 상호이해(相互理解)나 상생공영(相生共榮)의 시점(視點)은 어디에도 없었다.

일본 유학 경험과 1982년 여름의 '일본 역사교과서 왜곡사건'은 그 후 내 연구와 활동에 큰 자극이 되었다. 전공인 한국근대사 이외에 한국과 일본의 역사인식을 철저히 검증하고 상호이해를 촉진하는 작업을 벌였다. 국경을 맞대고 있는 나라와 나라는 개인과 개인의 경우와 달라서, 서로 아무리 사이가 나쁘더라도 '이사' 할 수 없다. 그것이 운명이라면, 서로 존중하고 협력하며, 함께 생존하고 번영하는 미래를 만들어가는 게 좋지 않을까? 그렇게 하기 위해서는 두 나라 사람들이 먼저 한일관계의 역사를 정확히 알고 상생(相生)의 역사인식을 갖지 않으면 안 된다. 그럴 수 있도록 돕는 것이야말로 일본에서 유학하고, 오랫동안 한일역사를 연구하고 가르쳐온 내가 힘써 나서야 할 일이 아닌가.

　이런 연유로, 기회 있을 때마다 역사인식이나 역사교육을 둘러싸고 벌어지는 한국과 일본의 역사 대화에 기꺼이 참가하여 발표와 토론을 거듭했다. 또 일본의 전문가들과 팀을 짜서 공동연구나 공동저술 작업을 자주 추진했다. 그 경과와 성과는 이미 몇 편의 논문과 저서를 통해 소개했으므로 여기에서 새삼스럽게 중언부언할 필요는 없으리라.

　그러면, 왜 《교토에서 본 韓日通史》를 출간하는가? 위와 같은 문제의식과 실천활동을 역사기행이라는 새로운 장르를 통해 일반 대중에게 널리 전파하고 싶은 욕심 때문이다. 일상생활과 직장업무에 쫓기는 사람들이 딱딱하고 어려운 전문서적을 읽고 한일관계의 역사를 이해하기는 힘들다고 판단했다. 또 역사기행같이 현장감이 있고, 친근감이 넘치는 책이 오히려 그들에게 더 쉽게 다가갈 수 있으리라는 생각을 갖게 되었다.

　한국과 일본을 오가는 여행객은 최근 급증하고 있다. 한 해에 양쪽에서 각각 200만 명이 오간다. 이들이 좋은 역사기행서를 참조하며 잠깐이라도 틈을 내어 한일관계사의 현장을 찾아가 보고 느낀다면 두 나라 사이의 역사인식의 골은 상당히 메워지지 않을까? 이 책에서 나는 그것을 기대한다.

몇 년 전 일본에서 《여행가이드에 없는 아시아를 걷다, 한국─서울, 강화도, 제암리, 독립기념관》(梨の木舍, 1995)이라는 책을 내어 호평을 받았다. 또 우리나라에서도 《서울 근현대 역사기행》을 출간하여 학생과 교사의 답사자료로 제공한 적이 있다. 두 책 모두 근현대 한일관계의 유적과 유물을 현장에서 보고 역사를 느끼도록 꾸민 역사서이자 기행서다.

이번에 펴내는 《교토에서 본 韓日通史》는 교토라는 창(窓)을 통해 고대부터 현대까지 한일관계의 역사를 들여다보는 개설서이자 기행서다. 교토는 한국과 일본이 인종·역사·문화·경제·안보 등 모든 면에서 가장 가까운 관계를 맺어온 이웃나라라는 사실을 명료하게 보여주는 도시이다. 그렇기 때문에 독자들은 이 책 한 권만을 읽더라도 한국과 일본이 예로부터 이렇게 넓고 깊은 영향을 주고받으며 지금까지 함께 살아왔고, 또 앞으로도 그렇게 살아가지 않으면 안 되는 동반자 관계라는 엄숙한 운명을 깨달을 수 있을 것이다.

역사인식을 둘러싼 갈등과 대립을 극복하려면 한국과 일본이 상대방만 탓해서는 곤란하다. 한일의 역사인식은 서로 공명(共鳴)하는 특수 관계에 있다는 점을 잊지 말아야 한다. 일본의 한국 인식이 개선되면 한국의 일본 인식도 개선되고, 한국의 일본 인식이 개선되면 일본의 한국 인식도 개선되게 마련이다. 그러므로 두 나라는 서로 먼저 지금까지의 편협하고 고정된 역사인식에서 벗어나서 좀 더 유연하고 세련된 역사인식을 기르는 자세를 갖춰야 한다. 이 책이 교토를 여행하는 한국인과 일본인들에게 한일관계의 역사를 깊이 성찰하고 상생의 역사인식을 모색하는 데 디딤돌이 되기를 바라마지 않는다.

참고문헌

| 한국 |

민덕기, 《전근대 동아시아 세계의 한·일관계》, 경인문화사, 2007.
역사교과서연구회(한국)·역사교육연구회(일본), 《(한일역사공통교재)
    한일 교류의 역사—선사부터 현대까지》, 혜안, 2007.
손승철, 《조선 시대 한일관계사 연구》, 경인문화사, 2006.
한일관계사학회 엮음, 《한일관계 2천년 보이는 역사, 보이지 않는
    역사》 고중세·근세·근현대, 경인문화사, 2006.
강재언 지음, 이규수 옮김, 《조선통신사의 일본견문록》, 한길사, 2005.
다시로 가즈이, 정성일 옮김, 《왜관》, 논형, 2005.
정장식, 《통신사를 따라 일본 에도 시대를 가다》, 고즈윈, 2005.
한일관계사연구논집 편찬위원회 엮음, 《임진왜란과 한일관계》,
    경인문화사, 2005.
한일관계사연구논집 편찬위원회 엮음, 《통신사·왜관과 한일관계》, 경
    인문화사, 2005.
한일역사공동연구위원회 엮음, 《한일역사공동연구보고서》 제1권~
    제6권, 경인문화사, 2005.
강봉룡, 《장보고》, 한얼미디어, 2004.
김정동, 《일본 속의 한국 근대사 현장》 1·2, 하늘재, 2003.

최인호, 《해신》 1~3, 열림원, 2003.
시바 료타로, 이길진 옮김, 《료마가 간다》 1~10, 창해, 2002.
김윤식, 《청춘의 감각, 조국의 사상~교토 문학 기행》, 솔, 1999.
남동신, 《원효》, 새누리, 1999.
정재정, 《한국의 논리~전환기의 역사교육과 일본인식》, 현음사, 1998.

| 일본 |

仲尾宏, 《朝鮮通信使 ─ 江戶日本の誠信外交》, 岩波書店, 2007.
仲尾宏, 《朝鮮通信使をよみなおす》, 明石書店, 2006.
五島邦治 編, 《京都の歷史がわかる事典》, 日本實業出版社, 2005.
白幡洋三郞, 《幕末・維新彩色の京都》, 京都新聞出版センター, 2004.
朴鐘鳴 編, 《滋賀のなかの朝鮮》, 明石書店, 2003.
水野直樹 編, 《京都における朝鮮人の歷史・資料集》第一册,
    世界人權問題硏究センター, 2002.
木村幸比古 文, 三村博史 寫眞寫眞, 《京都・幕末維新をゆく》, 淡交社,
    2000.
朴鐘鳴 編, 《京都のなかの朝鮮》, 明石書店, 1999.
上田正昭 編, 《朝鮮通信使 ─ 善隣と友好のみのり》, 明石書店, 1995.

찾아보기

3·1독립운동 304
55년 체제 346, 349

가라코오도리 187
가레산스이 98
가마쿠라 시대 72, 75, 87, 89, 120
가모가와 26, 53, 194~195
가미가모 신사 52~53
가쓰라 다로 264, 270
가쓰라가와 22, 39~41, 53
가토 기요마사 143~144, 157~159
간논지 47
간무덴노 18, 22, 60~62, 110, 277
《간양록》 139
간토 지진 304~306
감합무역 92
갑신정변 214, 220
강항 118, 137~139
개국운동 216
개설은 200
《건설》 323
겐소 162
경섬 47, 51
경장정은 200
고구려 38~39
고니시 유키나가 157, 159~160
고다이고덴노 90, 120, 290
고도이 106

고도인 128
고려미술관 359~364
고료 신앙 133
고류지 41~45, 52
고무라 주타로 264, 291
고분 시대 37
고쇼 27, 92, 106, 111, 218, 226
고요제이덴노 112
고잔지 72
고종 268
고토바덴노 73
고후쿠 258~259
공무역 192
관백 84~85, 105, 110
관폐신사 233, 285
광개토대왕 37
교토대학 32, 261
교토5산 93, 132, 141, 177, 204
교토고엔 216, 238, 240
교토제국대학 기독교청년회관 322
교토제국대학 악우회관 327
교토제국대학 322, 324~328
구게 107, 239
구게마치 106, 216, 218
구스노기 마사시케 290
국서 위조 170, 175
국아령 85
국정탐색사 161
국풍문화 85
《금강삼매경론》 74
금동미륵보살반가사유상 42~44

찾아보기 373

금문의 변 218~219, 225
기리스탄 다이묘 160
기온 55, 258~259
기온마쓰리 26, 29
기요미즈데라 46
기유조약 173
기타가키 구니미치 241~242, 313
기타간논지 47
김말봉 328
김성일 113~114
김우영 322
김충선 166

나가오카쿄 20
나성문 23~24
나카오카 신타로 222
낙외 27, 106
낙중 27, 106
난젠지 93, 98~99
내국권업박람회 29, 247~249
내선융화 306
내선일체 281
네네의 길 148
노기 마레스케 282~285
노기 신사 282~285
니시진 202, 246, 258, 311~313
니시키노 미하타 250, 252
니시혼간지 319
니조다이 102
니조조 28, 102~103, 226
니지마 조 327

다나베 사쿠로 242, 314
다이고지 19, 119~121, 122~123
다이다이리 23, 123, 216
다이도쿠지 123, 126~128
다이라씨 87
다이묘 102, 111~113, 119, 172, 180,
    274
다이세이칸 233, 239
다이운지 67, 286
다이젠인 126
다카노 니이가사 60~62
다카세가와 194, 196, 293
다카세부네 194, 196
대불 116
대불전 115
대언 39
대정봉환 226, 251
대한시설강령 267
데라다야 219, 223
데라마치 106~107, 120
덴노 105, 119, 178, 216, 239
도게쓰 교 40, 52
도다이지 115
도래인 36, 58~62, 73, 115
도리이 54~55
도시샤대학 91, 323~331
도요쿠니 신사 115, 149~150, 182,
    232
도요토미 히데요시 20, 27, 92, 103,
    105, 107, 114, 116~121, 124~145,
    148~151, 154, 277

도진오도리 187
도쿄 238~239
도쿠가와 바쿠후 119, 137, 149, 154,
　　　171, 175, 180, 188, 200, 204, 208
도쿠가와 이에야스 102, 112, 117,
　　　141, 149, 165~166
도쿠가와 히데타다 172
도쿠토미 소호 328
독립선언서 304
동사(東寺) 23~24
동시(東市) 23, 25
《동의보감》 204
동지사 200~201
동지은 201
동흥려관 23, 25

라이샤워 64~65, 286
러일강화회의 267
러일전쟁 267, 276, 282
로시구미 225
《료마가 간다》 220
료젠묘역 232~233, 236
료젠역사관 232~233

마루야마 공원 295
마쓰오다이샤 52~53
마쓰타이라 가타모리 222, 225
마이즈루 항 308~309, 356~358
만국평화회의 268
만주지 355
만주지 93

메가타 다네타로 266~267
메이지 유신 18, 29, 150, 208,
　　　212~232, 274, 282
메이지 정부 134, 149, 151, 208
메이지덴노 149~150, 227, 241,
　　　275~282, 284
메이지덴노릉 274~281
모모야마 119, 276~277
모모야마 시대 122
묘에 스님 72~73, 80
무로마치 258~259
무로마치 시대 90
무로마치토리 89
무린안 290~295
무린안회의 291
무사정권 26
미나모토노 요시미쓰 70
미나미 지로 283
미마와리구미 222
미야케하치만 궁 286
미야코오도리 256
미이데라 66~67, 70~71
미일안전보장조약 345
미일통상항해조약 215
미일화친조약 215

바쿠한 체제 18
바쿠후 시대 90
백제 38~39
백제왕사 61
백제왕씨 59, 61

찾아보기　375

백촌강 전투 39
벚꽃놀이 120~121, 122~123
벳슈 소엔 177
보관미륵보살반가사유상 41~44
보신 전쟁 251
부석사 75, 81
비단 194, 197
비와코 29, 249, 313~315

사가본 197
사무역 192, 200
《사서오경왜훈》 138
사쓰마번 217, 220~221, 223, 230, 251
사이고 다카모리 230
사이쇼 조타이 163~164
사이온지 긴모치 250, 261
사카노우에노 다무라마로 46
사카모토 료마 219~224, 233
사행로 192
산미증식계획 303
산보인 121, 122~123
생사 193, 197, 200, 202, 215
서당화상비 74
서사(西寺) 23~24
서시(西市) 23, 25
서홍려관 23, 25
선묘 75~77, 80
선종 91
선중8책 221
설중업 74
섭관정치 84

섭정 84~85
세이후소 295
세키가하라 전투 161
세키잔선원 63, 66~67, 286
센 리큐 123, 126~128
소 요시토시 160~161, 163, 171
소수 241~246, 313~315
《송고승전》 75
송몽규 327, 334~336
송운대사(사명대사) 155~166
송을수 322
쇼군 90, 102, 119, 178, 186~188, 207, 223
쇼코쿠지 91~93, 141, 163
쇼토쿠 태자 40~42, 45
슈고 87
스미노쿠라 료이 195~197, 293
스미노쿠라 요이치 197
스티븐스 267
시다레자쿠라 256
시마즈 히사미쓰 224
시모가모 신사 52~53
시바 료타로 150
시신덴 274
식량 데모 344
식산흥업 230
신라대명신 66~67, 70~71, 286
신라사부로 70
신라선신당 70
신센구미 217, 222, 225
신유한 183

실버로드 28, 201, 206
실크로드 28, 201~202, 206
심유경 158
쓰시마번 154~163, 171~172, 175,
　　　178, 187~189, 192~193, 200~201,
　　　205, 208

아메노모리 호슈 183, 187
아베 노부유키 293
아케치 미쓰히데 103~105, 111
안중근 270
야마가타 아리토모 270, 291~293
야마구니다이 250, 252
야마노토 아야씨 39
야마보코 순행 27
야마토 정권 38
야사카 신사 26, 52, 55
야스쿠니 신사 133, 233, 236
야요이 시대 21, 88
양무운동 213
양이운동 216
에니치보조님 76
에도 18, 28, 212
에도 시대 28, 89, 110, 200, 203, 207,
　　　223
에비나 단조 328
에토 신페이 238
엔닌 63~64, 66, 286
엔친 46, 67~68, 70~71, 286
역자행 200~201
역지통신 187~189

연합군 최고사령관총사령부(GHQ)
　　　342~345
연행사 191~192
염색업 29, 203
오가와 치베 291
오닌의 난 19, 91, 258
오다 노부나가 91~92, 102~105, 111
오료 224
오미야 219, 222
오색팔중동백 143
오쓰 243
오쿠보 도시미치 238
왕인 61
왕정복고 226
왜관 173, 191~193, 200~201, 205
왜은 200
《외교정략론》 292
요도가와 195
요시나가 신사 120
요시다료 322
우키시마 호 309, 356~358
우토로 358~359
울산성 전투 143~144
원정(院政) 86
원효 73~74
유젠조메 202~203
윤동주 91, 327~335
윤번승 176~177, 204
은선 201
은화 194, 200, 203
의상 73~74, 76~77, 79

의화단 사건 265
이동인 319
이승기 326~327
이시카와 다쿠보쿠 271
이용익 266
이익선 292
이전직 139
이정암 162, 176~177, 204
이정암 윤번제 176
이진영 139
이총(耳塚) 130, 132~134, 182
이케다야 219, 225
이태규 323, 326
이토 히로부미 231, 268~270, 291
인삼 193~194, 197, 203, 205~206
인삼로드 206
인클라인 243
일본국대군 178~179, 207
일시동인 280
임진왜란 113, 129~145, 148, 154~155, 166
《입당구법순례행기》 64

자유민권운동 230~232
장보고 65, 286
장원 85
장원공령제 85
적산대명신 63~64, 286
적산법화원 63~64
전국 시대 102
접반사 183, 186~187

정이대장군 46, 87
정지용 91, 328~329, 336~339
제2차 한일협약 268
제사주정 23, 25
젠묘니지 75~76, 80
조라쿠칸 148, 280, 295~299
조몬 시대 21, 88
조선인가도 186
조선인유학생학우회 322, 324
조선총독부 302, 304, 325
조슈번 217~218, 220~221, 225, 251, 270, 282
조정 26
조카마치 107, 110, 118
조태억 177
주권선 292
주라쿠다이 28, 106~107, 110~115, 123
주작대로 22
즈바키테라 143
즈이간지 144
지다이마쓰리 29, 247, 250
지온인 148
지조인 176~177
지쿄다카 223
지토 87
《징비록》 197

차경(借景) 98, 291
철포화재 218
청일전쟁 213, 232, 267, 282

초량 191~192
최현배 322, 327
춘양목 42~43
칠복신 67
칠지도 37

킨카쿠지 46, 163

태정대신 87, 105
토막운동 216
통감부 268
통신사 128, 134, 177~190, 208

펄 판사 233
폐불훼석 120, 257
포함외교 209
폰토초 256
피로인(被虜人) 135~140, 160~161, 165, 171

하마구리고몬 217
하야시 라잔 137, 171
하타노 가와카쓰 40~41, 45, 52
하타씨 22, 38~41, 52~53
《학조》 322
《학지광》 323
《한객사장》 177
한국강점 272~273
한국병합 272~273
한국전쟁 345
한국합병봉고제비 285~286

한일의정서 266
해방운동무명전사비 354
《해사록》 50
《해신》 71~72, 286
헤이안 시대 18, 72, 89, 93, 258
헤이안신궁 247~248
헤이안쿄 18~20, 22, 25, 52, 81, 90, 110
헤이조쿄 19~20
호조씨 75
호즈가와 195, 240
호코지 115, 163, 182, 195
호코지 동종 116~117
혼노지 103~105
홍삼 206
홍호연 140
〈화엄종조사희전회권〉 75~77
황력은 201
황윤길 113
회답겸쇄환사 134, 164, 172, 191
후시미 성 18, 172
후시미야마 53
후시미이나리 신사 52~54
후지와라 세이카 137~138
후지와라쿄 20
후쿠자와 유키치 232
휴정 156
히가시야마 26, 46, 53, 291
히라노 신사 61~63
히에이잔 63, 315

교토에서 본 韓日通史

지은이 정재정

2007년 12월 20일 1판 1쇄 발행
2010년 7월 30일 1판 2쇄 발행

펴낸곳 효형출판
펴낸이 송영만

디자인 자문 최웅림

등록 제 406-2003-031호 | 1994년 9월 16일
주소 경기도 파주시 교하읍 문발리 파주출판도시 532~2
전화 031·955·7600
팩스 031·955·7610
웹사이트 www.hyohyung.co.kr
이메일 info@hyohyung.co.kr

ISBN 978-89-5872-054-6 03910

※ 이 책에 실린 글과 그림은 저작권법의 보호를 받아 효형출판의 허락 없이 옮겨 쓸 수 없습니다.

값 15,000원

《도카이도 명소 일람(東海道名所一覽)》